D1176896

Consciencia

Si este libro le ha interesado y desea que lo mantengamos
informado de nuestras publicaciones, puede escribirnos a
comunicacion@editorialsirio.com,
o bien suscribirse a nuestro boletín de novedades en:
www.editorialsirio.com

Diseño de portada: Editorial Sirio, S.A.

EDITORIAL SIRIO, S.A.	NIRVANA LIBROS S.A. DE C.V.	DISTRIBUCIONES DEL FUTURO
C/ Rosa de los Vientos, 64	Camino a Minas, 501	Paseo Colón 221, piso 6
Pol. Ind. El Viso	Bodega nº 8,	C1063ACC
29006-Málaga	Col. Lomas de Becerra	Buenos Aires
España	Del.: Alvaro Obregón	(Argentina)
	México D.F., 01280	

www.editorialsirio.com
sirio@editorialsirio.com

I.S.B.N.: 978-84-16579-93-8
Depósito Legal: MA-1386-2016

Impreso en Imagraf Impresores, S. A.
c/ Nabucco, 14 D - Pol. Alameda
29006 - Málaga

Impreso en España

Puedes seguirnos en Facebook, Twitter, YouTube e Instagram.

Emilio Carrillo

Consciencia

EDITORIAL SIRIO

INTRODUCCIÓN

¿LLEVAS EL MANDO CONSCIENTE DE TU VIDA?

Permíteme que arranque estas páginas con una pregunta muy directa: ¿llevas el mando consciente de tu vida?

Ya sé que es una manera poco convencional y hasta quizá inapropiada de iniciar un libro. Sin embargo, no me negarás que se trata de una cuestión trascendente e importante... ¡sobre todo para ti! Entonces, dime, ¿sí o no?:

- Si la contestación es no, significa que reconoces que pasas tus días sumido en la inconsciencia y actuando como una especie de autómata bajo la presión y el control de los hábitos, paradigmas, deberes, obligaciones, devociones, anhelos y sistemas de creencias que otros han metido en tu cabeza. Al menos no te engañas y te das cuenta, lo que es el primer paso para salir de esa inconsciencia.
- Si es sí, tengo que plantearte otra cuestión: ¿estás seguro? Porque es posible que, efectivamente, seas una de las pocas personas que dirigen conscientemente su vida y llevan las riendas en todo momento. Si es así, ¡enhorabuena! Pero también puede ser que

esta idea sea solo una ilusión; una ficción generada, precisamente, desde tu inconsciencia.

Comprendería perfectamente que, tras leer lo precedente, te sintieras un tanto incómodo y prefirieras acudir al viejo truco de responderme con una pregunta: «¿Qué es lo que quieres decir exactamente, Emilio, cuando utilizas los términos *consciente* o *inconsciencia*?».

Obviamente, ambos giran en torno al vocablo *consciencia*. Y esta, a su vez, como tendrás ocasión de constatar al pasearte por este texto, se halla muy unida a la expresión *estado de consciencia*. Pero vayamos por partes; hablemos de la consciencia primero, y del estado de consciencia después.

CONSCIENCIA Y ESTADO DE CONSCIENCIA

La palabra *consciencia* deriva del latín *conscientia* y, acudiendo al *Diccionario de la lengua española* de la RAE, tiene dos significados primarios:

1. Capacidad del ser humano de reconocer la realidad circundante y de relacionarse con ella.
2. Conocimiento inmediato o espontáneo que el sujeto tiene de sí mismo, de sus actos y reflexiones.

Por tanto, ser consciente o tomar consciencia conlleva dos capacidades estrechamente interconectadas: la de reconocer la realidad que hay a tu alrededor y la de conocerte a ti mismo. No está nada mal para empezar, si bien en este libro encontrarás que la consciencia tiene un alcance aún más relevante.

En cuanto al estado de consciencia, está intrínsecamente ligado a estas dos capacidades y puede ser explicado como la percepción que uno tiene de sí mismo y de los demás, de su vida y las de los otros, del mundo y lo que en él sucede, de la muerte, de la divinidad... Es, en definitiva, la visión de las cosas con la que andas por la vida. ¿De qué depende? De cómo ves la realidad que te rodea y de cómo te ves a ti mismo, es decir, de tu consciencia. Eso sí, esta visión es distinta para cada ser humano, pues cada cual tiene la suya, e incluso para una misma persona no siempre es igual, porque va evolucionando como consecuencia de las experiencias que vive y, sobre todo, de cómo las vive. Por todo esto (por estar unida a la consciencia, por ser diferente para cada uno y por ir variando de la mano de las experiencias) denomino estado de consciencia a esta visión que cada uno tiene de la realidad.

Por tanto, aunque la consciencia es algo objetivo en cuanto a su conceptualización (es la doble capacidad a la que he hecho mención), se plasma de modo íntimo en cada persona y en cada momento de su vida a través de las experiencias que vivencia. Esta plasmación constituye el estado de consciencia de la persona, que está siempre en evolución (más lenta o más rápida, según los casos).

LA EVOLUCIÓN DEL ESTADO DE CONSCIENCIA

En los términos reseñados, la evolución del estado de consciencia es individual. Ahora bien, cuando alguien abre nuevas puertas conscienciales para sí mismo, esto repercute en el estado de consciencia de la humanidad, que viene a ser algo así como la suma de los estados de consciencia de cada uno de sus integrantes. Algunos científicos lo han llamado *campo mórfico* o *morfogenético* y han explicado que la evolución del estado de consciencia global, impulsado por el de cada individuo, retroalimenta, igualmente, el de todos y cada uno de los miembros de la especie. Desde esta perspectiva, cabe afirmar que la evolución del estado de consciencia, siendo personal, también es colectiva; y que la colectiva influye en la individual.

Ahora bien, ¿en qué consiste tal evolución? Expresado coloquialmente: ¿de dónde viene y hacia dónde va?

En cuanto a lo primero, cada ser humano, en particular, y la humanidad, en general, tuvieron en su origen una consciencia prehomínida, desde la que, por las experiencias vividas a lo largo de milenios, se progresó a otra mágica, luego mítica y, finalmente, mental y racional. El resultado de este discurrir ha sido el nacimiento y la consolidación del «yo» y la percepción de uno mismo y de los demás como individuos, como sujetos. De este modo, se ha ido forjando y plasmando en la humanidad una consciencia asociada a ese yo, la consciencia *egoica*. ¿Cuáles son sus características? Retomando lo indicado por la Real Academia Española y aplicándolo a esta consciencia egoica, sus principales señas de identidad son dos:

1. La capacidad de reconocer la realidad circundante y de relacionarse con ella se centra en el uso de los sentidos corpóreo-mentales; y se ejerce y practica a través de los medios, los datos, la información y la interpretación que esos sentidos físico-mentales facilitan.

2. El conocimiento inmediato o espontáneo que el sujeto tiene de sí mismo, de sus actos y reflexiones, viene dado por la identificación con su yo físico, mental y emocional y con su personalidad creada desde la experiencia de la individualidad en libre albedrío.

Sobre estos dos pilares se han construido las pautas civilizadoras de las que proceden la forma de vida de cada persona y el modelo de sociedad imperante en la humanidad, es decir, el sistema socioeconómico en sentido amplio; las instituciones y su gestión política; los paradigmas y sistemas de creencias; las normas morales y las escalas de valores; el estilo de vida y los hábitos, conductas y comportamientos colectivos e individuales; la ciencia y el enfoque y utilización de los avances tecnológicos; las ideologías, credos y religiones, etc. En todo ello se halla subyacente la citada consciencia egoica y todo ello es, a su vez, manifestación y expresión de esa consciencia.

Sin duda, el yo (autopercepción como sujeto; identificación con el yo físico, mental y emocional; asociación a una personalidad forjada desde la experiencia de individualidad, y gestación de una consciencia egoica como lógica consecuencia de lo anterior) constituye un éxito de la evolución. Pero, a su vez, llegado un punto concreto del proceso evolutivo (precisamente el punto histórico en el que la humanidad y cada ser humano se encuentran hoy), supone un obstáculo para que la evolución continúe su avance. El yo es un obstáculo hasta el extremo de que ha puesto en serio peligro la propia supervivencia del género humano y del hábitat ecológico que la hace factible. Esta es la tesitura consciencial, nunca mejor dicho, en que actualmente se halla el género humano y, por tanto, tú mismo: la consciencia que ha servido para llegar adonde se está ya no resulta útil para seguir adelante y provoca tanto la ralentización evolutiva como el riesgo de que se venga abajo todo lo edificado.

Esto responde la pregunta antes abierta con relación a la evolución y su dirección: se encamina hacia la ampliación o expansión de la consciencia más allá de las fronteras de la consciencia egoica.

LA EXPANSIÓN DE LA CONSCIENCIA

¿Qué implica y comporta esta expansión consciencial? Fundamentalmente, dos cosas:

1. Percatarse de que el ser humano es mucho más que su yo físico, mental y emocional. Esto significa ahondar en el conocimiento de uno mismo hasta acabar con el aferramiento al «yo» que hasta ahora ha marcado la vida de la gente y la configuración del pensamiento y la sociedad en todas sus diversas facetas.
2. Y, como consecuencia de lo precedente, darse cuenta de que el ser humano goza de potencialidades y capacidades para comprender la realidad de una manera que resulta imposible para la mente. El ser humano tiene que darse cuenta de que la mente, aun con facultades prodigiosas, es un instrumento limitado y deficiente cuando se tratar de entender, ver y vivir la vida.

Muchos piensan todavía que la identificación con el yo físico, mental y emocional y la consciencia egoica constituyen la única vía para saber y comprender. Sin embargo, esto es tan ridículo como lo era la creencia de que la Tierra era el centro del universo (no hace tanto tiempo de esto: la sentencia condenatoria contra Galileo Galilei por refutar el geocentrismo data de 1633, no han transcurrido ni cuatrocientos años; y la interdicción formulada por la Inquisición contra el sistema copernicano heliocéntrico no se levantó hasta 1812). Con esta concepción, la humanidad se ha instalado en un gran egocentrismo, que es la causa de los problemas, los conflictos y el sufrimiento que sientes en tu vida, en los demás y en el mundo.

Para salir de esta limitación, es el momento de dar un paso en el proceso evolutivo y adentrarse en otro estado de consciencia desde el discernimiento de que la auténtica y genuina existencia del ser humano no es la consciencia egoica del yo, sino la consciencia del Ser, que es algo que no nace y no muere. Una consciencia que, como se desarrolla en los capítulos que siguen, cuenta con dos esferas inseparables: la consciencia de lo que se es y la consciencia de lo que es. Esto abre las puertas a una nueva visión que se relaciona con lo transpersonal y que, sin rechazar a la diversidad ni renunciar a ella, sino todo lo contrario, percibe la Unicidad en la constatación de que somos uno con todo.

Esto no es algo teórico, ni mucho menos teológico, sino eminentemente práctico, y tiene rotundas e importantísimas repercusiones en la vida de cada individuo y en el devenir colectivo y social. De hecho, enlazando con lo expuesto al comienzo de la presente Introducción, solo por medio de esta expansión de la consciencia podrás tomar y llevar el mando consciente de tu vida.

SOBRE LA ESTRUCTURA DE ESTE LIBRO

Desde la tranquilidad de haberme desidentificado del yo físico, mental y emocional y estando libre, por tanto, de la falsa modestia, que es una de las manifestaciones del ego, puedo decirte que el texto que tienes en tus manos es fruto precisamente de dicha expansión consciencial. Y sin ánimo de convencer a nadie de nada, ni de sustituir unos sistemas de creencias por otros, este libro muestra en detalle (para los que en su libre albedrío estén interesados) las características del estado de consciencia que surge de la evolución descrita y sus plasmaciones prácticas. Dichas plasmaciones se hacen efectivas en la vida cotidiana de cada cual y en la configuración de la sociedad en sus distintos aspectos y vertientes.

Concretamente, la estructura básica del libro puede sintetizarse así:

1. Los dos capítulos iniciales («Consciencia y economía» y «Consciencia y política») tienen relación con lo primero que el *Diccionario de la lengua española* destaca en su definición: reconocer la realidad circundante y relacionarse con ella desde los nuevos ojos que la expansión consciencial proporciona. Así, sus contenidos diluyen los velos entre los que la consciencia egoica ha mantenido oculta la realidad del sistema socioeconómico, institucional y político vigente. Dichos capítulos ponen en evidencia tanto el calado como las consecuencias de la mutación que el mencionado sistema acaba de experimentar como la red de élites y subélites que lo dirigen y controlan: no estamos ante una crisis económica, como se suele afirmar, sino ante algo de muchísima más envergadura, y las élites y subélites están perfectamente organizadas en círculos de poder para conducir este proceso. Los miembros de los dos primeros círculos de esa red de dominio son, en la actualidad, los amos del mundo. Y para sostener dicho dominio y hacerlo en el anonimato, manejan un complejo entramado de manipulación colectiva (te sorprenderá conocer su potencia) cuya finalidad es, precisamente, dificultar y ralentizar en lo posible la evolución de la consciencia a la que esta Introducción se viene refiriendo (y que constituye el hilo conductor del conjunto de estas páginas).

2. El desarrollo de los contenidos anteriores te llevará a reconocer la auténtica realidad que afrontáis tú y la humanidad, con lo cual corresponderá, ineludiblemente, poner sobre la mesa la pregunta del qué hacer. La respuesta a esta cuestión hace de bisagra entre los dos capítulos enunciados y el resto y se basa en tomar consciencia.

Esta toma de consciencia no atañe solamente a lo que es pertinente hacer, sino también a lo que hay que dejar de hacer para desconectar de los comportamientos, hábitos, percepciones e inercias vinculados con la consciencia egoica. El entramado de manipulación ha perseverado en exacerbar la presencia de todo ello en tu vida y en tu cabeza hasta que has llegado a ser un esclavo integral (alguien que se explota voluntariamente a sí mismo). Una vez que tengas el conocimiento, podrás asumir el mando de tu vida (para que sea realmente tuya y responda a lo que en verdad eres y sientes) y llenar de consciencia tu día a día. A partir de aquí, los otros nueve capítulos del texto ahondan en los distintos aspectos de esta toma de consciencia, para que inunde tu vida cotidiana y se afiance en ella.

3. Llegados a este punto, toca ocuparse del segundo componente de la definición de consciencia dada por el *Diccionario de la lengua española*: el conocimiento de uno mismo. Los capítulos 3, 4 y 5 («Consciencia y vida cotidiana», «Consciencia y mente» y «Consciencia y aquí-ahora») se dedican especialmente a ello con el fin de que percibas y comprendas lo siguiente:

- Que eres mucho más que tu yo físico, mental y emocional; y que una cosa es, metafóricamente hablando, el coche (ese yo) y otra bien distinta el Conductor que realmente eres y que ha encarnado en él para experienciar la vivencia humana.
- Lo que es el ego y lo distinto que resulta vivir desde el mando consciente del Conductor o bajo las directrices del ego.
- El funcionamiento de la mente, y sus capacidades y limitaciones, para que esté realmente a tu servicio en lugar de estar tú abducido por ella.
- El significado del aquí-ahora, el momento presente, como espacio sagrado de libertad. Desde este espacio puedes modular la frecuencia vibratoria de las actitudes y acciones con las que vives las experiencias del día a día para que sean efectivamente tuyas (en lugar de ser meras reacciones inconscientes o respuestas automáticas derivadas de los sistemas de creencias que te han imbuido).

4. El conocimiento de uno mismo requiere, igualmente, descubrir, poner en práctica y compartir los dones y talentos (cualidades, capacidades y facultades creativas innatas) de cada cual. Esto se halla muy unido a la educación, pues la esencia de esta

es contribuir a sacar del otro lo mejor de sí (es decir, sus dones y talentos). Por esto, la educación tiene dos ejes claves: colaborar, para que el niño, el adolescente o el joven se conozca a sí mismo y, segundo, para que, al hacerlo, ponga en valor esos dones. De todo ello se ocupan los capítulos 6 y 7 («Consciencia y educación» y «Consciencia y dones»).

5. El conocimiento de uno mismo y la expansión de la consciencia conllevan, igualmente, un giro radical en la percepción de la enfermedad y la muerte, en las que se centran los capítulos 8 y 9 («Consciencia y enfermedad» y «Consciencia y muerte»). Por raro que pueda parecer bajo la perspectiva de la consciencia egoica, la lectura de ambos te llevará a un nuevo discernimiento que te permitirá lo siguiente:

- Aunque el médico te indique que tienes una enfermedad, serás consciente de que esto es rotundamente falso, porque es imposible que tú, lo que auténticamente eres (Conductor), enfermes: solamente es el coche (el yo físico, mental y emocional) el que se ha averiado. Y, aún más, es el Conductor el que genera la enfermedad en el coche en pro del desarrollo consciencial y evolutivo y el recuerdo de lo que eres y es: ninguna enfermedad es fruto del azar y todas tienen su origen y razón de ser en dinámicas interiores (procesos conscienciales); no exteriores (los síntomas que obtusamente absorben la atención de la medicina convencional).

- Y si te dicen que alguien ha muerto, aunque se trate de un ser querido, serás consciente de que eso también es mentira, porque dicho ser sigue muy vivo. La muerte forma parte de la vida y no tiene el sentido que un gran sector de la humanidad todavía le otorga, sino que constituye un renacimiento, una puerta que se abre para pasar de una habitación (el «plano físico») a otra habitación (el «plano de luz») de la vida.

6. El listado de capítulos se completa con otros dos, los capítulos 10 y 11 («Consciencia y ciencia» y «Consciencia y Dios»), que

sirven tanto para el reconocimiento de la realidad como para el conocimiento de uno mismo. Parten del hecho cierto de que la ciencia contemporánea, a causa de sus indagaciones y descubrimientos, se ha convertido en un poderosísimo instrumento a favor de la evolución de la consciencia. Esto se desarrolla por medio de una síntesis de lo que puede denominarse *física de la Deidad*, cuyos fundamentos esenciales ofrecen tres posibilidades:

- Acercarse a los nuevos y más innovadores postulados científicos.
- Observar los impactos de estos en la apertura de una nueva visión de la vida, el mundo y el universo.
- Ver la luz que aportan a la hora de profundizar en el discernimiento de lo que la divinidad supone y significa y de la plena integración en ella de la existencia humana.

7. Para finalizar, el libro se cierra con un Epílogo, que sirve de colofón al texto. En él se te recuerda que estar en este planeta y en el plano humano es solo un estado de ser entre los infinitos posibles en que lo que eres vive instantánea y multidimensionalmente: podrá variar dónde estás, pero nunca lo que eres; podrá evolucionar la realidad, pero lo que eres, tu existencia misma, se mantiene por siempre inmutable. Finalmente, se te alienta y anima a expandir tu consciencia hasta el punto de transformarte en lo que siempre has sido y nunca dejarás de ser, es decir, Dios.

1

CONSCIENCIA Y ECONOMÍA

No estamos ante una crisis, sino ante
una mutación del sistema socioeconómico

EL SISTEMA SOCIOECONÓMICO VIGENTE:
SUS SIETE SEÑAS DE IDENTIDAD

El sistema socioeconómico vigente, comúnmente llamado capitalismo, cuenta, desde su aparición en el siglo XVI, con siete señas de identidad fundamentales:

- DA PRIORIDAD AL VALOR DE CAMBIO DE LOS PRODUCTOS (su precio de transacción en el mercado) en detrimento tanto de su valor de coste (lo que cuesta producirlos) como de su valor de uso (su utilidad para el ser humano). Por ejemplo, el agua tiene un gran valor de uso, porque es imprescindible para el ser humano, pero no tiene un precio alto. Y, en cuanto al valor de coste, los bienes no siempre se venden en función de lo que cuesta producirlos (es decir, en función de las materias primas, la mano de obra y la energía requeridas). La prioridad que se da al valor de cambio promueve la confusión entre valor y precio y alienta y alimenta la especulación como esencia y razón de ser del sistema. Así, por ejemplo, artículos que tienen un bajo coste de producción se venden a un precio muy alto. La especulación ha ido incrementándose con el paso del tiempo, pero ya existía en el inicio del sistema. Por ejemplo, en España hemos vivido recientemente el estallido de la crisis inmobiliaria: el precio de las viviendas se fue incrementando conforme pasaban de mano en mano con fines especulativos, hasta que dicho precio llegó a ser muy superior al valor de uso y al de coste.

- MAXIMIZACIÓN DEL BENEFICIO COMO META Y OBJETIVO CENTRAL DE LA ACTIVIDAD ECONÓMICA. Esta característica ha ido experimentando modulaciones con el tiempo. Hubo una época en que el sistema se moderaba a sí mismo cuando se trataba de alcanzar el máximo beneficio para no matar a la gallina de los huevos de oro; para ello, se prorrogaba la consecución del máximo beneficio para que este fuese real y se prolongase durante el mayor tiempo posible. Por ejemplo, cuando aparecieron los grandes almacenes, se encontraron con el problema de que en los núcleos urbanos estaba asentada una red de pequeños comercios, que estos establecimientos sabían que tenían que echar a un lado; debido a ello, cuando se instalaron en las grandes ciudades, estuvieron un tiempo trabajando incluso con pérdidas (vendiendo productos por debajo de su precio de coste) para atraer clientela e ir arruinando los negocios locales. Cuando la gente ya se hubo acostumbrado a ir a los grandes almacenes, fueron incrementando los precios. Así pues, acudieron a una estrategia para modular la consecución del máximo beneficio. Pero con el paso de los siglos y las décadas el sistema en general se ha ido haciendo más cortoplacista, y actualmente quiere ganar lo máximo posible en el menor tiempo posible, sin que le importe el mañana.

- APROPIACIÓN Y ACUMULACIÓN EN UNAS POCAS MANOS DE LOS BENEFICIOS ECONÓMICOS, DE LOS RECURSOS DEL PLANETA Y DE LA RIQUEZA SOCIAL DE LA HUMANIDAD. Este objetivo también estaba ahí desde el inicio mismo del sistema económico imperante. Para lograrlo, fue extendiendo una creencia falsa, que se fue haciendo suya la mayor parte de la gente: la idea de que en la economía rige la escasez, de que los recursos mundiales son limitados. Es más, la economía se suele definir como la ciencia de tender a satisfacer las necesidades humanas con recursos escasos. Pero dicho postulado es una entelequia, una creencia que al sistema le interesa mantener para enmascarar el hecho de que no es que los recursos sean insuficientes, sino que están acumulados en muy pocas manos. El sistema evita la distribución justa y equitativa de las rentas generadas, pero en realidad es la abundancia lo que impera en la Tierra y el cosmos. Por ejemplo, hay fuentes de energía que son abundantes e infinitas; cosa distinta es que esto al sistema no le interese, y quiera en cambio promover las energías que sí son escasas, como el carbón y el petróleo. (Ya está a disposición del ser humano la tecnología que permitiría extraer energía de la ionosfera del planeta, una energía que es ilimitada, puesto que la ionosfera se está recargando continuamente a causa de la influencia del Sol. Hay, además, otras modalidades de energía libre que el sistema intenta por todos los medios que no fructifiquen). La escasez nos afecta mentalmente, de modo que la gente aborda la vida desde la perspectiva de la escasez. Y con el fin de satisfacer sus necesidades básicas (así como las muchas provocadas artificialmente por el propio sistema) creen que no tienen otra opción que la de venderse como fuerza de trabajo. Esto hace que se olvide algo muy importante, y es que ningún ser humano ha nacido para trabajar. Se nos hace creer que el trabajo es un derecho, cuando en realidad es una imposición, e incluso una esclavitud cuando no tiene que ver con el ejercicio de los propios dones y talentos. Pero dentro de la mentalidad general de escasez, quien obtiene un trabajo se tiene por feliz... (Más sobre todo esto en el capítulo «Consciencia y dones»).

- GEOESTRATEGIA EXPANSIONISTA PERMANENTE. El sistema siempre va a más; siempre pretende acumular más, dominar más. Y no le importa cuáles son los medios que deba utilizar para conseguirlo. El sistema provoca conflictos y guerras dentro de la geoestrategia expansionista, y también genera una sensación constante de miedo e inseguridad entre la gente. Esto es un caldo de cultivo idóneo para que quienes manejan el sistema aparezcan como salvadores (cuando, paradójicamente, son quienes han promovido las inestabilidades, de forma directa o indirecta) y para que la gente se someta dócilmente cual rebaño.

- VORACIDAD ECOLÓGICA. La naturaleza y el planeta entero son puestos al servicio de la maximización del beneficio y las estrategias de acumulación de la riqueza por parte de unos pocos, a quienes no les preocupan los impactos medioambientales. No tienen en cuenta que el planeta constituye el hábitat mismo de la humanidad y que de él depende su supervivencia. No es tanto el planeta lo que estamos afectando, el cual tiene miles de millones de años de vida y una gran capacidad de resiliencia, como la capacidad misma de supervivencia de la humanidad.

- SOMETIMIENTO DE LA CIENCIA Y LOS ADELANTOS TECNOLÓGICOS A LOS DICTADOS DE LA MAXIMIZACIÓN DEL BENEFICIO, LA GEOESTRATEGIA EXPANSIONISTA Y LOS INTERESES DE QUIENES SE HAN APROPIADO DE LA RIQUEZA SOCIAL. Hay descubrimientos e inventos que no salen a la luz o al mercado, o no lo hacen hasta que al sistema le interesa. Por ejemplo, determinados descubrimientos que afectan al funcionamiento de los ordenadores no están comercializados porque aún se está obteniendo un beneficio elevado de las antiguas herramientas informáticas. Se sustituirán cuando al sistema le interese desde el punto de vista de sus ganancias.

- Por último, aunque no de menor importancia, FOMENTO ENTRE LAS PERSONAS DE UN SISTEMA DE CREENCIAS QUE ALIMENTA UNA VISIÓN EGOCÉNTRICA DEL MUNDO Y DE LA VIDA, alejada de cualquier sentido trascendente de la existencia y apegada a lo material. Para que se entienda: hubo un tiempo en que la ciencia tenía una visión egocentrista del universo, que se basaba en el hecho de que la Tierra era el centro del cosmos (incluso se afirmaba que el Sol daba vueltas en torno a la Tierra). Ahora ya no pensamos que nuestro planeta sea el centro del universo, pero el sistema ha conseguido que cada ser humano crea que es el centro del universo. Cada persona piensa que todo está a su disposición (incluida la naturaleza, los otros seres humanos y el planeta). El sistema promueve una visión aislada, fraccionada, rota del ser humano, en que este ya no se ve como miembro de una comunidad que a su vez está integrada con la Madre Tierra y en simbiosis con ella. En esta visión, lo trascendente o espiritual ya no pinta nada.

SISTEMA SOCIOECONÓMICO IMPERANTE: SEÑAS BÁSICAS DE IDENTIDAD

- Prioridad del valor de cambio de los productos en detrimento de su valor de coste y de su valor de uso, lo que alienta la especulación como esencia del sistema.
- Maximización del beneficio, a toda costa, como objetivo central de la actividad económica.
- Acumulación en unas pocas manos de ese beneficio, de los recursos y del capital, junto con la falacia de la economía de la escasez.
- Geoestrategia expansionista permanente. Para ello, se promueven conflictos y guerras y se genera una sensación constante de inseguridad.
- Voracidad ecológica. La naturaleza y el planeta entero son puestos al servicio de la maximización del beneficio y las estrategias de acumulación de la riqueza.
- Sometimiento de la ciencia y los adelantos tecnológicos a los intereses de quienes se han apropiado de la riqueza social.
- Fomento entre las personas de un sistema de creencias que alimenta una visión egocéntrica del mundo y de la vida, alejada de cualquier sentido trascendente de la existencia y apegada a lo material.

Sobre estos siete pilares, el sistema ha crecido y se ha desarrollado en tres grandes fases, la última de las cuales corresponde a su mutación actual, mal llamada crisis.

EVOLUCIÓN DEL SISTEMA SOCIOECONÓMICO
HASTA LLEGAR A SU MUTACIÓN ACTUAL

- FASE 1. ORIGEN Y PRIMERA EVOLUCIÓN (SIGLOS XVI AL XVIII). Su característica principal fue el mercantilismo (la compraventa de bienes y mercancías) y la creación y ampliación de los mercados. Eso puso al comercio como el eje sectorial fundamental y al comerciante como el agente económico hegemónico. La geoestrategia se centró en la conformación de mercados regionales y nacionales a partir de los mercados locales. Así, el movimiento de mercancías tenía un ámbito más amplio y el volumen de beneficios podía ser mayor. En ese momento, a las instituciones impulsadas por el sistema podemos denominarlas predemocráticas (el Antiguo Régimen del que habla la historia) y el referente territorial es Europa. Si buscamos un arquetipo descriptivo de la manera de actuar del sistema en esta primera fase, podríamos hablar de un roedor (una ardilla, un ratón...). El roedor acumula. En la literatura de la época se utilizó mucho la figura del avaro (más concretamente, de una forma bastante xenófoba, del judío avaro).

- FASE 2. LA REVOLUCIÓN INDUSTRIAL (SIGLOS XIX Y XX). Esta fase conlleva una mutación del sistema. A partir de la invención de la máquina de vapor se impulsa la maquinaria como nunca antes. Ahora, el eje fundamental pasa a ser el productivismo (la maximización de la producción de bienes y servicios y su venta). Se trata de producir bienes al menor coste posible y venderlos al mayor precio posible. El mercantilismo sigue siendo importante, pero en la actualidad pasa a un segundo lugar. Ahora, la industria se ha convertido en el eje sectorial principal y la empresa, en el agente económico hegemónico. La idea de empresa conlleva la idea de estrategia; por ejemplo, la de contener temporalmente el beneficio para que este acabe siendo mayor, como comentaba anteriormente. Con la Revolución Industrial, la geoestrategia expansionista da un salto, y ya apunta a la configuración de mercados internacionales. La plasmación de dicha geoestrategia es el colonialismo, lo cual permite acceder a materias primas que antes no estaban al alcance, vender más y poder maximizar los beneficios. Desde el punto de vista institucional, aparecen las instituciones de perfil democrático (las que han llegado hasta nuestros días). Desde el punto de vista territorial tiene lugar una mutación significativa, y es que los Estados Unidos se suman a Europa como referente (de hecho, en 1913/4, Estados Unidos se convirtió en la primera potencia económica del mundo, dejando atrás al Reino Unido, que lo había sido hasta ese momento). El arquetipo del sistema en esta fase es un gran felino (un león, un tigre...). Un león es mucho más fuerte y agresivo que un ratón, pero a pesar de ello concibe estrategias. Cuando los leones acosan a una manada de cebras, no las matan a todas, sino que cazan las que satisfacen sus necesidades y las de su camada, y dejan sueltas a las demás; así tienen alimento para las ocasiones futuras. (Esto constituye una analogía con las estrategias de tipo empresarial).

- FASE 3. MUTACIÓN ACTUAL (SIGLO XXI). Estamos al principio de esta fase, que es fruto de la revolución tecnológica y del cambio en el uso de recursos básicos del sistema (como el dinero). Ahora, lo que le interesa al sistema es la ESPECULACIÓN GLOBAL Y CORTOPLACISTA. Hoy día, con lo que se gana de verdad dinero es con la especulación. Esto ha hecho que haya un sector que se ha convertido en preponderante: el sector financiero; y, unido a él, la banca. La banca es, actualmente, la que tiene la sartén por el mango de la economía y del sistema. Antes, las empresas promovían bancos; hoy, estos se han convertido en los propietarios de todo, incluidas las empresas. Pero lo que interesa más a los bancos, lo que les procura las verdaderas ganancias, son los activos financieros intangibles con los que especular en el mercado de valores, los fondos de inversión y multitud de fórmulas financieras muy distintas. Gracias a las nuevas tecnologías, el mercado de capitales está funcionando las veinticuatro horas del día, con lo cual puede ganarse dinero de forma ininterrumpida. Obtener el mayor beneficio posible a toda costa y en el menor tiempo posible se ha convertido en la característica primordial del sistema. En esta tercera fase, la geoestrategia expansiva abarca el mundo entero. La conformación de mercados planetarios va unida a la globalización. Debido a ello, se está produciendo en este momento un cambio en las instituciones; se están promoviendo unas instituciones posdemocráticas. La idea de la representación democrática y de que los gobiernos mandan se ha caído como un castillo de naipes, por más que haya gente que siga aferrada a esta antigua idea. Hoy, los gobiernos y partidos de cualquier color están bajo el mando directo del mercado financiero y la banca internacional; y quienes, por las razones que sean, no quieren obedecer sus dictados, son castigados. Lo ocurrido en 2015 en Grecia es un claro exponente de cómo funciona el sistema. Difícilmente llega a configurarse un gobierno que quiera hacer algo distinto de lo que dice el sistema, pero si por casualidad llega a configurarse, se le castiga de una forma tremenda: se le van cortando las salidas, de modo que tiene que efectuar recortes y ajustes especialmente duros, con lo cual se va viendo obligado a regresar a los derroteros que el sistema impone. Más fuertes que los estados-nación, tenemos unos organismos internacionales que no deben rendir cuentas ante nadie (como la Comisión Europea, el Banco Central Europeo, el Fondo Monetario Internacional, el Banco Mundial, el G20) y que van tomando decisiones sin que los ciudadanos tengan ninguna capacidad de incidencia. Los ciudadanos no podemos hacer otra cosa que aceptar sus decisiones, y nuestros gobiernos, que se afanan en aparentar que aún hacen algo, no pueden hacer absolutamente nada, porque están plegados a ese sistema (muchas veces están puestos por el sistema mismo). Esas organizaciones supranacionales tienen un contenido puramente económico; están vacías desde una perspectiva política (democrática) y social.

En cuanto a la representación territorial, Europa desaparece del escenario. Hoy día, Estados Unidos y Extremo Oriente (China, Japón...) constituyen el eje clave. Europa ha quedado fuera de juego sobre todo porque durante unas décadas alentó un formato que el sistema dominante quiere fulminar cuanto antes: el estado del bienestar. El estado del bienestar fue un invento del sistema, temporal, destinado a detener la influencia de los regímenes llamados comunistas en Europa occidental;

pero una vez que estos regímenes se han diluido, el estado del bienestar es una amenaza para el sistema. Europa está en declive y seguirá estándolo.

El nuevo arquetipo con el que representar el sistema en esta fase es un gran reptil (un cocodrilo). El cocodrilo mata siempre, tanto si ha comido como si no: si se acerca una cebra al río en que está, la ataca. No puede evitarlo; es insaciable. El cocodrilo es voraz, y esta es la característica fundamental del sistema actual.

FASE 1	ORIGEN Y PRIMERA EVOLUCIÓN: SIGLOS XVI A XVIII
1 Característica básica	Mercantilismo: creación y ampliación de mercados (regionales, nacionales)
2 Eje sectorial	Comercio
3 Agente hegemónico	Comerciante (mercader)
4 Geoestrategia expansiva	Conformación de mercados regionales y nacionales
5 Perfil institucional	Instituciones predemocráticas
6 Referente territorial	Europa
7 Arquetipo simbólico	Roedor: ardilla, ratón...
FASE 2	DURANTE Y TRAS LA REVOLUCIÓN INDUSTRIAL: SIGLOS XIX Y XX
1 Característica básica	Productivismo: maximización de la producción y la productividad
2 Eje sectorial	Industria
3 Agente hegemónico	Empresa
4 Geoestrategia expansiva	Colonialismo y configuración de mercados internacionales
5 Perfil institucional	Instituciones democráticas

6	Referente territorial	Europa y Estados Unidos
7	Arquetipo simbólico	Gran felino: león, tigre...
FASE 3		**MUTACIÓN ACTUAL, DURANTE Y TRAS LA REVOLUCIÓN TECNOLÓGICA: SIGLO XXI**
1	Característica básica	Especulación global y cortoplacista: mayor beneficio posible a toda costa y en el menor tiempo posible
2	Eje sectorial	Financiero
3	Agente hegemónico	Banca
4	Geoestrategia expansiva	Conformación de mercados planetarios
5	Perfil institucional	Instituciones posdemocráticas
6	Referente territorial	Estados Unidos y Extremo Oriente
7	Arquetipo simbólico	Reptil: cocodrilo, lagarto...

La configuración y plasmación de la tercera y última fase de las descritas es lo que explica el contenido y alcance de la llamada crisis de la economía actual: en realidad no se trata de una crisis, sino de una profunda mutación del sistema socioeconómico. Vamos a explicarlo.

NO ESTAMOS ANTE UNA CRISIS, SINO ANTE UNA MUTACIÓN DEL SISTEMA SOCIOECONÓMICO

Se habla sin parar de crisis. Los análisis al respecto se suceden y multiplican, en un intento de explicar y valorar lo que está aconteciendo. Mientras, una nueva y cruda realidad se va imponiendo con celeridad por la vía de los hechos. Ante ella, mucha gente se muestra desconcertada, con miedo ante el presente y el futuro y sumida en un pesimismo y escepticismo crecientes. La economía real se doblega ante la monetaria: se precariza el empleo, se deterioran y envilecen las condiciones laborales y los empresarios constatan con estupor cómo el devenir de sus empresas ya no depende de su trabajo o inteligencia, ni de la marcha de su sector de actividad, ni de la bondad de su producto o servicio y de su estrategia empresarial, sino que ha quedado a merced de los criterios y prioridades de los que manejan el grifo de la financiación bancaria.

En paralelo, las instituciones se muestran incapaces de reaccionar y su credibilidad se diluye con inusitada rapidez. Los gobiernos, da igual su color político, transforman en razones de Estado las razones del mercado financiero y se pliegan a este con cinismo y descaro. Y el estado del bienestar, forjado con tesón en Europa durante el siglo XX, sufre un intenso seísmo que quiebra sus cimientos... Los ciudadanos tenemos cada vez más claro que los gobiernos no mandan, sino que simulan que mandan. Se han convertido en los títeres de alguien, de algo que no sabemos muy bien qué es.

Observa lo sospechoso que es esto. El Banco Central Europeo (BCE) –institución oficial de la Unión Europea–, cuando crea euros, no se los puede prestar a los estados, a causa de su reglamento interno, que está elaborado y promovido por la banca internacional. Cuando un gobierno europeo necesita euros, el BCE se lo da a la banca privada, al 1% de interés, y esta se lo presta al gobierno al tipo que quiere (el 4, el 5, el 6%...), lo cual es un auténtico disparate. ¿De qué depende este tipo de interés? De la prima de riesgo que decide la propia banca. Es decir, ella decide si un gobierno es solvente o no. Si ese gobierno hace lo que la banca estima oportuno, la prima de riesgo disminuye, y el tipo de interés es más bajo, pero si ese gobierno quiere actuar de forma distinta, le imponen un interés mayor, con lo cual la deuda se incrementa.

Antes, las cosas no funcionaban de esta manera. Por ejemplo, en España, el Banco de España creaba las pesetas y cuando el Estado necesitaba dinero, se lo pedía a dicho banco, el cual le imponía unas condiciones de devolución al 0% de interés. Eran los denominados anticipos del Tesoro, lo cual le daba al gobierno una excelente capacidad de acción, en tanto que su deuda no se incrementaba a causa del tipo de interés. En contraste con esto, la forma de proceder actual constituye un ejemplo de los resortes que ha puesto en marcha el sistema para controlar y dominar los estados.

¿Qué está sucediendo? Que no estamos ante una crisis, sino ante una mutación: la transfiguración del sistema socioeconómico en un entramado de especulación global y cortoplacista y la conversión de ciudadanos, empresas y estados en una nueva raza de esclavos... La noción de crisis va ligada a lo fortuito de su aparición y a que, pasado un tiempo, la situación vuelva a ser como antes. Pero lo que estamos viviendo ahora no es una crisis, sino una mutación. Porque no es fortuita, sino que deriva de la evolución e imposición de la «lógica» del sistema vigente; además, en su esencia subyace precisamente el objetivo de que la situación nunca vuelva a ser como antes...

Sólo en la comprensión de que el sistema ha mutado puede entenderse el porqué y el calado de hechos como estos:

- La gigantesca cantidad de dinero público (no inferior a los 13 billones de euros, suficiente para dar alimento a todos quienes lo necesitan en el planeta durante dos siglos y medio) que ha sido «regalado» por los gobiernos a la banca privada.
- Provocado por tamaña desviación de fondos públicos a manos privadas, el colosal endeudamiento de los estados (la deuda que acumulan es tal que ni con todo el dinero existente en la economía mundial habría suficiente para pagarla) y la transformación en crisis de los estados y de las haciendas públicas de lo que inicialmente se planteó como una crisis de los bancos privados.
- Derivada de los puntos anteriores, la curiosa circunstancia de que la llamada crisis tenga como grandes beneficiados a los mismos que la provocaron.
- La certeza de que el impacto de lo que ocurre afecta no solo a la economía sino también a otros muchos ámbitos, especialmente a la democracia, dado el evidente sometimiento de los gobiernos y poderes públicos a los intereses de la banca privada internacional y los mercados financieros globales. Esto está dando lugar a una nueva sociedad.

13 BILLONES DE EUROS DE FONDOS PÚBLICOS
DESVIADOS A LA BANCA PRIVADA

Los principales directivos de los más importantes bancos centrales del planeta (los que emiten el dinero y deberían controlar los flujos y comportamientos financieros) celebraron un encuentro en Suiza el 9 de noviembre de 2009. Al finalizar la reunión, el presidente del BCE, Jean-Claude Trichet, fue el encargado de actuar como portavoz y difundir una información que no tiene desperdicio: el dinero público que los países que conforman el G20 (las veinte naciones con mayor potencia económica del planeta) destinaron a ayudar a la banca privada en el período 2007-2009 se elevó a 10 billones de euros (el 60% de esa cifra, 6 billones de euros, correspondieron a estados de la Unión Europea), montante equivalente al 17% del PIB mundial. Dicho monto incluye subvenciones, ayudas diversas, compra de activos de mala calidad, garantía de las emisiones de la deuda privada, entrada en el capital de entidades bancarias (nacionalizándolas durante un «rato» para devolverlas después a manos privadas), etc.

Casi coincidiendo en el calendario con la indicada reunión de bancos centrales, la FAO (la agencia de la ONU para la alimentación) celebró en Roma la Cumbre Mundial sobre Seguridad Alimentaria. Con los datos analizados durante esta cumbre se llega a la conclusión de que el dinero público canalizado a la banca privada multiplica por ciento ochenta y cinco los fondos anuales precisos (54.000 millones de euros) para acabar totalmente con la hambruna en el mundo, por lo que con esos 10 billones de euros se podría haber eliminado completamente el hambre en el planeta hasta el año 2194.

Cuando se escriben estas líneas ha transcurrido más de un lustro desde las informaciones precedentes. Y la indicada cifra de 10 billones de euros, siendo colosal, se ha quedado pequeña, pues las ayudas públicas a la banca privada han seguido produciéndose a escala internacional hasta alcanzar un importe no inferior a los 13 billones de euros, equivalente a más del 20% del PIB mundial y suficiente para erradicar el hambre en el planeta ¡hasta el año 2257!

El truco para que las élites financieras se enriquecieran con la «crisis» es sencillo. La banca afirmó que estaba arruinada, si bien no hay manera de comprobarlo en el sistema económico-financiero actual basado en la especulación. Porque todo se basa en los teóricos valores de unos activos que no son tangibles, sino que su valor es el que se les quiera dar en el mercado especulativo. Cuando la banca aseguró que estaba arruinada, los gobiernos del mundo tenían dos opciones. Una de ellas era responder como responden cuando se arruina cualquier otro tipo de empresa: no rescatándola en modo alguno. De hecho, la banca es un intermediario financiero; no es el sostén de la economía (el sostén de la economía es la producción de bienes y servicios). Los gobiernos habrían podido crear una banca pública con el dinero que destinaron a la privada, una banca propiedad de los ciudadanos y que estuviese a su servicio. Pero el poder político está bajo la influencia del poder económico y financiero, por lo que se plegó a la élite financiera y desvió esas enormes cantidades de dinero público hacia la banca privada. Al final, la banca que estaba en crisis y a la que los estados rescataron es aquella a la que ahora los estados deben dinero. Ello ha ocasionado que estén absolutamente endeudados. Por ejemplo, España, que tenía un déficit público de poco más de 300.000 millones de euros antes de la crisis bancaria, presenta hoy un déficit de más de 1 billón de euros. Los estados se ven obligados a acudir al sistema financiero para refinanciar la deuda, con lo que están permanentemente atrapados por dicho sistema financiero. Esto no es una crisis; es algo mucho más serio. Salta a la vista que es la culminación del dominio de los poderes financieros sobre los estados.

DEL AHORRO AL CONSUMO Y DEL CRÉDITO A UNA NUEVA ESCLAVITUD: LA RAZA DE DEUDORES Y EL ESCLAVO INTEGRAL

La actual mutación del sistema socioeconómico no ha sido fruto de la casualidad. Durante décadas se fueron creando las condiciones adecuadas para ello. Se ha producido una transición del ahorro al consumo, y a través del consumo se ha efectuado una transición al crédito; y a través del crédito la sociedad en su conjunto (ciudadanos, empresas y estados) ha acabado siendo objeto de una nueva esclavitud. Veamos a continuación el proceso que nos ha llevado hasta aquí:

- En un primer momento, a lo largo del siglo XX, la base de los beneficios que el sistema siempre procura maximizar dejó de situarse en la plusvalía que se extrae del trabajador para centrarse en el consumo. Para que las ganancias fueran las mayores posibles, el consumo tenía que ser masivo y hallarse en constante expansión (la clave del consumismo es la venta en grandes cantidades, y por supuesto con el menor coste de producción y el mayor precio de venta posibles).

- Esto obligó a superar uno de los pilares del capitalismo productivo surgido de la Revolución Industrial: el ahorro, fundamento de la inversión. El ahorro llevaba implícita una determinada moral social y un determinado estilo de vida: si alguien deseaba algo, intentaba ahorrar para poder comprarlo; y si quedaba fuera de su alcance, reprimía el deseo. Pero esto constituía un lastre para el consumo masivo, que exige generar el deseo irreprimible de consumir y facilitar los medios para satisfacerlo.

- De este modo, el protagonismo pasó del ahorro al crédito: se desplegaron las velas del préstamo y la deuda y aparecieron poco a poco nuevos instrumentos financieros (la tarjeta de crédito es un ejemplo reciente) que permiten adquirir todos los objetos de deseo sin necesidad de un ahorro previo. Se configuró así la denominada sociedad de consumo, íntimamente ligada a un endeudamiento creciente no solo de las familias, sino también de las empresas, que pasaron a acudir intensamente al crédito bancario como manera de financiar sus inversiones y proyectos.

- Llegados a este punto, la deuda se convirtió en el principal generador de ganancias. Con ello, el capitalismo productivo perdió protagonismo y su lugar fue ocupado por el capitalismo financiero. Producir bienes y venderlos requiere mucho trabajo y muchas manos, pero mover activos y pasivos financieros es muy simple hoy día; basta con darle a un teclado. De modo que la banca y la especulación, cada vez más global y cortoplacista, tomaron los mandos del sistema, con el lema, además, de que todo vale. Al sistema ya le da igual matar o no la gallina de los huevos de oro.

- Ciertamente, uno tiene que pagar sus deudas en algún momento, pero, por el camino, la refinanciación (la deuda sobre la deuda) permite salir del paso. Y de oca a oca, de deuda en deuda, se avanza hacia una nueva clase de esclavitud: la de vivir para devolver lo que le han prestado a uno, aunque sea a costa de trabajar más horas y aceptar el tipo de vida y las reglas de juego que el sistema impone. A los esclavos que llenan el mundo ya no hay que ponerles grilletes ni someterlos con latigazos. Se creen libres en la jaula del consumismo y entre sus barrotes virtuales forjados con préstamos y deudas.

- Zygmunt Bauman, notable sociólogo polaco, ganador del Premio Príncipe de Asturias, ha llamado con razón «raza de deudores» al conjunto de ciudadanos, empresas y estados convertidos en esclavos del sistema financiero por medio de la deuda.

- Los estados, con sus actuaciones incentivadoras del consumo y el gasto, contribuyeron a consolidar la sociedad de consumo, primero, y la raza de deudores, después, a través tanto de sus políticas presupuestarias como de la promoción de deducciones fiscales (por ejemplo, en la adquisición de viviendas) para que la gente compre, se endeude y participe en el engranaje del consumo. Y en los últimos años, los propios estados han pasado a formar parte de esa raza a causa del enorme déficit público y endeudamiento originados, fundamentalmente, por el gigantesco montante de dinero público que los gobiernos han desviado a la banca privada.

- Ahora, ciudadanos, empresas y estados, plenamente integrados todos en la raza de deudores, están a merced de la banca internacional, que los domina y controla a través de la gestión del crédito, que amplía y abarata o restringe y encarece en función de sus objetivos e intereses, y la paulatina implantación de un supranacionalismo global y no democrático.

- En este contexto, el sistema socioeconómico imperante, frente a fases anteriores de su evolución, presenta la novedad del esclavo integral: personas que se explotan a sí mismas de manera voluntaria y sin ni siquiera percatarse de tal autoexplotación y de la esclavitud que marca y caracteriza sus vidas. (Puedes leer más sobre el esclavo integral en el capítulo «Consciencia y dones»).

NUEVA FUNCIONALIDAD Y CARÁCTER VIRTUAL DEL DINERO

La nueva funcionalidad del dinero

Para los economistas clásicos y neoclásicos (desde la segunda mitad del siglo XVIII hasta las primeras décadas del XX) la función del dinero se ceñía a la de ser un *medio de pago* al servicio de la *economía real* (producción, recursos y materias primas, actividad empresarial, trabajo…). En consonancia con ello, describieron metafóricamente el dinero como un «velo» que cubre la economía (como el aceite que engrasa una máquina). Sin embargo, esta percepción ha pasado a la historia. Hoy día, el dinero no es un *medio*, sino el *fin*. Y ha dejado de ser un velo para convertirse en la razón de ser y el corazón de la economía (ya no es el aceite que engrasa la máquina, sino la máquina en sí). El dinero se ha emancipado de la economía real y ha puesto a sus pies la totalidad del sistema socioeconómico. Se ha dado la vuelta a la tortilla: el dinero ya no apoya las metas y propósitos del engranaje productivo y su dinámica, sino que cuenta con sus propios intereses y objetivos, estrictamente especulativos y eminentemente cortoplacistas, a los que han quedado sometidos familias, empresas y estados.

El dinero es hoy algo totalmente virtual

Para colmo, junto a esta nueva funcionalidad del dinero, este se ha convertido en algo totalmente virtual, sin sustento material alguno. Para entenderlo, hay que recordar que, dentro de lo que coloquialmente se llama dinero, hay que diferenciar dos grandes clases: el dinero signo, es decir, los billetes creados por las instituciones monetarias (los llamados bancos centrales), y el dinero bancario, fruto de las transacciones financieras que la banca privada realiza al conceder préstamos y mover los capitales a partir de los depósitos de dinero signo que en ella efectúan particulares, empresas y administraciones. Pues bien:

- El dinero signo es creado por los bancos centrales sin el respaldo de nada que lo avale. La mayoría de las personas continúan pensando que las autoridades monetarias guardan cantidades de algún metal precioso, fundamentalmente oro, al emitir billetes. Y esto fue así durante el tiempo en que funcionaron los denominados patrones monetarios, especialmente el patrón oro. Pero este sistema entró en crisis con la Primera Guerra Mundial. A raíz de ello, en el contexto de la Segunda Guerra Mundial se ideó un sistema: como ya no era posible que las instituciones oficiales hiciesen acopio de oro (aunque se quisiese, no hay oro suficiente en el mundo), se adoptaron los acuerdos de Bretton Woods en la conferencia monetaria y financiera de las Naciones Unidas que tuvo lugar en julio de 1944. Se decidió que solo dos monedas, el dólar y la libra esterlina, tuvieran un respaldo en oro al ser emitidas; el resto de las monedas debían tomar como referencia a estas dos para determinar su valor. Este sistema empezó a entrar en crisis en 1957, cuando el gobierno británico anunció que era incapaz de sostenerlo, ya que no podía seguir acumulando oro para continuar emitiendo libras esterlinas. Así, se declaró la no convertibilidad de la libra. Y en 1971 Estados Unidos declaró la no convertibilidad del dólar. Desde entonces, el dinero no tiene más valor que el que acordemos darle. Actualmente, ninguno de los billetes del mundo cuenta con soporte material y no son, por lo tanto, nada más que papel cuyo teórico valor viene dado por la inercia del pasado y la credulidad de la gente. Ocurre como en el cuento del rey desnudo, en que nadie se atreve a decirle la verdad y todos se comportan con él como si estuviera vestido. En los acuerdos de Bretton Woods se decidió también la creación del Fondo Monetario Internacional (FMI) y el Banco Mundial (BM).

· En cuanto al dinero bancario, es, en sí mismo, estrictamente irreal, ya que se genera por las anotaciones contables que los bancos privados llevan a cabo para reflejar sus transacciones. De los depósitos que en ellos se realizan, los bancos solo deben mantener en caja un reducidísimo porcentaje del montante total, y pueden utilizar el resto para moverlo y sacarle rentabilidad (por ejemplo, mediante la concesión de préstamos a un tipo de interés superior al que pagan por los depósitos). La persona o entidad que ha efectuado un depósito cree que su dinero está en el banco, pero esto no es así. La verdad es que ha pasado a manos de terceros, quienes, a su vez, originarán nuevos depósitos con los que los bancos volverán a negociar, y así sucesivamente. Es por esto por lo que el dinero que aparece en la contabilidad de los bancos es muy superior al dinero signo (billetes) que realmente tienen en su poder.

La nueva funcionalidad del dinero y su carácter virtual constituyen el marco perfecto para el desenvolvimiento y la expansión de la especulación global y cortoplacista, dirigida a ganar lo máximo posible en el menor tiempo posible. La mutación actual del sistema socioeconómico ha hecho que la especulación constituya su misma esencia.

Incógnitas en el horizonte

No es de descartar que ante la entelequia que es el sistema financiero la élite que lo controla tome algunas medidas, no necesariamente dentro de mucho tiempo. Por ejemplo, la desaparición del dinero físico (el cual, como hemos visto, es virtual) a favor de que todo sea solamente apuntes contables. De hecho, la mayor parte del dinero ya lo estamos gastando de esta manera. La gente lleva aún algo de efectivo en el bolsillo y hay productos y servicios que se pagan con monedas y billetes, pero el uso de la tarjeta de crédito se va extendiendo cada vez más. Por ejemplo, nunca pensé que se llegaría a pagar con tarjeta en los taxis, pero ya empieza a ser así. De modo que no es impensable que un día se nos ofrezca, por «comodidad», insertarnos un chip en la mano que valga para todo: para comunicarnos, para pagar, etc. Este chip permitiría acceder a muchos servicios que, de otro modo, no serían posibles.

TRAS LA MUTACIÓN DEL SISTEMA SOCIOECONÓMICO, LA CRISIS SISTÉMICA ES LA COLUMNA VERTEBRAL QUE LO SOSTIENE Y EXPANDE SU PODER

Junto a la especulación cortoplacista, la seña de identidad más relevante del sistema socioeconómico tras su mutación es la crisis sistémica (esto es, la que se despliega a la vez y con fuerza en ámbitos muy diversos). Las crisis son tan variadas e intensas como estas:

- Crisis económico-financiera, con un endeudamiento masivo e impagable (200 billones de euros, el triple del PIB mundial) y un sistema monetario que solo es una entelequia virtual, pues ni el dinero signo (billetes) emitido por las autoridades monetarias ni el dinero bancario (creado por la banca privada a través de los apuntes contables de sus transacciones en cadena) cuentan, como ya se ha apuntado, con respaldo real alguno. El sistema financiero es, pues, una enorme entelequia que puede desbarajustarse en cualquier momento —de hecho, esto ya ha sucedido—. Junto con esto tenemos, como componentes de la crisis económica, la precarización y falta de empleo, el hundimiento de empresas, etc.

- Crisis alimentaria, que mantiene en la hambruna a cerca de mil millones de personas mientras en los países desarrollados se practica un consumo desatinado que provoca el derroche de un ingente volumen de recursos, obesidad epidémica (tres millones de personas mueren por su causa cada año) y la acumulación anual de quince mil millones de toneladas de basura.

- Crisis política, con el vaciamiento de la democracia y los gobiernos (da igual su color político), que son simples marionetas del verdadero poder, el financiero, al que los estados están sometidos por la acumulación de una colosal deuda pública que ese mismo poder se encarga de provocar, financiar y refinanciar.

- Crisis humanitaria, con un flujo migratorio continuo de una enorme cantidad de gente desplazada (obligada a abandonar su tierra y sus hogares por el hambre, las guerras —a causa de ellas hay cincuenta millones de refugiados— y la superpoblación) y la desaparición forzada de culturas y comunidades enteras debido a esos tremendos flujos migratorios. Hoy se cuentan por cientos de millones las personas desplazadas.

- Crisis ecológica y energética, que repercute en el hábitat de supervivencia de la humanidad y causa la pérdida de biodiversidad y la desaparición de cincuenta mil especies de animales cada año (cifra diez mil veces superior a la tasa natural de extinción).

- Crisis social, crisis de valores, que se manifiesta en la educación, las relaciones entre padres e hijos y de pareja, el ostracismo de personas que por su mayor edad cuentan con más experiencia... Esta crisis acontece en múltiples niveles.

Es crucial percatarse de que la crisis sistémica no es señal, como suele pensarse, del colapso o fracaso del sistema surgido de la mutación, sino de su éxito. Se mueve en ella cual pez en el agua. No en balde, el desconcierto, la inseguridad y el miedo configuran el caldo de cultivo perfecto para la culminación del dominio del sistema sobre todos y sobre todo. El sistema origina este caldo de cultivo, lo provoca y se ofrece como salvador. Y la gente le sigue el juego, en su ignorancia, en su falta de consciencia. La gente tiene la idea de que el sistema quiere que las cosas funcionen bien pero que, al ser imperfecto, no lo logra...

Además, el sistema ha preparado el escenario idóneo para que la lucha contra él solo sirva para fortalecerlo. De hecho, él mismo promueve, usa y manipula a su favor los movimientos «alternativos» o de teórica «oposición». También avanza en el control de la psique y las emociones de las personas para que se perciban a sí mismas como individuos aislados y enfrentados y olviden que son una red humana en interacción y mucho más que su yo físico, mental y emocional. Logra esto gracias a las nuevas tecnologías y al *big data*, que constituye el almacenamiento y procesamiento de enormes cantidades de datos para detectar patrones, gustos y hábitos personales y colectivos, saber cómo incidir en ellos, descubrir tendencias y efectuar predicciones. Así, la gente va viviendo sin darse cuenta de lo evidente. El sistema, que es el propietario de los principales medios de comunicación, cuenta con todos los resortes para fomentar la docilidad del público. El clima de inseguridad y miedo que promueven los medios de comunicación es el que le interesa al sistema para que la gente siga alienada e inconsciente en relación con todo lo que está sucediendo.

Podemos preguntarnos: si las crisis constituyen el éxito del sistema, ¿nunca va a fracasar? Es decir, ¿no hay un fin previsible para el sistema? Se tratará este tema cuando hable de los amos del mundo, en el próximo capítulo. Ahora, como colofón a lo desarrollado hasta el momento, quiero señalar que creo que la fase actual del sistema socioeconómico vigente (la tercera) es la última, si bien aún le quedan plasmaciones, como la desaparición del dinero físico. Otras plasmaciones tienen que ver con los ámbitos más directamente ligados con el ciudadano. Por ejemplo, hoy en día los gobiernos ya no gobiernan; los ciudadanos lo intuyen, pero presumo que en el futuro próximo sabrán a ciencia cierta que quienes manejan el mundo son grandes corporaciones en connivencia con unos organismos internacionales que se hallan por encima de los estados-nación.

CORTOPLACISMO, AUSENCIA DE COMPROMISO Y MEDIDA

Como consecuencia de la mutación del sistema y de la crisis sistémica sobre la que este ahora se apoya para ejercer su dominio, los vínculos humanos son cada vez más frágiles y provisionales. La exposición de los individuos a los caprichos del mercado premia las actitudes competitivas, al tiempo que degrada la colaboración y el trabajo en equipo al rango de estrategias temporales que deben abandonarse o eliminarse una vez que se hayan agotado sus beneficios. De ahí el colapso del pensamiento, de la planificación y de la acción a largo plazo, junto a la desaparición o el debilitamiento de aquellas estructuras sociales que deberían pensar en esos términos. La historia política y las vidas individuales están quedando reducidas a una serie de proyectos de corto alcance y de episodios que no son compatibles con conceptos como *desarrollo* o *maduración*.

Ahora la responsabilidad se hace recaer en los individuos, de quienes se dice que son «electores libres». Pero lo cierto es que cada elección está condicionada por sistemas de creencias impuestos por otros y presenta múltiples riesgos causados por fuerzas que trascienden la comprensión y la capacidad individual para actuar. En paralelo, la virtud más útil no es la conformidad a las normas, sino la fragilidad: la presteza para cambiar de tácticas y estilos en un santiamén, para abandonar compromisos y lealtades sin arrepentimiento y para ir en pos de las oportunidades según la disponibilidad del momento, en vez de seguir las propias preferencias consolidadas.

Debido a todo ello, se está en pleno proceso de divorcio entre el poder y la política. Y el «progreso», que ha venido siendo una promesa de felicidad universal y duradera y muestra del optimismo radical, representa ahora la amenaza de un cambio implacable e inexorable que, lejos de augurar paz y descanso, presagia una crisis y una tensión continuas que imposibilitan un mínimo momento de respiro. El progreso se ha convertido en algo así como un persistente juego de las sillas en el que un segundo de distracción puede comportar una derrota inapelable. En lugar de grandes expectativas y dulces sueños, el progreso evoca un insomnio lleno de pesadillas en las que uno sueña que se queda rezagado, pierde el tren o se cae por la ventanilla de un vehículo que va a toda velocidad y que no deja de acelerar.

Las consecuencias lógicas de todo ello son el cortoplacismo, la evanescencia, la falta de compromiso, la carencia de estructuración real, el exceso y la ausencia de medida, el ritmo alocado y el culto a la velocidad.

EL MERCADO FINANCIERO ES SOLO LA MANIFESTACIÓN
EXTERIOR DE UNA ÉLITE PERFECTAMENTE ORGANIZADA

La mutación del sistema socioeconómico no se ha producido por casualidad. Todo lo contrario: ha sido provocada y dirigida por los mismos que se han beneficiado de la denominada crisis y ejercen el dominio a escala planetaria sobre ciudadanos, empresas y estados. ¿De quién o quiénes se trata?

Los dirigentes políticos y los medios de comunicación se refieren con frecuencia a los mercados cual sinónimo de algún tipo de poder que obliga a los gobiernos y a la sociedad a seguir sus directrices económicas y políticas. Sin embargo, es bastante obvio que no son los mercados en general (de materias primas, de bienes, de servicios, el laboral...) los que imponen su ley, sino uno muy particular y específico: el mercado financiero, es decir, el propio del dinero y su dinámica especulativa.

¿De qué está conformado el mercado financiero? Pues de una extensa y diversificada batería de corporaciones (bancos, fondos de inversión, agencias de *rating*, compañías de seguros, operadores de los mercados bursátiles, intermediarios de bonos y divisas...) en pleno y avanzado proceso de concentración mercantil a escala internacional. Todas ellas participan de una idéntica y particular ideología, que tiene como pilares el binomio especulación/globalización y la práctica del «todo vale» para ganar lo máximo posible en el menor tiempo posible. Y cuentan con el apoyo y la complicidad de los bancos centrales emisores del dinero (Banco Central Europeo, Reserva Federal Norteamericana, Banco de Japón, Banco de Inglaterra, etc.) y de los organismos económicos internacionales (FMI, Banco Mundial...), que se han especializado en el chantaje a los estados para que se ajusten a las pautas e instrucciones fijadas por el mercado financiero (dicho mercado concede préstamos y facilita fondos y ayudas a los estados siempre que sus políticas sean las que dicho mercado les indica).

Es muy curioso ver cómo los que capitanean las entidades financieras públicas terminan con puestos de mando en empresas privadas. Se los premia con sueldos multimillonarios en entidades privadas una vez que en las públicas han contribuido al desfalco de la hacienda pública y a la desviación de dinero masivo desde dicha hacienda hasta la banca privada.

En cuanto al mercado financiero, hay que escarbar en él: ¿quién está ahí? No es una entidad impersonal; hay «álguienes». Este mercado y las entidades que lo configuran son solo la manifestación exterior (la punta del iceberg) de una élite que es su propietaria y que, a través del mercado financiero, controla la totalidad del sistema socioeconómico. Una élite transnacional perfectamente organizada en círculos y niveles jerarquizados y cuyo núcleo de mayor poder y autoridad procura permanecer a toda costa en el anonimato. Se trata de los actuales amos del mundo: tras largo tiempo intentándolo, han logrado alzarse con el mando a escala mundial y global de manera omnímoda y con carácter depredador. Se articulan en un entramado que configura el conjunto de élites y subélites (económicas, financieras, empresariales, religiosas, científicas, militares y sociales) que hay en el planeta.

¿QUÉ HACER?

Ante todo lo descrito, seguro que te estás preguntando qué hacer, si es que se puede hacer algo.

Para responder con rigor tal interrogante, es imprescindible detenerse y ahondar en el ámbito de los amos del mundo mencionados. Hay que saber exactamente quiénes son y cómo actúan.

Esto es lo que se acomete en el siguiente capítulo, en cuyo tramo final se planteará nuevamente la pregunta de qué hacer. Para poder actuar, lo primero es tomar consciencia. Mientras no nos demos cuenta de lo que está ocurriendo y de quiénes constituyen la élite, cualquier cosa que podamos plantearnos es puramente ilusoria.

PARA RESUMIR...

- Vivimos en un sistema socioeconómico de carácter depredador que fomenta la acumulación en unas pocas manos de los beneficios económicos, de los recursos del planeta y de la riqueza social de la humanidad.
- El objetivo fundamental de dicho sistema socioeconómico es la maximización del beneficio. Tras varias fases de desarrollo, ha culminado en la cultura económica del máximo beneficio posible en el menor tiempo posible, sin que tan siquiera importe la sostenibilidad del sistema ni de la mismísima vida humana.
- La crisis sistémica actual no es tal crisis, sino la evidencia de que el sistema socioeconómico ha mutado a su fase actual. La crisis ha sido premeditada, con toda la intención de que la situación no vuelva a ser como antes.
- En esta fase actual, quienes tienen la sartén por el mango de la economía son las diversas entidades y corporaciones financieras. Maximizan el beneficio por medio de la especulación y tienen atrapados en sus redes a individuos, empresas y estados a través de la deuda y diversos mecanismos legales. Hoy ya no mandan los estados, sino el poder financiero.
- Quienes están atrapados por la deuda constituyen una nueva «raza», la «raza de deudores». Ello va parejo con una nueva forma de esclavitud: el esclavo integral.
- El sistema financiero actual constituye una gran entelequia en la que el dinero ni tan siquiera cuenta con un apoyo material, sino que es algo totalmente virtual. Esto podría culminar en la futura desaparición del dinero físico y, unido a ello, en un mayor control del individuo.
- En este contexto, se ha fomentado el individualismo a ultranza y la fragilidad entre los vínculos humanos. La competición y el progreso incesante mantienen al individuo absorbido en un frenesí que lo desempodera.
- Detrás de todo esto están los actuales «amos del mundo», que han logrado alzarse con el mando a escala mundial y están apretando cada vez más el lazo. Puede augurarse el fin del estado del bienestar.

2

CONSCIENCIA Y POLÍTICA

Los amos (provisionales) del mundo

PARTE I

LA RED DE ÉLITES Y SUBÉLITES QUE DOMINA Y
MANIPULA LA ECONOMÍA Y LA SOCIEDAD

LA INCONSCIENCIA EN QUE SE DESPLIEGA TU VIDA

Siento decírtelo, pero actualmente no eres el dueño de tu mente. Como veremos con mayor detalle en el capítulo «Consciencia y mente», no puedes hacer lo que quieres con ella; no puedes enfocarla durante mucho tiempo en lo que quieres, permanecer presente. Esto te parece normal a causa de lo extendido que está este fenómeno entre la población, pero de hecho constituye una profunda anormalidad.

Y si no es un fenómeno normal, ¿por qué tiene lugar? Por dos razones:

- Ante todo, por tu propia inconsciencia: tu mente no se halla a tu servicio, sino que eres tú el abducido por ella.
- Íntimamente unido a lo anterior, porque hay quienes te manipulan y confunden para que permanezcas en tamaña inconsciencia y, con ello, sigas siendo un esclavo integral, uno más dentro de la

raza de deudores. Adivino tu primera reacción: que esto es imposible, que lo de la manipulación de la gente es un invento de los paranoicos de las conspiraciones... Que así lo creas y no te percates de algo tan evidente es consecuencia, precisamente, de la manipulación de que eres objeto.

Tú eres el primer responsable de tu inconsciencia. A ti corresponde en primer lugar tomar las riendas de tu mente (estar atento y vivir en el aquí-ahora) y llevar el mando consciente de tu vida (vivir de corazón la vida que sientes vivir). Pero para poder hacerlo con pleno conocimiento de todos los factores implicados, antes debes saber quiénes te manipulan y con qué finalidad.

EL NÚCLEO MANIPULADOR

Los mencionados manipuladores son los actuales amos del mundo: el núcleo duro de un entramado, muy complejo y perfectamente estructurado en círculos de élites y subélites, que domina y maneja la economía y la sociedad a escala mundial y global. Incluso domina la vida de cada persona del planeta sin que seamos conscientes de ello.

¿Quiénes son exactamente?, ¿cómo se llaman?, ¿cómo se organizan para conseguirlo?, ¿cómo lo hacen?... Las respuestas a estos cuatro interrogantes están dentro de ti, aunque muy olvidadas debido, precisamente, a la manipulación que sufres. Muchas personas ven que lo que está ocurriendo es tan raro que no puede ser fruto de la casualidad, sino que tiene que estar muy bien organizado. Abre tu corazón para que, con las preguntas, broten las respuestas:

1. ¿QUIÉNES SON? Son los que desean que los seres humanos sigan siendo esclavos integrales que se explotan voluntariamente a sí mismos, una raza de deudores, una masa sin sentido trascendente de la existencia y atada a lo material, un rebaño dócil y alienado bajo su completo poder y control. Quieren que actuemos según los sistemas de creencias que a ellos les interesan, unos sistemas de creencias que nosotros, sin querer, hacemos nuestros,

no solo desde el punto de vista teórico sino también en la práctica (es decir, regimos por ellos nuestra vida cotidiana).

2. ¿CÓMO SE LLAMAN? No se les puede dar un nombre, porque actúan en el anonimato más absoluto. Se consideran tan poderosos que no aspiran a ser conocidos (esto lo dejan para las élites y subélites que están a su servicio; de hecho, el anonimato y la actuación de incógnito son requisitos fundamentales para que el entramado que han ideado se mantenga en pie). Como hace siglos adelantaron las profecías de Juan de Jerusalén (llamado *el templario* o *el ermitaño*):

Cuando comience el año mil que sigue al año mil, gobernarán los que carecen de fe. Mandarán sobre multitudes humanas inconscientes y pasivas. Lo harán escondiendo sus rostros, guardando en secreto sus nombres; y sus fortalezas estarán ocultas en los bosques. Pero ellos decidirán la suerte de todo y de todos; nadie participará en sus reuniones. Todos serán sus siervos, pero se creerán hombres libres y hasta caballeros.

Aquí y ahora, puedes denominarlos los amos del mundo: un reducidísimo núcleo que dirige y gobierna a todas las élites y subélites del planeta (financieras, empresariales, militares, políticas, sociales, religiosas...) y, a través de ellas, a la humanidad.

3. ¿CÓMO SE ORGANIZAN? La manipulación se crea, gesta y dirige desde un núcleo duro o primer círculo, que consta de muy pocos miembros. Y a partir de él, como las ondas que provoca la caída de una piedra en el agua, existen una serie de círculos (una vasta red de élites y subélites) que ese círculo primero utiliza para sus fines bajo una estructura férreamente jerarquizada. Hay una cadena de mando estricta en la que cada nivel solo conoce de forma parcial al inmediatamente superior.

4. ¿CÓMO LO HACEN? Su proceder no tiene nada que ver con lo que arguyen las teorías conspirativas. Tres son los ejes principales de la manipulación que sufres: el primero, el miedo y la

inseguridad; el segundo, la idea de que este mundo es un valle de lágrimas en el que hay que comportarse de determinadas maneras para lograr ascender a un plano superior; y, sobre todo, el tercero, la creencia en el tiempo. Hablaré en detalle de todo ello más adelante. (En cuanto al tema del tiempo, te remito más específicamente al capítulo «Consciencia y aquí-ahora»).

EL PRIMER CÍRCULO DEL ENTRAMADO DE MANIPULACIÓN Y DOMINIO

El entramado de dominio que intenta mantener a la humanidad en la inconsciencia cuenta con un núcleo duro o primer círculo cuyos componentes son hoy los amos del mundo. Por extraño que te parezca, a causa de los sistemas de creencias que se han encargado de implantar en ti y en la gente, entre los integrantes de este círculo no hay seres humanos. Se trata de seres sutiles (carecen de corporeidad material, aunque pueden manifestarse y hacerse visibles) y poseen conocimientos y medios de actuación impensables para la humanidad. Sin embargo, son muy densos consciencialmente; están apegados a deseos de poder tan egoicos como insaciables. Su obsesión es mandar, controlar, dominar. Y mantienen relaciones con otros seres de baja frecuencia consciencial, pero avanzados tecnológicamente y avezados en el uso y movimiento de las fuerzas naturales y las energías vitales. (Entre estos seres hay distintas razas extraterrestres, así como diversas entidades energéticamente plúmbeas y sombrías que parecerían sacadas de relatos de ficción. Hay personas que tienen el don de ver a dichas entidades plúmbeas).

¿Cuál es la naturaleza exacta de los componentes de este primer círculo? Los textos antiguos de bastantes tradiciones espirituales aportan importantes pistas al respecto. Por ejemplo, los Evangelios cristianos, en los que se narra cómo a Cristo Jesús se le presentó, cuando estaba en el desierto, el diablo, quien «lo llevó a un monte muy alto», «le mostró en un instante todos los reinos del mundo» y «le dijo: te daré toda esta autoridad y su gloria, porque me la han dado a mí y yo la doy a quien quiero; si tú me rindes homenaje (si postrado me adoras), será toda tuya» (Evangelio de Lucas, 4, 5-7 y Evangelio de Mateo, 4, 8-9). Jesús rechazó este ofrecimiento de quien él mismo denominó «Satanás» (Evangelio de Mateo, 4, 10) o «príncipe de este mundo» (Evangelio de Juan, 12, 31) y a quien san Pablo llegó a calificar como «dios de esta edad» o «dios de este mundo» (Segunda Carta a los Corintios, 4, 4), y se nos describe como un «ángel caído».

Ciertamente, el diablo hace creer que no existe y la mayoría de las personas consideran que es un cuento, un producto de la imaginación o, como mucho, un símbolo metafórico del mal (el mismo diablo «ha cegado la mente» a la gente, se afirma en esa Carta de san Pablo). Es curioso que incluso las personas que creen en los Evangelios no crean sin embargo justo el punto que hace referencia al diablo. No obstante, el diablo es alguien real. Los libros cristianos lo describen como un querubín (un tipo de ángel perteneciente al segundo nivel de las dimensiones celestiales).

¿A qué se debió su descenso consciencial, que le ha valido la denominación de «ángel caído»? El místico Al-Hallaj compartió que «Dios es yo; y yo soy Dios cuando ceso de ser yo». Es decir, paso a ser Dios cuando dejo de identificarme con el yo físico, mental y emocional que uso para experienciar la vivencia humana y tomo consciencia de lo que realmente soy. Pues bien, Satanás, en su libre albedrío y a partir de un momento dado de su existencia y proceso consciencial, ansía ser Dios sin cesar de ser él; quiere ser Dios estando separado de Dios. Con este objetivo, persigue gobernar mundos y tener como súbditos a las almas encarnadas en las formas de vida en ellos existentes. Otros ángeles se le unieron en esta pretensión (Apocalipsis, 12, 7-9). Tras el retroceso consciencial (descenso vibratorio) ocasionado por este afán egoico, intentan ejercer de dios dominando a la humanidad y consiguiendo que «el mundo entero esté en su poder» (Primera Carta de Juan, 5, 19). En lugar de permanecer en el mundo de la unicidad, del altruismo, de la cooperación, del compartir, el ansia de ser Dios sin cesar de ser uno mismo es lo que lleva precisamente a la ambición de poder, de control, de dominio.

EL «FAVOR» QUE NOS HACEN LOS ÁNGELES CAÍDOS

Dentro de la divinidad, que es Una, todo encaja; nada está fuera de su sitio. Las formas de vida tipo ángel caído no desencajan, sino que tienen su lugar. El gran favor que nos hacen sin quererlo es que nos sitúan en una tesitura de consciencia por la que puede ser que experimentemos amor hacia ellos y respeto por su libre albedrío. Cuando se vive esto no se puede sentir sino agradecimiento, porque si no fuera por ellos no podríamos estar en esa tesitura de consciencia, la del amor de la contrarresistencia: cuando todo el escenario invita a la desaparición del amor, surge de uno el amor. Y si el amor surge de uno cuando todo el viento sopla en contra, en otras circunstancias se queda con uno permanentemente.

La clave está, a su vez, en la percepción de la divinidad. Tal como lo siento, Dios no es una especie de persona; no es un ser que esté en algún sitio concreto (se ahondará al respecto en los dos capítulos finales de este libro, centrados en la física de la Deidad). Y la divinidad, siendo Una y todo, es cada uno de nosotros. Solo la identificación con el yo físico, mental y emocional (el coche o instrumento que utilizamos para experienciar el plano humano) impide vivenciarlo.

Nos dicen los médicos que en las primeras semanas de vida los bebés no tienen sentimiento de yo, con lo cual son todo. El bebé no diferencia entre su madre y él. La madre es él porque él no es él (es una paradoja consciencial). El sonajero también es él, etc. Cuando no hay sentimiento de yo, desaparece el otro, y lo que hay es unidad. Nosotros nos acercamos a la divinidad desde el coche, desde la percepción del yo, y buscamos en la divinidad otro yo, otra forma. Cuando nos damos cuenta de que somos mucho más que un yo, esa percepción de la divinidad como un yo también se va diluyendo. La forma más clara de percibir esa divinidad es vivir el momento presente (lo cual se desarrolla en el capítulo «Consciencia y aquí-ahora»).

LOS RESTANTES CÍRCULOS DEL ENTRAMADO DE MANIPULACIÓN Y DOMINIO

Al servicio del círculo primero del entramado de dominio y manipulación de la humanidad opera una red jerarquizada de círculos; una extensa y compleja urdimbre de élites y subélites:

- Círculo SEGUNDO. Si Cristo Jesús hubiera aceptado el ofrecimiento hecho por el diablo, se habría integrado en este círculo. Está conformado por un pequeño grupo de personas y familias que, de modo consciente y en libre albedrío, están postradas ante Satanás; están a su servicio a cambio de poder y riqueza (es decir, a cambio de la autoridad y la gloria que no interesaron a Jesús). Sus posesiones, abusos y extorsiones se vienen prolongando durante siglos y en el presente ostentan el control de la economía y la sociedad a escala planetaria. Algunos los llaman *Illuminati*, aunque esta denominación se presta a confusiones. Lo verdaderamente significativo es que el círculo primero pone a su disposición conocimientos, capacidades y avances tecnológicos impensables hoy para la humanidad. Gracias a ellos, tienen contacto y colaboran con varias razas extraterrestres; dirigen las acciones y reacciones de la gente; atiborran sus mentes de sistemas de creencias falaces y limitantes; falsean y tergiversan la historia de la humanidad, llenándola de mentiras; promueven y utilizan las leyes, las religiones y las normas morales como mecanismos de adiestramiento y alienación de los seres humanos; dirigen en la sombra a todos los gobiernos e instituciones nacionales e internacionales, y, en el anonimato más absoluto, han creado el sistema socioeconómico vigente y rigen sobre él.

- Círculo TERCERO. Al igual que del primer círculo depende el segundo, de este lo hace un tercero. Para garantizar que los dos primeros actúen de incógnito, el tercer círculo no lo componen personas físicas, sino diversas sociedades y organizaciones secretas y elitistas implantadas a escala mundial. Desde el segundo círculo, se atrae hacia ellas a individuos que por su posicionamiento social y su estado de consciencia denso y egoico puedan ajustarse a sus requerimientos y ser útiles a sus objetivos. En el seno de estas sociedades se usan símbolos y códigos y se celebran ceremonias y ritos ligados a un conocimiento y a una percepción del mundo y la existencia generados desde el primer círculo. Los miembros de este círculo son aleccionados en la consideración de que los seres humanos son un rebaño estúpido y dócil que solo merece estar sometido. En función de la disposición y capacidad que cada cual muestre en relación con esta postura, se le promueve para que ocupe uno u otro puesto de poder dentro de esta estructura orientada a la esclavitud material y, muy especialmente, espiritual de la humanidad. Se le asigna una responsabilidad concreta en alguno de los círculos que vienen.

LA CRIBA

Para pertenecer a la élite o a una subélite la persona ha tenido que pasar una criba; se ha visto obligada a demostrar su capacidad. Lo que en este caso no coincide con lo que normalmente entendemos por tal, sino que es la predisposición a que, a cambio de tener eso que desea (poder, riqueza, fama, reconocimiento, mando...), la persona sea capaz de todo: sea capaz de «vender su alma al diablo», expresión literaria, pero significativa. El aspirante debe estar dispuesto a «apuñalar» al que haga falta, a pasar por encima de quien sea.

Si escarbamos en los grandes puestos de responsabilidad de organizaciones y empresas, encontramos lo mismo: egoísmo, codicia, avaricia, ansiedad de lo puramente material... y la capacidad de hacer cosas que ningún ser humano, de corazón, puede llevar a cabo.

Por ejemplo, los partidos políticos tienen sus filtros de selección conforme a las «normas» que acabo de comentar, que impiden que nadie llegue arriba si no ha comulgado antes con las ruedas de molino a las que he hecho mención. Y cuando alguien intenta hacer las cosas de manera distinta, tiene la causa perdida, porque se encuentra con individuos que usan armas que esa persona nunca utilizará.

Este tipo de conductas pueden observarse incluso en el ámbito más cotidiano de cada cual; por ejemplo, en el terreno laboral: todos conocemos a alguien que es buena gente y a alguien que con tal de acceder a un determinado cargo u obtener algo es capaz de hacer lo que sea que esté en su mano.

- CÍRCULO CUARTO Y SIGUIENTES. Del tercer círculo depende un cuarto; y de este, un quinto, y así sucesivamente. En ellos se entremezclan tanto sociedades semisecretas y discretas (por ejemplo, el Club Bilderberg), que captan a los posibles integrantes de los círculos inferiores, como (sumados todos los círculos) cientos de miles de personas distribuidas por los cinco continentes que configuran las diversas élites y subélites económicas, empresariales, militares, políticas, académicas, sociales, culturales y religiosas que rigen la economía y la sociedad. Los directivos de los medios de comunicación de masas y de las federaciones de los deportes más famosos se incluyen dentro de este entramado.

Ciertamente, cada nuevo círculo detenta un nivel de poder y económico inferior al anterior, pero participa en el expolio y la apropiación de los recursos del planeta y de la riqueza social de la humanidad. Cada miembro de estos círculos disfruta, en mayor o menor medida, de prebendas y privilegios con los que satisfacer su estado de consciencia egoico. Todos ellos han hecho suya la visión de la existencia y de los elementos que interesan al primer círculo, en muchos casos de forma inconsciente (en su inmensa mayoría desconocen la entidad y envergadura del entramado en el que participan). Así pues, comulgan con la codicia; el ansia de bienes materiales; el afán de éxito, fama y reconocimiento social; la carencia de escrúpulos y prevalencia del «todo vale» para alcanzar sus deseos y objetivos; la insensibilidad hacia el sufrimiento ajeno; la falta de empatía hacia los demás; el estilo de vida basado en la velocidad y el exceso...

OTRAS CARACTERÍSTICAS DE LA ÉLITE Y DEL
ENTRAMADO DE MANIPULACIÓN Y DOMINIO
- PODER OMNÍMODO. La meta perseguida por la élite no es el dinero o la riqueza, que ya atesora en ingentes cantidades y maneja y utiliza en pro de sus objetivos. Entonces, ¿qué ansía? El poder. Y no uno cualquiera, sino un poder total y global. A la gente le

cuesta trabajo asumir lo que esto significa, su enorme alcance. Y es que la dimensión de la codicia de la élite es tan gigantesca que a los seres humanos «normales» les resulta inimaginable; las personas corrientes no pueden concebir tanta avaricia, mezquindad, rapacidad y egocentrismo. Este «no entrarnos en la cabeza» es un arma de valor incalculable para la élite, pues le sirve para que la autoría de sus desmanes y oprobios pase desapercibida. Consciente de esto, lo aprovecha para sacar el mayor partido a los privilegios de que ya disfruta, llevando el «todo vale» a su máxima expresión y desenvolviéndose en el pleno convencimiento de que el fin (el poder omnímodo) justifica los medios, cualesquiera que sean. Como manifestación más acabada de su ansia de poder, hace tiempo que la élite acuñó la expresión *nuevo orden mundial*. Es lo que han conseguido y plasmado con la actual mutación del sistema socioeconómico.

- Uso MAGISTRAL DE LA DUALIDAD. Conocen la irrefrenable tendencia de la mayoría de las personas hacia los dualismos (bueno y malo, superior e inferior, feo y bonito, a favor y en contra...) y han aprendido a generar y consolidar una percepción dualista del mundo (banderas y bandos ideológicos o de cualquier otra naturaleza, patrias y fronteras, blancos y negros; cristianos y musulmanes, falsas dicotomías, estúpidas rivalidades y confrontaciones...), posicionándose a la vez en ambos extremos para salir ganando siempre del enfrentamiento. Por tanto, les interesa todo lo que sea dividir y tenga el gancho suficiente como para que la gente se coloque voluntariamente en alguno de los dos polos de la disputa. Ellos, que han dado pie a esa disputa, en sigilo urden y promueven a las dos partes confrontadas, hasta llegar al punto, no importa el coste humano que esto tenga, en el que puedan rentabilizar el conflicto en beneficio propio.

- ESPECIALIZACIÓN EN EL ENGAÑO Y LA MENTIRA: LAS LÁGRIMAS DE COCODRILO. Todo el entramado de dominio y manipulación se ha especializado en el ardid, la farsa y la mentira. Entre otros procedimientos, gustan de poner en práctica las «lágrimas de cocodrilo». ¿Recuerdas el significado de esta expresión? Es bien sabido que hay personas que, aunque realmente no lo sientan, lloran para que se las perdone por algo malo, falso o doloroso que han realizado; pero sus lágrimas no son de sufrimiento ni de pesadumbre real, sino que son fingidas. A estas lágrimas derramadas sin sentimiento se las suele denominar *lágrimas de cocodrilo* debido a que este reptil, para mantener la hidratación de sus ojos cuando se halla fuera del agua, segrega un líquido acuoso que los mantiene en perfecto estado; aunque desde fuera parezca que llora, ni está sufriendo ni siente pena por nada. Este curioso comportamiento es paradigmático con relación a la élite y los que siguen sus pautas, que han aprendido a mentir y fingir aprovechándose de los sentimientos de los demás, a quienes convencen de la veracidad de sus engaños, de modo que consiguen su compasión, apoyo o favor. ¿Se comprende mejor ahora la capacidad que tienen tantos políticos y dirigentes económicos y sociales de lanzar promesas programáticas que no piensan cumplir, efectuar declaraciones de intenciones que nunca llevarán a cabo u ofrecer con convencimiento razonamientos, excusas o explicaciones en los que no creen?

- MANIPULACIÓN DE LA POLÍTICA Y LOS MEDIOS DE COMUNICACIÓN. Como he dicho, los círculos primero y segundo del entramado de dominio actúan en el más absoluto anonimato. Las ventajas de ello son numerosas y muy importantes. Por ejemplo, cuando sus dictados antisociales (contrarios a los intereses de ciudadanos, familias y empresas) son asumidos y aplicados por los líderes políticos, el descontento cívico, las voces críticas y las posibles movilizaciones arremeten contra dichos líderes, de los que sí se conocen nombres y apellidos y el lugar concreto desde donde ejercen el correspondiente cargo.

Los políticos no son más que una subélite al servicio de la auténtica élite; y son conscientes de que su continuidad como miembros de la primera depende de su sometimiento a la segunda.

Cuando digo *políticos* no me refiero a los meros afiliados, los militantes de base o los cuadros medios de los partidos, sino a los que ocupan puestos de «poder». Cualquier organización política de un cierto peso electoral dispone de filtros internos y mecanismos de selección, captación y presión para asegurar que los que asciendan en el organigrama compartan íntimamente las metas, prioridades, valores, formas de vida y visión de las cosas que la élite impone. Y es indiferente que se califiquen de «derechas» o «izquierdas», que se pongan una u otra etiqueta (conservadores, republicanos, demócratas, liberales, socialdemócratas, socialistas, comunistas...) o que se encuentren en el gobierno o en la oposición: la élite no hace distinciones; al contrario, provoca los dualismos para manejar a la par todos los bandos y aprovechar en beneficio propio las dicotomías y la división. Tras sus discursos solemnes y poses glamurosas, la realidad es que los «políticos» son meras marionetas manejadas desde una escondida tramoya, peleles en manos de los que en verdad detentan el poder y a quienes nadie conoce. A la élite solo le interesa el poder; la fama y la popularidad, para lo bueno y para lo malo, las deja para los títeres y fantoches que le siguen el juego.

• DELINCUENTES PROFESIONALES. Las manos que dirigen y controlan el mercado financiero, el mundo del dinero y, a través de ello, el sistema socioeconómico en su totalidad son las de auténticos delincuentes. Es cierto que no lo parecen; al contrario: son multimillonarios, viven en mansiones, hacen obras de caridad, visten ropa elegante, se codean con la «alta» sociedad, gozan del respeto y la consideración de la clase política, los medios de comunicación de masas los enaltecen como personas íntegras y laboriosas que han logrado el éxito mediante su inteligencia y esfuerzo, se muestran públicamente como gente agradable en la conversación y en el trato... Pero todo esto no es más que pura fachada. La realidad es que son malhechores sin escrúpulos, responsables directos de las atrocidades que sacuden a la humanidad y al planeta. Eso sí, su enorme poder les permite actuar en la más completa impunidad y mantener una aureola diseñada exactamente como el anverso de lo que realmente son.

¿Increíble? Llegados a este punto, merece la pena recapacitar sobre las sociedades y corporaciones desde las que ejercen el mando, es decir, esas que configuran el mercado financiero: los bancos; los fondos de inversión; los operadores de los mercados bursátiles, de bonos y de divisas; los *brókers*; las sociedades de capital-riesgo; las agencias de calificación de riesgos; las compañías de seguros... Todo ello es muy legal (al menos, sobre el papel, dado el régimen jurídico que el propio sistema ha establecido). Pero entre esa batería de entidades también se hallan sus centros y sucursales ubicados en los paraísos fiscales (por los que canalizan y articulan las mayores bolsas de fraude fiscal a escala mundial), los circuitos bancarios de blanqueo de dinero negro (procedente de la droga, la trata de blancas, la venta de armas, el comercio con niños, el tráfico de órganos...) o las empresas financieras que buscan alta rentabilidad apoyando proyectos de explotación masiva de recursos naturales (proyectos que provocan la destrucción de hábitats ecológicos de un extremo a otro de la Madre Tierra). De manera sesgada se ha extendido la idea de que las unas (las que funcionan en la legalidad) y las otras (las que desarrollan comportamientos radicalmente punibles) no tienen nada que ver entre sí. Pero dar por válida esta premisa sería tanto como admitir que en el mundo existen, en paralelo y sin conexión, dos mercados financieros distintos, y que las entidades que operan en el mercado «legal» han dejado voluntariamente en manos de otras los beneficios derivados del manejo de las ingentes masas de dinero que se mueven por los circuitos monetarios «ilegales». No olvides que estamos hablando de decenas de millones de euros. Solo en cuentas bancarias abiertas en los paraísos fiscales se estima que, a finales de 2010, había depositados 8,5 billones de euros (el equivalente a cerca del 15%

del PIB mundial). Basta con visitar cualquiera de esos paraísos para constatar que las oficinas bancarias en ellos localizadas pertenecen a entidades «legales», a sus filiales creadas *ad hoc* o a sociedades interpuestas diseñadas para eludir la ley a escala internacional.

En resumen: es un tema tabú, pero lo cierto es que no hay dos mercados financieros, sino uno solo que abarca tanto las operaciones legales como las ilegales y les ofrece cobertura. Y todas las entidades de uno u otro tipo que operan lo hacen de forma interactiva, coordinada y conjunta, bajo la batuta de unas mismas manos.

- IMPUNIDAD ABSOLUTA. La práctica acumulada les ha mostrado que la riqueza que atesoran les garantiza la impunidad en sus actuaciones. Esto lo han sublimado hasta el extremo de no detenerse ante nada ni ante nadie, incluidos los estados y gobiernos, sobre los que influyen de muy distintas maneras. Pretenden la disolución de dichos estados y gobiernos (o su equivalente, la dejación de responsabilidades) para dar paso a un gobierno planetario comandado por ellos de manera totalitaria. De hecho, este gobierno, si bien aún se halla en la sombra, ya está operando. La expresión *nuevo orden mundial* hace referencia a él.

- LA MANIPULACIÓN DE LA CRÍTICA AL SISTEMA. Los sistemas de creencias, hábitos y conductas que impulsan entre la humanidad les sirven para vaciar de entidad las críticas y las posturas de rebeldía. La dualidad y la confrontación que fomentan hacen que la crítica y la rebeldía de quienes «están en su contra» estén llenas de resentimiento. Muchas veces, el teórico inconformismo o la teórica insubordinación es un fingimiento (es una mera pose para tranquilizar conciencias o aparentar una dignidad de la que se carece) o, lo que es todavía peor, están cargados de rencor por encontrarse, esas personas, «abajo» en la escala social, en lugar de «arriba» (si estuvieran «arriba», actuarían de manera idéntica a lo que ahora afirman detestar). Es más, la crítica o la rebeldía así practicadas se han transformado en una potente arma a favor de la élite, que legitima su poder mediante ellas, ora barnizando la putrefacción del sistema con tintes pretendidamente «democráticos», ora canalizando esas reacciones para alimentar a su antojo la violencia, las distintas modalidades de terrorismo y, así, la indefensión y la inseguridad ciudadanas.

INSTRUMENTOS, PROCEDIMIENTOS Y EJES FUNDAMENTALES DE LA ESTRATEGIA Y LA PRÁCTICA DE LA MANIPULACIÓN

La élite utiliza infinidad de instrumentos y procedimientos para obtener el gran rebaño dócil y alienado que pretende. Valgan estos botones de muestra:

- La EDUCACIÓN (colegios, institutos, universidades...). La educación no es tal, pues no sirve para colaborar a extraer de los niños, adolescentes y jóvenes lo mejor de sí mismos (sus dones y talentos innatos), sino para formatearlos con el modelo de vida y los sistemas de creencias impuestos por la élite (consulta el capítulo «Consciencia y educación»).
- Los MEDIOS DE COMUNICACIÓN (televisión, radio, periódicos...). Los medios de comunicación de masas practican a conciencia la desinformación y difunden adrede noticias siempre negativas (nunca las de cooperación, solidaridad y amor que cotidianamente acontecen de una esquina a otra del planeta, tu ciudad o tu barrio). La finalidad es mantener a la gente en el temor, la turbación, la ofuscación y la ignorancia. En las noticias te encuentras con la humanidad que quieren que sepas que existe, y desean que creas que la humanidad es así: violenta, conflictiva... Pero la humanidad no es así, por más que ellos se empeñen en que lo seamos, por más que quieran que la ira vaya entrando dentro de nosotros.
- LA PROMOCIÓN DEL MATERIALISMO, desde todos los estamentos sociales (familia, instituciones, empresas, ámbitos culturales y deportivos...), como razón de ser de la vida: consumo/consumismo, anhelos y deseos estrictamente materiales (dinero,

bienes, poder, éxito, fama…), ritmo de vida basado en el culto a la velocidad (con los impactos del estrés, las prisas y los excesos que acorralan a la mujer y al hombre «modernos») y carencia de una visión trascendente de la existencia. La razón de ser de la vida es vivir, pero no vivimos al entrar en esta dinámica de la que nunca salimos, un callejón sin salida que nos lleva a estar permanentemente en la zozobra, con un ritmo de vida frenético. El consumismo genera necesidades artificiales; nos lleva a creer que necesitamos mucho más de lo que realmente necesitamos; hace que las personas se olviden de lo trascendente, de que son mucho más que su yo físico, mental y emocional. Y la gente que se da cuenta de que es algo más se topa con las religiones, que están tergiversadas con el fin de fomentar el olvido: llenas de normas en aras del sometimiento de la gente, promueven el miedo, la culpa, las cargas y la idea del pecado, para que no salgamos, no reaccionemos, no vivamos, sino que nos limitemos a sobrevivir.

Por estas vías y muchas más, se practica y consolida la manipulación de la humanidad, que cuenta con tres ejes fundamentales; los anunciaba anteriormente: el miedo y la inseguridad, la idea de que este mundo es un valle de lágrimas y la creencia en el tiempo. Examinemos ahora en detalle cada uno de estos puntos (excepto el tercero, que se abordará más adelante):

- EL MIEDO Y LA INSEGURIDAD. En pro de sus objetivos, la élite se ha especializado en el uso de ambos; conoce bien la cadena de reacciones que provocan en cada ser humano en particular y en la sociedad en general. Y los utiliza para que su dominio, cada vez más evidente, sea aceptado por la gente como única solución posible y como teórico mal menor en un contexto de crisis sistémica, desconcierto general e incertidumbre personal generados por ellos mismos: guerras y conflictos locales provocados constantemente en distintos puntos del planeta; «enfermedades globales», con campañas mundiales de pánico masivo asociadas a hipotéticos riesgos de pandemias; actos de violencia y terrorismo que la misma élite alienta, cuando no organiza directamente, fomentando una dinámica continua de confrontación, dolor y resentimiento; turbulencias económicas permanentes para evitar referencias de estabilidad en la vida de las personas, etc. Los mismos que provocan todas estas situaciones se disfrazan de salvadores supuestamente dispuestos a evitarlas o paliar sus efectos (son pirómanos vestidos de bomberos).

Me detendré un momento en el tema sobre los atentados terroristas: los grupos y personas que los llevan físicamente a cabo no pertenecen, obviamente, a la élite, pero sí es esta la que crea y fomenta la dinámica de tensión, dolor y confrontación que alimenta estos comportamientos tan inhumanos; proporciona, además, la financiación y el armamento que posibilitan que estos grupos existan. La élite siempre juega con los dos bandos. Siempre que hay una dualidad, ellos están presentes, porque las generan y aprovechan en beneficio propio. Ellos son los blancos y los negros, los aliados y los nazis, los rojos y los azules... Promueven el conflicto y la guerra y siempre sacan provecho de ello. En cuanto a las amenazas de pandemias, hacen que la gente empiece a mirar de reojo al vecino. No solo se tiene temor sino que además se traslada al que está al lado, y esto provoca aislamiento, desconfianza. Es el caldo de cultivo perfecto para lo que ellos quieren.

• El segundo gran eje de manipulación está detrás de las religiones y otros ámbitos conscienciales (hay personas que están despertando en consciencia pero que siguen sujetas a esta manipulación; la tienen tan incorporada que no se dan cuenta de ella). Es la CONVICCIÓN DE QUE ESTE MUNDO ES UN PLANO IMPERFECTO e incluso nauseabundo de la Creación en que lo que tenemos que hacer es comportarnos adecuadamente, ser «buenos». Tenemos que comportarnos según las normas que nos dictan (unos sistemas de creencias, unas pautas morales y unos preceptos religiosos) para ascender e irnos a otro sitio (al Cielo, a la gloria o a otra dimensión). Nos inculcan esto para que pasemos por esta vida de forma inconsciente y seamos así su rebaño dócil. Pero este plano no es, ni mucho menos, imperfecto, ni un valle de lágrimas. Es un plano perfecto, maravillosamente diseñado para que vivamos en felicidad. Este mundo existe para que hagamos el Cielo en la Tierra, para que nos transformemos en Dios aquí y ahora, para que nazcamos de nuevo como dijo Cristo Jesús, para que resucitemos en vida, para que hagamos aquí lo que realmente somos de corazón en nuestra vida cotidiana, no en un futuro en el más allá. La razón por la que no alcanzamos la felicidad no es otra que nuestra inconsciencia (de la que nosotros mismos somos responsables, pero que nos inducen).

- En tercer lugar, y muy especialmente, NOS HAN HECHO CREER QUE EL TIEMPO EXISTE. Esta es la columna vertebral de su manipulación. A causa de esta creencia no estamos centrados en el aquí-ahora, sino proyectados hacia el pasado y el futuro. Pero el tiempo solamente existe porque la gente cree que existe (consulta el capítulo «Consciencia y aquí-ahora»).

CARACTERÍSTICAS DE LA ÉLITE Y LAS SUBÉLITES QUE DOMINAN ACTUALMENTE A LA HUMANIDAD

- Se estructuran en niveles circulares. Los pertenecientes a los círculos más elevados permanecen en el anonimato, y los miembros del primer círculo no son humanos (podemos identificarlos con los *ángeles caídos* de los que nos habla el cristianismo). Se caracterizan por un estado de consciencia sumamente denso, egoico.
- Sienten desprecio por la humanidad, a la que consideran un rebaño dócil al que pueden subyugar.
- Atesoran la mayor parte de la riqueza material de este mundo y aspiran a ejercer el poder total sobre la humanidad.
- Los denominados «políticos» de alto nivel y los medios de comunicación de masas forman parte del entramado, así como las sociedades y corporaciones que configuran el mercado financiero.

- Fomentan los dualismos y les sacan partido en provecho propio. Incluso convierten las críticas al sistema en polos de la dualidad que fomentan.
- Utilizan todo tipo de engaños para salirse con la suya. Pueden decir las mayores mentiras sin inmutarse y están dispuestos a ejercer los actos de traición más infames.
- Ejercen el expolio económico y medioambiental a gran escala.
- La riqueza que atesoran les asegura la impunidad en sus actuaciones.
- Se sirven de la educación, los medios de comunicación y las religiones para fomentar el miedo, la resignación, la docilidad y la cultura del materialismo.
- La manipulación que ejercen sobre la humanidad cuenta con tres ejes fundamentales: el miedo y la inseguridad, la idea de que este mundo es un valle de lágrimas y la creencia en el tiempo.

PARTE II
EL TRIUNFO Y EL FINAL DEL ANTICRISTO

EL TRIUNFO DEL ANTICRISTO

Numerosas corrientes espirituales hacen referencia, cada una con su estilo y utilizando su propia forma metafórica, al huracán de magnitud aceleradamente creciente en el que estamos inmersos. Lo describen, por ejemplo, las tradiciones mesoamericanas, los aborígenes australianos o ciertos escritos de la época de los Vedas. Y hay textos cristianos (del capítulo 24 del Evangelio de Mateo al conjunto del libro de las Revelaciones [Apocalipsis] de san Juan) que narran un proceso de angustia y padecimiento en aumento a través de los tiempos de la desolación, la gran tribulación que los seguirá y, finalmente, el triunfo de la Bestia o Anticristo:

- Los TIEMPOS DE LA DESOLACIÓN están caracterizados por los mismos avatares de sufrimiento y dolor (hambre, guerras, enfermedades, catástrofes...) que han asolado a la humanidad a lo largo de la historia, pero intensificados hasta un grado antes desconocido.

- La GRAN TRIBULACIÓN hace referencia a la ocurrencia de lo anterior, pero acrecentado. Además, se suman a ello episodios y modalidades de abatimiento y sufrimiento que nunca antes habían estado presentes en la historia del género humano (un ejemplo de ello pueden ser las novedosas formas de dominio de la población y el control de la psique y las emociones por medio del *big data* y las nuevas tecnologías).

- El TRIUNFO DE LA BESTIA O ANTICRISTO puede describirse como el éxito completo de la estrategia de dominio y manipulación de la humanidad. Por tanto, constituye la victoria del círculo primero de las élites.

Ahora bien, coinciden igualmente esas tradiciones espirituales en asegurar que el triunfo del Anticristo no será sino el prolegómeno de un renacimiento, del surgimiento de una nueva humanidad, liberada ya de la inconsciencia y de la esclavitud y el sufrimiento impuestos por el sistema. Será una nueva humanidad en una nueva Tierra. De ahí que los actuales amos del mundo lo sean solo provisionalmente.

Jesús habla del ADVENIMIENTO DE LA PARUSÍA, la presencia. La presencia de lo que verdaderamente somos. Hay algo que hace que brote de los seres humanos lo que somos en realidad; en el cristianismo se diría que emerge el Cristo interior. Y hay una especie de interacción entre el Cristo que sale de nosotros y el Cristo que viene. Esa parusía o presencia da lugar a la nueva humanidad en la nueva Tierra... ¡después del triunfo del Anticristo!, lo cual es francamente curioso: ¿cómo es posible que el éxito del sistema desemboque en su desaparición y sustitución por una humanidad en paz y armonía? Para responder este interrogante hay que situarse en el corazón, no en la mente. No obstante, la naturaleza y el cosmos nos aportan importantes datos al respecto a la luz del colapso de las estrellas y otras formas de vida. Resulta especialmente interesante y esclarecedor el caso de los agujeros negros.

LOS AGUJEROS NEGROS Y EL FINAL DEL ANTICRISTO

Lo primero que se debe subrayar es que la pauta del dar y recibir rige en la Creación, el cosmos y cada una de las modalidades de existencia: cada galaxia, cada estrella, cada planeta, cada forma de vida da y comparte desde su corazón; y, a la par, su presencia energética provoca una fuerza de atracción en el entorno que la lleva a recibir. Ambas dinámicas tienden a estar en equilibrio: se da, se recibe, se vuelve a dar, se recibe de nuevo y así sucesivamente, de manera armónica y natural. La célebre frase de Cristo Jesús «Ama al prójimo [es decir, da] como a ti mismo [esto es, recibe]» plasma bien el citado equilibrio. Pero este puede romperse. Ocurre cuando la pauta indicada se escora o inclina hacia una de sus dos vertientes (dar o recibir). A veces, este desequilibrio se hace muy fuerte. Esto pone en peligro de extinción al astro o al miembro de cualquier especie de vida que lo sufra: si se da mucho más de lo que se recibe, por vaciamiento y disolución; si se recibe mucho más de lo que se da, por colapso de la modalidad de vida de que se trate.

Los sistemas y las formas de vida que experiencian un estado de consciencia egoico y egocéntrico están situados en ese desequilibrio por su afán de recibir y acumular y su resistencia a dar y compartir. Esto les puede suceder tanto a los seres humanos como a las estrellas. En el caso de estas últimas, los agujeros negros ejemplifican muy bien el proceso de colapso.

Si te ha parecido que he insinuado que las estrellas y los agujeros negros son formas de vida, has leído bien. Todo en la naturaleza son manifestaciones de consciencia, y la vida tiene modalidades que el ser humano, en su inconsciencia, jamás consideraría formas de vida. Los agujeros negros son formas de consciencia extremadamente egoicas, que absorben todo lo que hay a su alrededor. Se tragan mundos enteros; incluso estrellas. Y son insaciables. Curiosamente, cuanto más tragan más masa adquieren, y más pueden atraer. Pero vayamos por partes. Examinemos cómo llegan a crearse los agujeros negros y qué ocurre cuando colapsan.

En primer lugar, una ESTRELLA «NORMAL» conserva su tamaño gracias al equilibrio entre una altísima temperatura central, que tiende a expandir (dar) la sustancia estelar, y la gigantesca atracción gravitatoria (recibir), que tiende a contraerla y comprimirla.

Si en un momento dado la temperatura interna de la estrella desciende, la gravitación se hace dueña de la situación. La estrella comienza a contraerse y, a lo largo de este proceso, se desintegra la estructura atómica de su interior. En lugar de átomos hay ahora electrones, protones y neutrones sueltos. La estrella sigue contrayéndose hasta el momento en que la repulsión mutua de los electrones contrarresta cualquier contracción ulterior. La estrella es ahora una ENANA BLANCA. Si una estrella como el Sol sufriera este colapso que conduce al estado de enana blanca, toda su masa quedaría reducida a una esfera de unos dieciséis mil kilómetros de diámetro y su gravedad superficial sería doscientas diez mil veces superior a la de la Tierra.

En determinadas condiciones, la atracción gravitatoria se hace demasiado fuerte para ser contrarrestada por la repulsión electrónica. La estrella se contrae de nuevo, obligando a los electrones y protones a combinarse para formar neutrones y forzando también a estos últimos a amontonarse en estrecho contacto. La estructura neutrónica contrarresta entonces cualquier ulterior contracción y lo que tenemos es una ESTRELLA DE NEUTRONES, que podría albergar toda la masa de nuestro Sol en una esfera de solo dieciséis kilómetros de diámetro. La gravedad superficial sería doscientas diez mil millones de veces superior a la que tenemos en la Tierra.

En ciertas condiciones, la gravitación puede superar incluso la resistencia de la estructura neutrónica. En ese caso ya no hay nada que se oponga al colapso. La estrella puede contraerse hasta un volumen cero y la gravedad superficial aumentar hacia el infinito... Según la teoría de la relatividad, la luz emitida por una estrella pierde algo de su fuerza o energía al avanzar contra el campo gravitatorio de dicha estrella. Cuanto más intenso es el campo, tanto mayor es la pérdida de energía, lo cual se ha comprobado experimentalmente en el espacio y en el laboratorio: la luz emitida por una estrella ordinaria como el Sol pierde muy poca energía; la emitida por una enana blanca, algo más, y la emitida por una estrella de neutrones, aún más. A lo largo del proceso de colapso de la estrella de neutrones llega un momento en que la luz que emana de la superficie pierde toda su energía y no puede escapar. Un objeto sometido a una compresión mayor que la de las estrellas de neutrones tendría un campo gravitatorio tan intenso que cualquier cosa que se aproximara a él quedaría atrapada y no podría volver a salir. Es como si el objeto atrapado cayese en un agujero infinitamente hondo y no cesase nunca de caer. Y como ni siquiera la luz puede escapar, el objeto comprimido es negro. Literalmente, tenemos un AGUJERO NEGRO, cuya existencia en el universo ha sido demostrada por la astrofísica contemporánea.

Nada sale del agujero negro, el cual absorbe cada vez más del entorno. De este modo, su presencia energética va aumentando y es cada vez mayor su capacidad de atraer y absorber cuanto hay a su alrededor. Tanto es así que, finalmente, en un momento concreto de su proceso, el agujero negro colapsa sobre sí mismo. Esto no es señal de su fracaso, sino de su éxito. Y con el colapso del agujero negro acontece un hecho paradójico que la ciencia humana está comenzando a entrever: la desaparición del agujero negro como tal y su transformación, por una colosal implosión, en algo totalmente nuevo y distinto: una SINGULARIDAD que constituye un regalo para el universo, pues le aporta vías de conexión y retroalimentación entre zonas y regiones enormemente distantes, entre las que hasta ese momento no había interacción. Se piensa que un agujero negro colapsado es un portal para pasar de un lado al otro del universo, porque al hundirse llega a zonas del cosmos muy distantes, a través de anillos de gusano, etc. Podríamos decir que el agujero negro muere de éxito.

Aplicado al tema del Anticristo y la Bestia, el sistema es tan voraz que todo lo traga pero termina colapsando en sí mismo; muere de éxito. Y al morir de éxito, como hace un agujero negro, abre unas perspectivas y posibilidades que hasta entonces eran imposibles de creer.

PARA RESUMIR...

- A partir de lo que vaticinan los textos de numerosas tradiciones espirituales, podemos esperar un huracán de magnitud creciente (el agravamiento de circunstancias de dolor para la humanidad) que culminaría en lo que, en la tradición cristiana, se conoce como el triunfo de la Bestia o el Anticristo.
- Estas mismas tradiciones espirituales aseguran que el triunfo del Anticristo no será sino el prolegómeno del surgimiento de una nueva humanidad.
- Es difícil entender que el triunfo del Anticristo sea la antesala de su final a no ser que comprendamos la dinámica de los agujeros negros: estos «acumulan» tanto que, inevitablemente, colapsan sobre sí mismos.
- El colapso de un agujero negro da lugar a una singularidad en el universo, que posibilita vías de conexión y retroalimentación energética entre zonas y regiones del cosmos enormemente distantes. De la misma manera, el colapso del Anticristo dará lugar a la nueva humanidad anunciada.

PARTE III
¿QUÉ HACER?

EL FENÓMENO DE LA RANA HERVIDA

En fisiología se conoce un experimento denominado el *fenómeno de la rana hervida*, que explica certeramente lo que ocurre cuando en un sistema la adaptación no va acompañada por una oportuna toma de consciencia que permita detectar a tiempo su umbral de fatalidad. El experimento consta de tres fases:

- Primera: Se echa una rana viva dentro de un recipiente con agua a temperatura natural. En ese hábitat, la rana, aunque confinada en un espacio limitado, se mueve con comodidad.
- Segunda: Se tira una rana en el mismo recipiente, pero esta vez contiene agua hirviendo. Ante ello, la rana patalea, brinca y salta fuera para evitar así lo que era una muerte segura.

• TERCERA: Otra vez se lanza una rana al recipiente, de nuevo con agua a temperatura natural. Pero en esta ocasión debajo del recipiente hay un fogón encendido que, lentamente, va calentando el agua. Al ser gradual el aumento de la temperatura, la rana lo tolera y no reacciona. Aunque en todo momento tiene la posibilidad de saltar fuera, lo va aplazando hasta morir hervida.

Aplicado el experimento al ser humano y al huracán originado por la evolución y acción del sistema y la élite que lo fomenta y sustenta, si la magnitud del huracán fuese elevándose pausadamente, las posibilidades de tomar consciencia y reaccionar serían escasas y, posiblemente, limitadas a un número relativamente reducido de personas. Sin embargo, debido a la voracidad de la élite y su insaciable ansia de dominio, se ha llegado a un punto en que el aumento de la turbulencia del huracán no es gradual, sino sumamente virulento y punzante, aceleradamente creciente. Esto da lugar a sucesivos escenarios, cada uno de los cuales es mucho más agresivo que el anterior (en la terminología cristiana, como ya se reflejó, se suceden los tiempos de la desolación, la gran tribulación y el triunfo del Anticristo). De este modo, como todo encaja y tiene su sentido profundo, son y serán muchas más las personas que tomen consciencia de lo que acontece y, situándose en el centro del huracán, desconecten del sistema y la élite a través de una vida cotidiana llena de consciencia y coherencia con lo que late en su interior.

LA CLAVE ES EL AMOR

La clave fundamental para desconectar del sistema imperante y abonar el terreno de lo nuevo es el amor: empieza por amar a la élite y a todos y cada uno de sus integrantes.

Sí, has leído bien: ¡se trata de amarlos! Todos los que conforman el entramado de dominio y manipulación de la humanidad, cada uno de los que componen sus diversos círculos (del primero al último), se encuentran, como tú y como todos, en su respectivo proceso consciencial y evolutivo, ¡y están en su derecho de experienciarlo! La Creación es amor y el libre albedrío es fruto precisamente de ese amor.

Ellos utilizan mucho la expresión *rebaño dócil*, y consideran que estamos hechos para permanecer bajo su dominio, bajo su forma de concebir y manejar la vida. Lo que sienten por el ser humano es más bien desprecio. Si respondes a su desprecio con odio, les estarás siguiendo el juego; estarás alimentando el ciclo de la dualidad y la confrontación, en que ellos se sienten cómodos, pues se corresponde con su frecuencia vibratoria. Así pues, ámalos precisamente porque no eres como ellos. Ten un corazón lo suficientemente grande como para darte cuenta de que se hallan en su proceso consciencial y de que en el momento consciencial en que están ahora no dan más de sí.

Darte cuenta de esto no supone, en absoluto, la justificación de sus actos, ni la inacción, ni que te sometas a sus deseos. De ningún modo: ya es hora de que tomes consciencia de sus engaños y desconectes del sistema y la élite para, por fin, vivir realmente la vida. Pero no gastes ni una pizca de energía en luchar contra ese viejo mundo. Céntrate y concentra tu consciencia y tu práctica diaria en crear la nueva realidad que brota de tu corazón. Hazlo desde la honda comprensión hacia los que impulsan el viejo mundo y la rueda incesante de los afanes egoicos. En cuanto al dolor que originan y causan a su alrededor a tantas personas, ten en cuenta que dicho dolor interacciona con la dinámica consciencial de estas personas y las experiencias que ellas mismas están generando y atrayendo en su discurrir evolutivo. Desde la mente jamás lo entenderás. Sin embargo, todo encaja...

Por tanto, si estás ya «recordando», comprenderás que los poderosos merecen amor, cantidades ingentes de amor, y un profundo respeto a su proceso evolutivo. Suficiente carga, zozobra y desazón arrastran siendo esclavos del ego y sus deseos, siempre insaciables, de dominio, riqueza, éxito... ¡Cuánto sufrimiento ocultan sus posesiones y vivencias materiales! Su sufrimiento es tal que bien se haría en rezar por ellos en los templos, además de hacerlo por los pobres y marginados. Y fíjate bien: si puedes ver esto y emanar este amor de ti, esta es la contribución que la élite y el sistema imperante están haciendo a la expansión de tu consciencia. Sin pretenderlo, claro. Ocurre, sencillamente, que nada sobra ni falta y todo tiene su porqué y para qué en la Creación y en el cosmos, en tu vida y en la de los demás.

CONSCIENCIA PARA DESCONECTAR DEL SISTEMA Y DE LA ÉLITE

Continuando con la cuestión de qué hacer en relación con el sistema socioeconómico imperante y la élite que lo maneja, a partir del amor y la comprensión hacia todos y cada uno de sus integrantes, lo único que se necesita es consciencia para desconectar de todo ello. Cuando veas lo real, te percatarás de que el poder que teóricamente detentan ellos es una falacia creada por tu mente y tu inconsciencia. La verdad es que no hay ningún poder, ninguno, salvo el tuyo. Cosa distinta es que, desde la inconsciencia, lo hayas cedido a otros... ¡Recupéralo, empodérate, endiósate! Con este fin, te sugiero que adoptes las actitudes y lleves a cabo las acciones siguientes:

1. TOMA CONSCIENCIA DE LO QUE ESTÁ OCURRIENDO. Date cuenta de ello, desde la serenidad. Admite al menos la posibilidad de que las cosas sean como he estado compartiendo. Percátate del calado y las implicaciones de la mutación que el sistema socioeconómico ha experimentado y de la verdadera naturaleza y envergadura del entramado de dominio y manipulación que lo promueve y sustenta. Sin ello, seguirás teniendo una visión obsoleta y falaz de lo que está aconteciendo, lo que impedirá, a su vez, que lleves a cabo iniciativas y acciones eficaces. En la sociedad actual hay montones de propuestas puramente irreales, que no hacen más que contribuir a alimentar al propio sistema.

2. DATE CUENTA DE QUE ESTAMOS VIVIENDO EN UN HURACÁN DE MAGNITUD ACELERADAMENTE CRECIENTE. La crisis sistémica va a más y va a ir a más. Y es imparable; ni tú ni yo tenemos ningún instrumento con el que poder detenerla. Las capacidades y tecnologías de la élite y las subélites van mucho más allá de lo que nosotros podamos combatir. Y ¿qué se puede hacer ante un huracán de magnitud creciente? Un capitán de la marina mercante me dijo que si estuviera en alta mar y le dijeran que se había

originado un tsunami y que la ola estaba viniendo hacia su barco, lo que haría él y cualquier buen capitán sería poner rumbo al tsunami lo más rápidamente posible, para intentar pasar por encima de la ola. De la misma manera, en el caso de un huracán se trataría de situarse precisamente en el centro, donde no hay viento, la temperatura es cálida y los cielos están despejados.

Esto coloca inevitablemente a cada persona frente al espejo de su propia vida, pues solo mediante una evolución en consciencia y el recuerdo de lo que realmente somos y Es, se podrá poner en práctica la forma de vida y tener las experiencias vitales que posibilitan situarse en ese centro.

LA SALA DE LOS ESPEJOS

Ha habido civilizaciones antiguas que por algún motivo (tal vez porque no existe el tiempo) sabían sobre el momento que estamos atravesando actualmente como humanidad. Hablaron de que nos hallaríamos en la sala de los espejos. Esto significa que nada permanece oculto.

Lo primero que deja de estar oculto eres tú en relación contigo mismo. En tu vida se están dando circunstancias para que nada, ninguna de tus partes, sea desconocida para ti. Experiencias que desde el punto de vista de tu yo físico, mental y emocional resultan distorsionadoras son experiencias de consciencia que te están sirviendo para verte realmente ante el espejo. Pensabas que eras de cierta forma y que actuarías de una determinada manera pero te encuentras actuando de otra. Esto te sirve para conocerte a ti mismo.

Una vez que te conoces, y una vez que eres consciente de las características del sistema en que estamos inmersos, te corresponde a ti decidir cómo actuar. La elección es siempre tuya.

3. Unido a esto último, tienes que darte cuenta de que NO SOLO ES CUESTIÓN DE QUÉ HACER, SINO, MUY ESPECIALMENTE, DE QUÉ HAY QUE DEJAR DE HACER. Para situarte en el centro del huracán tienes que romper con los comportamientos, hábitos, percepciones e inercias que han introducido en tu vida y en tu cabeza:

- Deja de confundir valor y precio. Date cuenta de la diferencia entre vivir y sobrevivir y de aquello que verdaderamente te aporta amor, armonía y serenidad.

- Cesa de ser un esclavo integral que se explota voluntariamente a sí mismo (lee el capítulo «Consciencia y dones»).

- Ten presente que el trabajo (actividad laboral ajena a tus dones y talentos innatos) es una obligación, no un derecho, y que no has nacido para venderte como fuerza de trabajo (pero trabaja si lo consideras oportuno).

- No pidas nuevos préstamos y libérate, en la medida de lo posible, de los créditos que ya tengas para salir así de la esclavitud a que está sometida la raza de deudores.

- Cultiva una vida sencilla y aléjate del consumismo y de las necesidades artificiales que el sistema fomenta. Mide bien tus auténticas necesidades y cúbrelas con austeridad.

- Desengánchate de la desinformación y de la cascada continua de mensajes de desconcierto y conflicto generadas por los medios de comunicación (televisión, radio, periódicos….). No veas esos medios, no los escuches, no los leas, y aplica tu consciencia a otras actividades.

- Vive ajeno a la política. No votes; desengánchate de los partidos, de sus dirigentes y de sus propuestas y programas, siempre incumplidos. No caigas en la red de sus debates y antagonismos, que nada tienen que ver contigo. El mundo de la política no es más que un mundo de apariencias, mentiras, subterfugios, corrupción y vanidades tejido por la élite y representado por los políticos. Te mantienen enredado, entretenido y subyugado en un absurdo juego que llaman democracia, que de tal no tiene nada.

4. Se trata, por lo tanto, de que DESCONECTES DEL SISTEMA Y LOS ENGAÑOS DE LA ÉLITE en todo lo que te sea posible y tomes el mando consciente de tu vida, para que sea auténticamente tuya y responda a lo que realmente eres y sientes. «Nacer de nuevo», lo denominó Cristo Jesús: morir en vida para todo lo que el

sistema y la élite representan y resucitar en vida para crear desde tu corazón una nueva realidad. ¿Cómo? Llenando de consciencia tu día a día:

- Conócete a ti mismo. Da gracias al yo físico, mental y emocional que utilizas para experienciar la vivencia humana pero recuerda, a la vez, que eres mucho más que eso, y manifiesta en tu vida cotidiana eso que sí eres.
- Pon la mente a tu servicio y libérala de los sistemas de creencias y autolimitaciones que te atenazan.
- Supera todas las dualidades y vive fructíferamente lo interior y lo exterior, lo espiritual y lo mundano.
- Descubre, practica y comparte tus dones y talentos; y recupera, a la par, el genuino significado de la educación.
- Percibe el sentido profundo de todo lo que experiencias, incluida la enfermedad.
- Ten presente que la muerte no existe y deja a un lado todos los miedos e inquietudes que te impiden vivir la vida.
- Y, desde luego, mantente en el aquí-ahora para que sea un espacio sagrado de libertad en el que se manifieste y desenvuelva lo que realmente eres y para que tus acciones y reacciones sean efectivamente tuyas y no meras respuestas automáticas derivadas de los programas informáticos que han introducido en tu mente.

Los capítulos que siguen ahondan en los distintos aspectos de esta toma de consciencia, para que inunde tu vida cotidiana y se afiance en ella desde el corazón.

PARA RESUMIR...

- El agravamiento de las circunstancias de dolor entre la humanidad, ocasionado por las élites de manipulación y dominio, hará que cada vez más personas tomen consciencia de lo que acontece y opten por desconectar del sistema y las élites. Esto hará posible el surgimiento de la nueva humanidad.

- Con el fin de no seguir el juego a las élites en el afán de desconexión, conviene que esta no se produzca desde la confrontación. Para ello, lo primero es amar a las élites tras comprender que se hallan en una dinámica consciencial muy egoica que les ocasiona un gran sufrimiento.

- De la toma de consciencia de lo que ocurre surge el empoderamiento. Para ello, proponte la evolución en consciencia, acceder al recuerdo de lo que eres y de lo que Es. Conócete a ti mismo. Para ayudarte en ello, puedes utilizar las herramientas teóricas y prácticas que se ofrecen en los siguientes capítulos de este libro.

- En el terreno práctico, desconecta de todas aquellas actitudes y prácticas que suponen un acicate para el sistema.

3

CONSCIENCIA Y VIDA COTIDIANA
Tu ego y tú

Las élites que gobiernan el mundo se rigen por patrones vitales egoicos y desean que tú también los hagas tuyos en tu vida cotidiana. Así, procuran mantenerte atado a la concepción de la vida y la existencia que ellos imponen y a los hábitos, conductas, comportamientos, percepciones y prioridades que de ahí derivan. Su objetivo es que, de manera inconsciente, sobrevivas sujeto y sometido a sus dictados y entregándoles tu poder y tu energía.

En este capítulo comprobarás cómo «te pareces a ellos» si permaneces aferrado a las dinámicas egoicas que impulsan y favorecen. Tomar consciencia de esas dinámicas y del sufrimiento que te generan te permitirá reconocerte como realmente eres, desactivar el ego –que hasta ahora ha dirigido tu día a día– y asumir el mando consciente de tu vida.

¿QUÉ ES EL EGO?
El Conductor y el coche

Para definir qué es el ego, previamente hemos de tener clara la distinción entre nuestra parte divina, infinita y eterna, que no puede morir, y esa otra parte que constituye nuestro yo físico, mental y emocional, la cual se queda en este plano cuando llega el momento de realizar el tránsito. Es una distinción básica, pero que a menudo se pasa por alto entre el ajetreo de la vida. Tomar consciencia de esta realidad simple y, a la vez, profunda se corresponde con el célebre axioma que establecieron los sabios de la Grecia clásica: «Conócete a ti mismo».

Aquello que realmente somos se corresponde con la primera parte de las dos mencionadas. En realidad, en esencia, no somos de este mundo, si bien venimos a él para tener una serie de experiencias como seres humanos. Las distintas corrientes espirituales han denominado de muchas formas a nuestra parte eterna (consciencia, energía, espíritu, amor, alma, *atman*...), pero la denominación es lo de menos. Lo relevante es que es lo que realmente somos, nuestra auténtica naturaleza. Es aquello que, aunque esté aquí teniendo unas experiencias en el tiempo y el espacio, vive fuera del tiempo y el espacio.

Esta parte nuestra divina, imperecedera, para tener experiencias en el plano humano necesita encarnar en un vehículo, el yo físico, mental y emocional mencionado.

Puesto que el cuerpo es en realidad un vehículo y puesto que a esa parte eterna que somos le corresponde dirigirlo, me gusta acudir a la metáfora de que esa consciencia (energía, espíritu...) es el Conductor, mientras que el yo físico, mental y emocional en que encarna es el coche. Esta metáfora permite hablar de la interacción entre ambas partes de forma gráfica y sencilla.

El coche es identificado a menudo como el cuerpo. No olvidemos sin embargo que el cuerpo hace referencia a más de lo que vemos. No solo tiene componentes interiores, físicos, invisibles a simple vista, sino también otros más sutiles, pero que pertenecen igualmente a su ámbito. Estos dos componentes son la mente y las emociones.

Podemos considerar que el Conductor y el coche tienen sus respectivos «sistemas operativos». La denominación *sistema operativo*, popularizada por las nuevas tecnologías, hace referencia al soporte básico que define la forma de operar de los aparatos denominados «inteligentes», tales como los ordenadores y los *smartphones*. De acuerdo con esta analogía, podemos definir que el sistema operativo del Conductor, de lo que realmente somos, es la *consciencia*. Y el sistema operativo del coche (nuestro yo físico, mental y emocional) es la *mente*.

El espejo y el espejo roto

El término *consciencia* no aparece claramente definido, ni en el diccionario de la Real Academia Española ni en los libros especializados en el tema. Es difícil de definir y, sin embargo, es muy sencillo acercarse a lo que es con un ejemplo: es como un espejo. Porque es así como actúa el sistema operativo del Conductor.

¿Qué hace un espejo? Salvo el célebre espejo de la madrastra de Blancanieves, que sí opinaba, emitía juicios y hablaba, los espejos no se posicionan, no opinan y no enjuician. Lo único que hacen es reflejar. Por tanto, el ser humano que se rige por el sistema operativo de la consciencia va por la vida *atestiguándola*, pero no juzgándola ni dividiendo en categorías las experiencias (bueno/malo, me gusta/no me gusta, placentero/doloroso, etc.). El espejo-consciencia ve la vida como una y lo refleja todo por igual. Y lo hace tan perfectamente que el espejo y la vida se hacen uno. El ser humano consciente, que no juzga la vida, que no la divide, que no la separa ni fragmenta en trozos, experimenta su día a día unificado con la vida misma, con lo cual no establece diferencias entre «la vida» y «yo». Esta experiencia puede parecer milagrosa, pero es una práctica normal cuando se vive desde la consciencia.

En cuanto al sistema operativo del coche, podemos definirlo, por su forma de operar, como un *espejo roto*, como un espejo que se hubiese caído y partido en mil pedazos. Mientras la consciencia ve la vida como lo que es (una en su totalidad, en su integridad), la mente en cambio divide, rompe la vida en mil pedazos, y dice «esto me gusta», «esto no me gusta», «esta parte está bien», «esta parte está mal», «esto lo quiero», «esto no lo quiero», «esto es bueno», «esto es malo»... La mente, que por otra parte tiene unas magníficas prestaciones en el terreno práctico, enjuicia continuamente la vida; tiene sus criterios y lanza constantemente opiniones. Si vivimos ahí dentro, no estamos viviendo la vida; nos estamos limitando a interpretarla.

El piloto automático

Llegados a este punto, ¿qué es el ego? El ser humano tiene dos opciones de vida: vivir o con el Conductor bien despierto, llevando él el volante del coche, o con el Conductor dormido, olvidado, aletargado. En este segundo caso la persona no se conoce a sí misma y cree que es el coche. De ese modo, vive asociada e identificada con el yo físico, mental y emocional.

Cuando el Conductor, que es nuestra parte consciente, lleva el mando del coche, vivimos en consciencia, y no hay más que decir. Sin embargo, cuando el ser humano se olvida de lo que es y se identifica con el coche, la mente lleva a cabo una función muy importante ante la evidencia de que el Conductor está dormido: para que ese ser humano pueda seguir desplegando su vida en este mundo, la mente activa el piloto automático. Ya sabemos lo que es un piloto automático; particularmente en el ámbito de la aviación, mantiene el rumbo de la aeronave y esto permite que los pilotos se relajen. Pues bien, en la analogía que estamos empleando, el piloto automático es el ego.

El ego es muy criticado, hasta el punto de que hay quienes querrían eliminarlo, «matarlo». Pero el ego tiene, como todo en el cosmos, en la Creación y en la vida, un sentido profundo. Y este sentido es echarte una mano cuando te has olvidado de lo que eres. Te está haciendo un favor. Y si quieres que desaparezca de tu vida, es muy sencillo: de la misma forma que el ego se activa cuando has olvidado lo que eres, se desactiva cuando recuerdas lo que eres. Así pues, volvamos al axioma con el que se abría el capítulo: «Conócete a ti mismo». Ten el conocimiento de que eres esa parte divina, infinita y eterna que has encarnado para tener una experiencia humana y vive desde esa consciencia, desde el Conductor.

Vamos a ver ahora las distintas implicaciones de vivir bajo el mando del ego y vivir bajo el mando de la consciencia.

VIVIR BAJO EL MANDO DEL EGO

Desde el Conductor, la vida no tiene ningún otro sentido que no sea vivirla. Ahora bien, curiosamente, a la mente no le basta con vivir la vida; es como que necesita condimentarla. La mente dice que hay cosas más importantes que vivir la vida. Pero cuando caes en esto, ya no vives, ya estás en un sinvivir continuo, ya te metes en multitud de problemas. Y como mucho sobrevives; no vives. Porque la mente siempre dice que es necesario más. Un buen cocinero que cuenta con un buen producto es capaz de cocinarlo de forma muy sencilla; en cambio, cuando el cocinero es malo o cuenta con un producto malo, tiene que hacer muchas filigranas, emplear muchos condimentos. Veamos a qué conduce vivir bajo el mando del ego.

Miedo a la muerte y a la vida

Lo que realmente somos no muere, bajo ningún concepto; sencillamente, pasa a otra modalidad de vida después del tránsito. Sin embargo, el coche tiene fecha de caducidad, y como bien sabemos acabará sus días en el cementerio o el crematorio. Esto crea pavor al sistema operativo del coche, en ausencia del mando consciente que vive sabedor de su inmortalidad. Por ello, el miedo a la muerte constituye la característica fundamental de la vida vivida bajo la influencia y orientación del ego.

Pero la cosa no queda ahí, porque el miedo a la muerte se extiende también como miedo a la vida. Las personas que viven bajo el mando del ego andan por la vida temiendo que se produzcan sucesos que las lleven a experimentar (a ellas mismas o a sus seres queridos) una enfermedad o un accidente que ponga fin a sus días. Y, por extensión, temen también otras situaciones que perciben como amenazadoras para su integridad física o emocional; por ejemplo, temen la soledad y la escasez. Estos temores, que abarcan muchos aspectos de la vida, encorsetan a la persona, y esencialmente la conducen a una actitud: la desconfianza hacia la vida.

Desconfianza hacia la vida

La persona que vive bajo el mando del ego desconfía de la vida, lo que la lleva a intentar asegurarse de obtener lo «mejor» de esta (aquello que fomente su continuidad en este plano) e intentar evitar, en la medida de lo posible, lo «peor» (aquello que amenace su continuidad en este plano). De modo que divide las experiencias en dos categorías fundamentales: por una parte, lo bueno, lo positivo, lo deseable, lo apetecible, lo que le gusta, lo placentero; y por otra parte, lo malo, lo negativo, lo indeseable, lo rechazable, lo que no le gusta, lo doloroso. La mente del ser humano desea el primer tipo de experiencias y rechaza las segundas.

Pero esto es una auténtica locura, porque la vida es una. La vida es integridad, es la totalidad, y todo lo que nos presenta merece ser igualmente vivido. Todo tiene un sentido profundo: lo que la mente denomina bueno y lo que denomina malo, lo que denomina positivo y lo que denomina negativo. Así pues, tiene un sentido profundo la lluvia y el día soleado, la alegría y la tristeza, la salud y la enfermedad, la soledad y la compañía... Todo tiene un sentido profundo en clave de nuestro proceso consciencial y evolutivo, así como el del planeta, el del cosmos y el de la Creación. Esta es la realidad. Pero el ego y la mente no lo detectan, y rechazan parte de la vida, sin percatarse de que al rechazar parte de la vida están rechazando la vida misma.

Al aceptar solamente la parte «deseable» de la vida, el ego y la mente manifiestan una determinada actitud cuando se presenta la parte que consideran «indeseable»: la queja.

Queja

Basta con que estemos atentos para comprobar que muchos seres humanos viven en una queja continua. Se quejan de todo: de la vida, de su vida, de la vida de los demás, del mundo... Cuando uno conversa con ciertas personas, es muy difícil sacarlas de ese círculo vicioso, porque, sin darse cuenta, su tema de conversación es precisamente la queja. Están sumidas en el juicio, la opinión, la crítica «negativa», y lo expresan en forma de queja por todo lo que tiene que ver con la vida.

Finalmente, como último gran componente de la vida vivida bajo el influjo del ego, aparece inevitablemente la búsqueda de la satisfacción en el exterior.

Buscar fuera de uno mismo la satisfacción; incluso la divinidad

Los seres humanos que viven bajo la orientación del ego creen en algo que, si nos detenemos a pensar en ello, es una locura: buscar la satisfacción fuera de uno mismo, en lo que no es uno mismo. Es la búsqueda del bienestar. Fijémonos en el término: *bien estar*. Si se está bien, tenemos *bienestar*, y si se está mal, tenemos *malestar*. Y la gente se lanza al mundo buscando el bienestar, aun sabiendo que este va a venir acompañado del malestar.

Además de los aspectos materiales, una forma de bienestar que buscan las personas es que los demás tengan una buena opinión de ellas. Parece que si no gozan del reconocimiento o aprobación de los demás, o si no se sienten amadas por los seres más cercanos y queridos, se vienen abajo. ¿Te ocurre también a ti? Ya sé que el ego no lo ve así, pero tú, desde el Conductor que eres, puedes comprender que las palabras y los comportamientos del otro hacia ti no tienen que ver contigo, sino con él o ella (con cómo está, cómo piensa, lo que le ha ocurrido...).

Cuando encuentras la satisfacción (cuando se plasman tus expectativas, deseos, etc.), estás bien, pero en otras muchas situaciones y acontecimientos en que no encuentras la satisfacción, estás mal. El bienestar y el malestar constituyen una vivencia dual, y esta dinámica lleva finalmente al sufrimiento. La gente sufre mucho. Obviamente, sufre cuando no hace realidad sus deseos o cuando se enfrenta a otras situaciones de malestar; pero el sufrimiento no se halla solo en el polo del malestar: abarca la dinámica entera de buscar el bienestar fuera. Veamos por qué; veamos ahora las implicaciones más específicas, más cotidianas que tiene todo lo que acabo de comentar.

IMPLICACIONES FUNDAMENTALES, EN LA VIDA
DIARIA, DE VIVIR BAJO EL INFLUJO DEL EGO

Centrarse en el «qué»

Al vivir bajo el influjo del ego, las personas se centran en el «qué» y se olvidan del «cómo». Están todo el día con lo que ocurre, lo que no ocurre, qué hacen, qué no hacen..., cuando lo realmente significativo en la vida es el «cómo»: cómo se vive el «qué». Todo lo que sucede tiene un sentido profundo, un porqué y un para qué en clave del desarrollo consciencial y evolutivo. Así pues, el «qué» no debe preocuparnos.

Pero a la gente le preocupa el qué, y no la forma de vivirlo. Esto hace que, cuando tienen el «qué» delante, se les escurra como el agua entre los dedos. Puedes haber estado planeando unas vacaciones durante meses y cuando llegan te las pierdes, porque cuando comienzan ya estás pensando en las vacaciones siguientes, o en lo que vas a hacer cuando vuelvas, o en lo que has dejado de hacer para irte...

La obsesión por el «qué» lleva a querer asegurar que las circunstancias de la vida sean las apetecidas. El coche quiere «seguridad». Esto nos lleva directamente a los puntos siguientes.

Tener, retener, poseer, acumular, atesorar

El miedo hace que la gente que vive bajo el influjo del ego en su vida diaria busque protegerse. El ego lleva al ser humano a pensar que teniendo, reteniendo, poseyendo, acumulando y atesorando se protege. Es así como las personas se proveen de una especie de armadura que les da seguridad a la hora de ir por la vida.

Esto es un auténtico sinsentido, porque las mortajas no tienen bolsillos. Así pues, realmente no sirve de nada atesorar. Sin embargo, se cae en esta ficción mental, y la gente busca acaparar, a causa de su miedo subyacente. Este miedo denota desconfianza hacia la vida, y también complejo de inferioridad. Quienes tienen y atesoran mucho pueden parecer poderosos, pero están viviendo en el miedo y con un enorme complejo de inferioridad. En realidad, el ansia continua de tener, retener y acumular no conduce a ninguna parte; es un callejón sin salida. Porque el miedo y la desconfianza no desaparecen por mucho que uno acumule y atesore.

Afán de dominio

Muy unido a lo anterior está el afán de dominar. Lo podemos comprobar en mucha gente: siempre quieren tener razón, siempre quieren tener el poder en sus manos... Desean dominar en lo grande y en lo pequeño: en la sociedad, en el trabajo, en el ámbito doméstico, en cualquier conversación... Esto es el ego en acción. Es el ego queriendo salir siempre victorioso.

Cuando se encuentran dos personas que viven bajo el influjo del ego, es muy fácil ver la dinámica que tiene lugar: la persona A, en su afán de dominio, pone sobre la mesa el argumento A; la persona B, que saca también su ego a relucir, pone sobre la mesa el argumento B, frente al argumento A de la otra. Esto solamente sirve para que el ego de la persona A se retroalimente, adquiera más energía y vuelva a hacer su planteamiento con más fuerza que anteriormente. Esto, a su vez, alimenta y retroalimenta el ego de la persona B, que expone su argumento con más contundencia y virulencia que en la ocasión anterior. Ahora es el ego de A el que vuelve a incrementarse, lo cual incrementa a su vez el ego de B... Y antes de que nos demos cuenta, lo que empezó como una aparente discusión sin importancia acaba en una gran disputa; incluso puede ser que esas personas lleguen a las manos.

Enfado, ira...

El enfado, el enojo, la ira... son reacciones que también derivan de una vida dirigida por el ego. Como hay partes de la vida que no gustan, existen personas que viven en tensión, la cual desencadena, antes de que se den cuenta, el malestar, el enfado y la ira, que vemos presentes por doquier, en todos los ambientes y escenas de la vida cotidiana.

Competencia

El enojo, el enfado o la ira conducen a una competición continua. Se habla mucho de la competencia, e incluso se la tiene en buena consideración. Pero competir con los demás no es más que otro elemento de la vida vivida bajo el influjo del ego. No me estoy refiriendo a la competencia de calidad, a aquello que hace que un ser humano, en el ejercicio de sus dones y talentos, haga las cosas bien, lo mejor que puede y sabe. No; me refiero al deseo de competir, a aquello que hace que convirtamos cualquier cosa en una especie de lucha con el otro.

Es aquella competencia que provoca que si haces algo bien te moleste que alguien lo haga mejor que tú.

Hay un célebre cuento hindú que habla de un príncipe que se considera el ser más acabado y completo del mundo. Un día escucha a lo lejos, en el pueblo, a una persona que está cantando mucho mejor de lo que él canta; se trata de un pobre mendigo. Pero el príncipe no puede soportar que haya alguien que cante mejor que él, y manda ejecutar al mendigo.

La competencia tiene mucho que ver con el aspecto del dominio, al que he hecho referencia anteriormente.

Programación, control...

Las personas que viven bajo el influjo del ego tienen una gran necesidad de controlarlo y programarlo todo. ¡Como si la vida se pudiera controlar o prever! Se quiere asegurar todo, cuando lo único seguro es que va a llegar ese momento que la humanidad denomina muerte. Sin embargo, por el influjo del ego (que induce miedo y desconfianza) se intenta controlar y programar todo, que todo esté previsto.

Culto al exceso

La sociedad actual y la visión que en ella impera ensalzan el exceso como ninguna otra cultura lo había hecho antes. El exceso (sea a la hora de acumular riqueza o de ganar medallas olímpicas) se ha elevado prácticamente a la categoría de heroicidad. Y la televisión, la radio o la prensa no destacan la labor de los verdaderos héroes (que hay muchos, por todo el planeta y en los más diversos contextos) sino el «éxito» del «triunfador», que suele ser alguien que se aporta mucho a sí mismo y que no aporta casi nada a los demás.

La economía-mundo lo contamina todo con su aroma mercantilista y sus reglas del comercio sin alma, en que lo que importa es el precio de los productos; no su verdadero valor. Es una auténtica subversión del orden natural. Y para conseguir que las personas la asuman, se promueve un modelo de vida que mira siempre al mañana, a un futuro virtual y frecuentemente quimérico. Así, la gente no se detiene a observar y analizar la realidad tal cual es. En este contexto, se fomenta también el culto a la velocidad. El resultado es que la mente se llena de ruido, del ajetreo incesante provocado por un mundo «en progreso», «en avance», aunque nadie sepa bien hacia dónde.

La economía global y especulativa no duda en poner al servicio de la producción nuestra propia existencia, de modo que terminamos siendo sus esclavos. El trabajo y su dialéctica se han salido de su cauce por completo. Valga como botón de muestra el hecho de que en Japón se usa una palabra, *karoshi*, que significa 'muerte por exceso de trabajo'. Para aguantar el ritmo laboral y de vida, un número creciente de personas han de apoyarse en los estimulantes. Estos, junto con el ajetreo cotidiano y el estrés laboral, hacen que una ingente cantidad de seres humanos no logren dormir lo mínimamente necesario para llevar una vida sana. Y esto pasa factura, de múltiples formas. Por ejemplo, a escala mundial, el amodorramiento causa ya más accidentes de tráfico que el alcohol.

Con la velocidad y la falta de tiempo, la existencia personal se convierte en automatizada y vacía. Esto también tiene impactos contundentes en la vida familiar, en que cada vez predomina más la falta de comunicación y convivencia. Los niños son las grandes víctimas de esta locura y, para que no interrumpan nuestro ritmo de adultos, llenamos sus días cada vez con más cargas y tareas.

Casi nadie se sorprende por tanto dislate, aunque, paradójicamente, muchas personas se escandalicen ante los efectos e impactos nocivos que se generan como consecuencia de ello. Los individuos se han acostumbrado al cómodo ejercicio de seguir la corriente y transitan por la vía rápida de los extremos; han renunciado a lo que Aristóteles definió como el «justo medio», *in media virtus*, lugar de excelencia, según él, para la ética y la razón. De esta forma, el equilibrio queda fuera del alcance de cada ser humano y de la sociedad. Y a esto se le llama «disfrutar la vida»... Pero ¿«quién» está ahí para disfrutarla si se ha obnubilado al ser humano, que desconoce su verdadera identidad?

Ignorar los dones y talentos

La vida cotidiana bajo el influjo del ego implica un desconocimiento de los propios dones y talentos. No hay tiempo para ellos: como se ha mencionado, se lleva un ritmo de vida tan trepidante, existe tal culto a la velocidad que, bajo el influjo del ego, uno ni siquiera tiene tiempo de saber cuáles son sus dones y talentos. Este desconocimiento hace que la gente no viva la vida con entusiasmo, porque gran parte de la misma, o toda ella, la dedican a tareas y actividades que no tienen que ver con lo que sale de su interior. Dentro de ti moran tus habilidades y capacidades: esas que, cuando las ejerces, te generan entusiasmo; esas que, cuando te sumerges en ellas, hacen que no percibas el paso del tiempo. (Consulta el capítulo «Consciencia y dones»).

Optar por ser esclavos integrales

Sin que te des cuenta, vivir bajo el influjo del ego te convierte en un esclavo integral. Desarrollo este aspecto en el capítulo «Consciencia y dones».

LA VIDA BAJO EL MANDO DEL EGO

- Como el yo físico, mental y emocional (el coche) tiene fecha de caducidad, su sistema operativo induce el miedo a la muerte. Como la vida es frágil, inestable e incierta, el miedo a la muerte se extiende como miedo a la vida.
- El ego vive temiendo el «golpe por la espalda» de la vida, es decir, el final del coche. Por tanto, vive desconfiando de la vida. En su intento inconsciente por protegerse, tiene en estima solamente las experiencias «agradables» de la vida, las cuales asocia con la continuidad en este plano.
- Ante las experiencias que no son «agradables», el ego se queja.
- El ego busca las experiencias agradables en el exterior; persigue el bienestar. Pero el «malestar» forma parte inevitable de la dualidad de la vida, y en algún momento se presenta. La negación del «malestar» lleva al sufrimiento.

- La valoración de un cierto tipo de experiencias conduce a buscarlas. El ego da más importancia a lo que ocurre que a la forma de vivir lo que sea que ocurra.
- El ego conduce a la gente a atesorar y acumular como reacción inconsciente ante las incertidumbres de la vida. Es una batalla que no se puede ganar, pues las mortajas no tienen bolsillos.
- Otra reacción inconsciente frente a la propia inseguridad es el afán de dominar a los demás, o su hermana pequeña: el afán de tener la razón. Junto con ello, se pretende «dominar» la vida, preverlo todo. ¡Vana pretensión!
- Las partes de la vida que no gustan crean tensión y desembocan en el enfado.
- El enfado (junto con los celos y las envidias) conduce a la competición desenfrenada, y ello a un estilo de vida marcado por las prisas y el estrés.
- Finalmente, se vive con un ritmo tan trepidante y tanta devoción por los excesos que la vida se convierte en un frenesí continuo y desalmado. No hay tiempo ni voluntad para descubrir ni ejercer los propios dones y talentos y, con ello, gozar la vida.

¿Y si es lo que eres, tu verdadero Ser, quien toma el mando del coche? ¿Y si conservas la consciencia de llevar el volante del vehículo en el día a día?

VIVIR CON CONSCIENCIA

Así como las grandes orientaciones de vivir bajo el ego son el miedo, la desconfianza, la queja y la búsqueda de la satisfacción en el exterior (entre otras), las de vivir con el mando consciente son la libertad, la confianza, la aceptación y el encuentro interior con lo que eres.

Libertad (ausencia de miedos)

La libertad no es lo que nos dicen los textos políticos; tampoco es lo que cree la gente bajo el influjo de los «programas informáticos» (de los sistemas de creencias elaborados bajo los auspicios del ego).

La libertad es la ausencia de miedo. Esta es su única definición. Una persona libre es una persona que no tiene miedos. Cuando hay miedos no hay libertad.

Cuando se vive bajo el influjo del ego, el miedo está presente: miedo a la muerte, a la vida... Sin embargo, el Conductor que eres no tiene miedo a nada. ¿A qué va a tenerle miedo, si es divino, infinito y eterno? Tu existencia no tiene principio ni tiene fin; se despliega multidimensionalmente fuera del tiempo y el espacio, aunque encarnes en planos como este en que hay tiempo y espacio. Esto que realmente eres no puede tener ningún miedo. No puede tener miedo a la muerte, puesto que para ti es un imposible; y no puede tener miedo a la vida: la consciencia, tu sistema operativo en virtud de tu naturaleza, no divide ni fragmenta la vida; la asume en su integridad, en su totalidad, en su unidad.

Así pues, desde el Conductor que eres agarras por los cuernos el toro de la vida; te unificas con ella y te dispones a vivirla plenamente, gozosamente, dando igual que pegue o bese (como decía J. M. Serrat), que llueva o haga sol.

La libertad, la ausencia de miedos, abre la puerta a la confianza.

Confianza en la vida

Cuando vives desde el Conductor tienes plena confianza en la vida: en lo que acontece en tu vida y en la vida de los demás, y en todo lo que acontece en el mundo, en el universo, en la Creación. Porque sabes que todo tiene un sentido profundo, que todo encaja, que nada sobra ni falta, que todo tiene un porqué y un para qué en clave del desarrollo consciencial y evolutivo.

La mente no va a captar nunca este sentido profundo. Esto solo se puede captar desde el corazón, desde lo que realmente eres. Porque la mente no sirve para comprender, ver ni vivir la vida; no está hecha para eso. La mente no puede vislumbrar el sentido profundo de todo lo que acontece en la propia vida y en la de los demás, pero el corazón sí. El corazón no tiene que hacer un acto de fe o aferrarse a un dogma que le permita creer esto, sino que lo sabe. El corazón cuenta con una sabiduría innata, un discernimiento interior, que le permite percibir el sentido profundo de todo. Así pues, si vives desde el corazón sientes confianza, la cual imbuye toda tu vida.

Aceptación

De la confianza deriva la aceptación: ya no hay queja ante nada ni por nada. Si llueve, llueve; si hace sol, hace sol. Si la vida pega, la vida pega; si la vida besa, la vida besa. La aceptación no es resignación, no es impotencia, no es un «qué se le va a hacer». Estoy hablando de la Aceptación con mayúscula, la cual es fruto de la Confianza.

Fin de la búsqueda fuera de uno mismo

Y desde la libertad, la confianza y la aceptación se acabó la búsqueda exterior de la satisfacción. Ya no hay nada que buscar en el exterior. Porque comprendes y sabes que ya lo tienes todo. Y te empiezas a dar cuenta de algo muy sutil, que también se le escapa a la mente: que una cosa es la felicidad y otra el bienestar.

El bienestar, el cual has perseguido durante mucho tiempo (en esta vida o en vidas anteriores), tiene que ver con la satisfacción de los deseos del ego en el exterior. Pero esto no es la felicidad. De hecho, la búsqueda exterior del bienestar lleva al sufrimiento, como hemos visto. La felicidad es algo muy distinto: es el estado natural de lo que eres. No está fuera de ti, sino dentro.

En cuanto se produce el recuerdo, el encuentro con lo que realmente eres, la felicidad emana continuamente, como el estado natural de lo que eres. Es, por tanto, una felicidad incausada. No tiene una causa que la motive; es tu forma de ser, de vivir. Ya no hay nada que la saque de su sitio, que la altere. El bienestar sí que tiene causas en el exterior, las cuales, cuando se dan la vuelta, convierten el bienestar en malestar. Pero la felicidad no tiene nada que ver con eso, sino que es consustancial al recuerdo de lo que eres.

¿Qué implicaciones tiene, en el día a día, vivir desde el mando consciente de la vida, imbuidos por los rasgos que acabo de presentar? Para saberlo, basta con que demos la vuelta al calcetín de lo que se decía al hablar de vivir la cotidianidad bajo el influjo del ego.

IMPLICACIONES FUNDAMENTALES, EN LA VIDA DIARIA, DE VIVIR DE MANERA CONSCIENTE

Centrarse en cómo se vive el «qué»

Decía que el coche vive centrado en el «qué», mientras que el Conductor confía y presta atención a cómo vive el «qué». El «qué» es la vida y lo que ocurre en ella, y el «cómo» es la manera de vivir y afrontar todo ello. Las características que siguen son acordes con el «cómo» propio de la consciencia.

Vida sencilla

Ante el deseo de tener, acumular y atesorar, cuando vives desde el Conductor que eres, optas por la vida sencilla. Porque te das cuenta de que no es cierto que necesites tantas cosas como creías. También dejas de confundir valor y precio, y te haces consciente de que lo más valioso no se puede comprar: la vida misma, el aire que respiras, la amistad, la fragancia de una flor, la mirada de un ser querido...

Te percatas entonces de que san Francisco de Asís estaba en lo cierto cuando dijo aquello de: «Necesito poco; y lo poco que necesito, lo necesito poco»; y comprendes que tenían razón quienes suscribieron la expresión de que «lo que posees te posee». Porque te das cuenta de que, efectivamente, la propiedad no te libera, sino que se apropia de ti. La propiedad da lugar a muchas ataduras, sentimientos de pérdida y multitud de inercias. Sin embargo, al vivir desde la consciencia vas soltando, no solo material. También sueltas emociones y muchos pensamientos y sistemas de creencias. Al irte liberando, llevas una vida cada vez más sencilla y te olvidas por completo de tener, retener, atesorar y acumular.

Otro ritmo de vida

No es preciso ser un genio para percatarse de que hacer las cosas más despacio significa hacerlas mejor. Esto también ofrece la oportunidad de gozar al hacerlas, lo que se sitúa estrictamente en el aquí-ahora y no en los teóricos resultados de la acción, pertenecientes al ámbito de un futuro que es una mera ficción mental... Todo mejora, incluso la salud, cuando se prescinde del apresuramiento. Las palabras *rápido* y *lento* representan dos filosofías de vida muy distintas. *Rápido* equivale a atareado, controlador, agresivo, superficial, estresado e impaciente; es decir, a todo aquello que pondera la cantidad sobre la calidad. En cambio, *lento* está asociado a sereno, cuidadoso, receptivo, silencioso, intuitivo, pausado, paciente y reflexivo; es decir, a aquellas actitudes que valoran la calidad sobre la cantidad. Por ello, la filosofía de vida de la lentitud puede resumirse en dos cualidades: equilibrio interior y armonía exterior. Ambas cualidades se corresponden con la auténtica felicidad, por oposición a la falsa felicidad de los «triunfadores» que ensalza el sistema, que antes o después desemboca en la frustración, la insatisfacción, la depresión y el vacío.

¿Qué hacer para dejar atrás el culto a la velocidad y vivir en el equilibrio y armonía propios de la Felicidad? Ante todo, hay que ser coherente: cuando se trata de ir más despacio, no se puede tener prisas, por lo que conviene comenzar poco a poco. Por ejemplo, es aconsejable que empieces con prácticas que te hagan «salir del tiempo»: actividades como la meditación, el silencio interior o, incluso, sentarte en un lugar público o pasear plácidamente observando lo que te rodea. Igualmente, se trata de aplicar la pausa y el sosiego a la hora de comer, de leer... y de hacer el amor. Si un pequeño acto lento te hace sentir bien, pasa paulatinamente a lo importante, hasta llegar al punto de replantearte tu agenda cotidiana, actualmente repleta de «actividades múltiples y veloces».

En el fondo, se trata de que salgas de tu ensimismamiento ajetreado y conectes con la vida. Para ello, busca espacios de encuentro: el encuentro contigo mismo en el silencio y la meditación, el encuentro con los demás, la comunión con la naturaleza, el encuentro con lo que haces a través de abordarlo con mimo y diligencia, etc.

Prescindir del dominio

Viviendo desde el Conductor, ¿a quién vas a dominar? Comprendes que los demás son también Conductores, encarnados en el plano humano para desarrollar sus experiencias. Cada cual está actuando según lo que le corresponde a cada momento en función de su proceso consciencial y evolutivo, y lo que nace del corazón es un respeto profundo por lo que hace cada cual.

En tu interior, en lo que realmente eres, puede surgir algo que te llame a emprender la acción, pero mientras tú actúas a partir de este impulso sientes todo el respeto y la comprensión por los actos de los demás. Puedes comprender que hay muchos seres humanos que han olvidado lo que son, lo cual solamente puede llevarte a la compasión. No te lleva a la confrontación ni a la crítica, porque sabes que no eres ni mejor ni peor que los otros Conductores, en absoluto. Esto también hace que se acaben, para ti, el enfado, el enojo, los golpes de ira.

Compartir

El dominio se ve sustituido por la cooperación. En lugar de competir, compartes. Te das cuenta de que la vida es un milagro cuyo truco consiste en dar. Si das, recibes el doble... siempre que des sin esperar una contrapartida. Si das esperando obtener algo a cambio, este pequeño truco de magia se viene abajo. Pero si ofreces uno, incondicionalmente, recibes dos. Esos dos, no te los quedes, no los atesores; vuelve a compartirlos, y recibirás cuatro. Haz lo mismo con esos cuatro y recibirás ocho. Es así como fluye la vida. Porque la vida no es escasez. El ego cree que la vida es escasez, pero en realidad es lo contrario; es abundancia completa, abundancia de todo. Esto se comprueba cuando en lugar de dominar y competir se comparte.

Tomar consciencia de los dones y talentos, y ponerlos en práctica y compartirlos

Si vives desde el Conductor que eres, te conoces bien y sabes cuáles son tus dones y talentos, tus capacidades, tus habilidades. Y propicias que estos dones y talentos formen parte de tu vida; procuras ponerlos en práctica y compartirlos con los demás (dada su importancia, el capítulo 7 se dedicará por completo a ellos).

Desconexión del sistema

Cuando has dejado atrás el dominio, el enfado y la ira y vives consciente de lo que eres, rompes el molde del esclavo integral. Al mismo tiempo que optas por honrar tus dones y talentos y ves las cosas tal como son, aceptas el momento actual de la evolución de la sociedad y su planteamiento de vida. Puedes comprender el porqué de las instituciones, de los comportamientos, de los entramados que conforman esta sociedad. Puedes ver que ha tenido lugar una larga época de prevalencia del ego en la historia de la humanidad pero que este entramado empieza a venirse abajo, que cada vez más gente empieza a vivir de forma distinta. Comienzas a comprender que todo está en crisis pero que el aparente caos no es tal, sino que es solamente consecuencia del potentísimo proceso evolutivo en que estamos inmersos (el cual incluye la acción de la élite y las subélites dominantes de las que hablaba en los dos primeros capítulos).

Flotar en el río de la vida

Te das cuenta de que todo forma parte del proceso consciencial y evolutivo, de que todo tiene un sentido profundo en clave del crecimiento. Todo el mundo se halla en un estado de consciencia y este va evolucionando, más rápida o lentamente, por la vía de las experiencias. Cuando una persona hace B es porque corresponde que haga B en función de su estado de consciencia en ese momento. Eso le va a proporcionar unas experiencias que van a tener el sentido profundo de impulsar su estado de consciencia, su crecimiento, el recuerdo de lo que es. Al tener claro que todo tiene el sentido profundo de impulsar el proceso consciencial y evolutivo, te relajas en tu divinidad. Respiras y fluyes; vives con mucha paz y tranquilidad.

En este estado, dejas de crear problemas donde no los hay, de convertir lo fácil en complicado (precisamente, lo que le gusta al ego). Dejas de nadar a contracorriente con tus deberes, cargas, obligaciones… Si tienes algunas obligaciones en tu vida, las vives y aceptas como parte de la vida; no las criticas.

Llegado este punto, no solo ya no nadas contra la corriente de la vida, sino que ni tan siquiera nadas a favor de la corriente; ya no tienes ningún deseo de satisfacción propio del ego. Ya no sientes ningún ansia de llegar a ningún sitio, de conseguir algo o de luchar contra algo. Lo único que hay en tu vida es paz, serenidad, felicidad sin causa. En lugar de nadar en la corriente de la vida, flotas en ella.

El hecho de flotar en el río de la vida te lleva a un punto culminante de tu experiencia, en que te das cuenta de que no es que flotes en el río de la vida, sino que tú eres la vida misma. Eres consciencia que refleja la vida, y al reflejarla fidedignamente terminas haciéndote uno con la vida.

LA VIDA BAJO EL MANDO DE LA CONSCIENCIA

- La consciencia (el sistema operativo del Conductor) sabe que la vida es eterna y que no hay nada que pueda oponérsele. Sabe que la denominada muerte forma parte de la vida, y no la teme. La ausencia de miedos le permite experimentar la libertad.
- La consciencia confía en la vida porque sabe que es imperecedera y que cuanto acontece en ella tiene un sentido profundo.
- Al confiar en la vida, la consciencia la acepta, plenamente, con todas sus dualidades.
- La consciencia se identifica con su propia esencia y se recrea en ella. No necesita nada más. Por tanto, no se embarca en una búsqueda fuera de sí misma.
- La consciencia se centra en el cómo vivir lo que sea que presente la vida. No le preocupa lo que ocurre, pues sabe que es perfecto.
- La consciencia aprecia los espacios de comunión y valora los intangibles de la vida. No se deja seducir por el afán de lo material. Asocia la felicidad con un ritmo pausado dentro del aquí-ahora que permite saborear la vida.
- La consciencia respeta profundamente los procesos conscienciales de cada cual y no tiene ningún afán de dominar a los demás. En cambio, goza con la cooperación y el compartir.
- La consciencia sabe cuáles son los dones y talentos del Conductor y le motiva a ponerlos en práctica.
- La consciencia incita al Conductor a desconectar del sistema imperante, pero no a confrontarse con él.
- La culminación de la vida en consciencia es flotar en el río de la vida y, finalmente, convertirse en uno con la vida misma.

CONFUSIONES ENTRE EL CONDUCTOR Y EL COCHE

¿Cómo puedes darte cuenta de que estás en el modo ego o en el modo Conductor?

En el salpicadero de los coches modernos aparecen muchos mensajes: te advierten de la temperatura del motor, del nivel de combustible, de si llevas el cinturón abrochado, de si llevas activado el GPS, etc. Trasladado al ámbito del cuerpo-coche, has de ser consciente de que estás en un coche que tiene las características que tiene, con una mente que funciona como funciona y que tiende a lanzar mensajes. Los mensajes que lanza el coche siempre se caracterizan por el miedo, la desconfianza, la queja y la búsqueda exterior de la satisfacción; esto está siempre subyacente en los mensajes del ego. En cambio, los mensajes que llegan a la mente pero que proceden del Conductor están desprovistos de esto y llenos de lo otro: libertad, ausencia de miedo, confianza plena en la vida, aceptación y cese de la búsqueda exterior de la satisfacción.

Así pues, escucha los mensajes del Conductor y actúa según ellos. No se trata de elegir entre el ego y la consciencia, sino de vivir en coherencia con lo que eres. Es un tema de corazón. Sencillamente, eres lo que eres, vives como eres, y al vivir como eres, simple y llanamente la mente se pone en su sitio y el ego se desactiva.

Educar al ego

Tu corazón es entera y divinamente libre. Ocúpate de educar a tu coche para que tenga el valor de seguir sus dictados. Porque el coche tiene una inercia, y cuando tu corazón libre diga «vamos adelante», aparecerán mensajes en el salpicadero que te dirán que tengas cuidado con eso o con aquello. Es inevitable que el coche lance esos mensajes; pero tú debes tener la capacidad, la consciencia de decirle que siga adelante.

Se educa el ego con la consciencia, día a día, de instante en instante, estando atento. Cuando aparece un mensaje de miedo, o de desconfianza, o de queja, hay que decirle al coche que se tranquilice, que confíe. Los miedos no se quitan de en medio negándolos y metiéndolos en un cajón, que es lo que hace la gente. Hay que observarlos y aceptarlos; basta con esto para que se vayan diluyendo.

Egos espirituales

La espiritualidad y lo que conlleva también pueden ser parte del ego. Es decir, no por hablar de cuestiones espirituales o temas conscienciales has salido del ego. Al contrario; la mente (y el ego es su sistema operativo) es enormemente inteligente y astuta.

En la película *Pactar con el diablo*, el diablo (Al Pacino) no consigue engatusar a Keanu Reeves, pero al final lo logra por medio de darle completamente la vuelta a la situación. En lugar de engatusarlo a través de elementos de riqueza y poder, lo hace a través de la tentación de ser un salvador, de ayudar a los demás. Y es que el ego, en su despliegue, va evolucionando, y no solo plantea metas, quehaceres o acciones aferrados a lo material, sino que en un momento concreto, en su deseo de sobrevivir y seguir estando presente, puede engatusar a la consciencia por medio de plantearle algo que aparentemente está fuera del mundo material pero que sigue teniendo, subyacentemente, los mismos componentes egoicos. En el mundo de la religión, esto se ha dado con mucha frecuencia; por ejemplo, cuando uno mismo ha infligido dolor a su propio cuerpo con el fin de someterlo... Nuestro cuerpo es de carne y hueso, y tiene nervios, y tiene sexualidad. Es un absoluto disparate intentar olvidar esto y martirizarlo. Esto no tiene nada de espiritual; es puro ego.

4

CONSCIENCIA Y MENTE

La mente al servicio de la consciencia

LA VOZ EN LA CABEZA QUE HABLA SIN PARAR

Tu vida se desarrolla en la inconsciencia y tus actos raramente son tuyos. Crees que lo son, pero es mentira... ¿Aún no te has dado cuenta? Parece que te encuentras en algún sitio, pero en realidad estás viajando con la mente a otros momentos y lugares; estás con alguien, pero pronto cesas de escucharlo e, incluso, se hace invisible para ti porque empiezas a pensar en otras personas y escenarios; miras o tocas algo, pero tu atención se desconcentra y se enfoca mentalmente en otra parte y terminas por no ver lo que tienes delante; traes a tu cabeza un asunto sobre el que quieres recapacitar, pero tu reflexión se desvanece ante una avalancha de pensamientos que te descentran y colocan ante otros temas... Ni en las situaciones más elementales del día a día eres capaz de mantenerte presente. ¡Cuánto desgaste energético, cuánta sandez!... ¿A qué juegas?

Como avanzaba en el capítulo 2, no es normal, bajo ningún concepto, tener una voz en la cabeza que habla sin parar. No es normal; pero eso sí: es lo habitual.

Es muy importante tener en cuenta la diferencia entre lo normal y lo frecuente. Habitualmente confundimos ambos términos, y no tienen nada que ver. Hay cosas que siendo muy frecuentes no son nada normales, y al revés. Y, como he indicado, tener esa voz en la cabeza que habla sin parar es algo frecuente, pero no es normal. De hecho, es una profunda anormalidad, y constituye una manifestación, en la evolución consciencial de la humanidad, de que el ser humano aún no ha aprendido, como Conductor, a utilizar adecuadamente el fabuloso coche o vehículo que tiene a su disposición para desarrollar la experiencia humana.

No es nada normal que tengas en la cabeza una radio que no puedes parar; una radio que, de día, no cesa de emitir pensamientos, y que de noche no cesa de emitir sueños. Ahora bien, es muy importante entender lo siguiente: a la mente no se la puede dejar. Es decir, no se puede hacer el acto consciente y voluntario de apagarla. Porque cuando intentas dejar la mente, ese intento obedece a un deseo u objetivo mental, con lo cual la propia mente te está atrapando de nuevo. Así pues, no puedes dejar la mente. Entonces, ¿qué puedes hacer? La solución es que sea la mente la que te abandone.

La mente tiene unas funciones maravillosas, como veremos, pero se trata de que esté a tu servicio. Se trata de que puedas reclamarla en función de tu albedrío cuando te convenga. Para que esto sea posible y la mente no te imponga su cháchara continua, el truco es muy sencillo: tienes que conseguir que se aburra, que no te encuentre divertido. Así se retirará al sitio que le corresponde.

Para lograr que la mente se aburra, debes dejar de seguirle el juego. Para ello, conviene que la conozcas mejor, con el fin de que no confundas sus mensajes con lo que tú eres. Solamente así podrás desidentificarte de ella y ser realmente tú mismo.

UN ORDENADOR MARAVILLOSO... PERO LIMITADO
Para qué sirve y para qué no sirve la mente

La mente, que como decía es el sistema operativo del coche, sirve para muchas cosas. Por ejemplo, para organizar, planificar, comunicarnos, escribir... Es un instrumento a menudo necesario para expresar y compartir los dones y talentos. La mente es una herramienta prodigiosa; es un ordenador de ultimísima generación que está mucho más avanzado que cualquiera que haya creado el ser humano. Ahora bien, siendo como es que la mente sirve para muchas cosas, no sirve para comprender, ver y vivir la vida. Por eso, cuando miras la vida a través de las gafas de la mente, la ves distorsionada.

El problema es que no puedes quitarte estas gafas. Lo oportuno es que la mente esté a tu servicio, que acudas a ella cuando te convenga y que el resto del tiempo esté en silencio. Pero, como bien sabes, la mente no se calla nunca. Esto quiere decir que está emitiendo continuamente pensamientos. Algunos de estos pensamientos son útiles (te permiten planear y ejecutar las cosas prácticas), pero otros lo que hacen es filtrar tu experiencia de la vida.

Los «pensamientos-pestañeos»

Es vital que te des cuenta de que en tu yo físico, mental y emocional no solo los ojos pestañean. Como sabes, el pestañeo de los ojos se produce de manera involuntaria, automática. De idéntica forma, la mente pestañea. Por su modo de operar, no puede evitar estar lanzando pensamientos continuamente. Son los pensamientos-pestañeos.

La mente hace esto y no ocurre nada; sencillamente, tienes que aceptarlo. Lo único que has de hacer es darte cuenta de que estos pensamientos no son tuyos; no tienen nada que ver contigo.

Pongo un ejemplo. Te despiertas a las tres de la madrugada con ganas de orinar, te levantas de la cama, vas al aseo y regresas a la cama. En ese momento la mente, por su cuenta, genera un pensamiento que, por sus características, te impide conciliar el sueño. Es un pensamiento de preocupación, que tiene relación con alguna circunstancia de tu vida que te está agobiando. Tú no has llamado a este pensamiento, no quieres tenerlo, y menos ahora que lo que quieres es dormir, descansar, para estar en forma para el día siguiente. Está claro que es la mente, en su autonomía e independencia, la que está lanzando ese pensamiento-pestañeo. Este es uno entre miles de ejemplos que se podrían emplear de que la mente va a su aire, de que lanza pensamientos-pestañeos que no son tuyos. Hay psicólogos que han afirmado que por la cabeza humana aparecen, diariamente, entre cincuenta mil y setenta mil pensamientos. De estos, el cálculo es que un 5% son de la persona (es decir, los emite conscientemente en respuesta a lo que acontece en el momento). El resto, esto es, el 95% aproximadamente, son pensamientos-pestañeos.

Los sistemas de creencias

Entre el 5% de pensamientos que sí son tuyos, buena parte de ellos tampoco lo son realmente, pues están inducidos y provocados por sistemas de creencias. Los sistemas de creencias son «programas informáticos» que te han introducido en la cabeza la familia, el denominado sistema educativo, los amigos, los medios de comunicación, etc. Estos «programas informáticos» te llevan a tener unas acciones-reacciones automáticas y mecánicas que no son realmente tuyas; respondes más bien como una especie de robot manejado por otros.

Hay una manera muy fácil de identificar los sistemas de creencias: se revelan en todas aquellas cosas en relación con las cuales, aunque no te hayan sucedido, sabes lo que harías si te sucediesen. Lo normal sería responder a lo que te ocurre en el momento, a partir de lo que realmente eres, de lo que te dice el corazón, y esto no sería posible predecirlo. Pero los sistemas de creencias te indican lo que tendrías que hacer.

Por ejemplo, surge un tema de conversación sobre cualquier asunto y personas que no han vivido nunca esa experiencia tienen una opinión, un criterio, un juicio de lo que harían en caso de que eso aconteciera. Esto es un auténtico disparate. La vida no funciona así. El enfoque apropiado sería este: cuando suceda eso, si sucede, la persona ya verá lo que hace en el momento, de corazón. Tener un programa informático que dicta las reacciones de antemano es propio de robots; esto impide vivir la vida. Si actúas así das respuestas automáticas, mecánicas, a partir de sistemas de creencias que tienes en la mente. Crees que eres tú y que actúas tú, pero esto no es así; eres un robot.

Recientemente unos amigos me preguntaban si doy limosnas a la gente, y les respondí que no lo sabía. Se extrañaron mucho, pero la verdad es que depende. Cuando llegue el momento y alguien me pida limosna, miraré a esa persona y veré lo que siento, y en función de lo que sienta así actuaré. Uno de esos amigos me dijo que no daba nunca limosna, y me dio una serie de argumentos que eran fruto de un sistema de creencias. Y una amiga presente en la charla afirmó que ella siempre daba limosna. Pero como yo no tengo un programa informático que me lleve a actuar de un modo mecánico, como si fuera un robot, ya veré lo que hago. Miraré a la persona, me haré uno con ella, la sentiré, y a partir de ahí podrá ser que no le dé nada, que le dé un euro o que le dé todo lo que llevo en la cartera. Dependerá del momento.

Existe la anécdota de un lama que estaba dando una charla en Nueva York. Al terminar, en el coloquio, alguien le dijo que está muy bien lo de la aceptación y confiar en la vida, pero le preguntó qué haría si, pasando por un puente, viese a una persona en la barandilla que fuese a tirarse para suicidarse. El lama no contestó; no dijo absolutamente nada. La tensión fue aumentando en la sala a medida que pasaban los segundos y los minutos y el lama no respondía. Ante la presión de ese silencio, la persona que había hecho la pregunta volvió a tomar la palabra y dijo:

—¿Qué pasa, que no sabe usted qué decirme?

Entonces sí que respondió el lama, para indicar:

—Efectivamente, no sé qué decirle. Lo sabré cuando me ocurra.

Y es que la vida es así de sencilla. No tienes que tener ideas preconcebidas acerca de todo, ideas que son sistemas de creencias que, para colmo, no son tuyos, como hemos visto.

Te recomiendo, pues, que vivas sin ningún sistema de creencias. Todos ellos, del tipo que sean, sin excepción, son producto de la mente. Vive la vida tal como es de instante en instante y escuchando a tu corazón. Vivir significa estar en el aquí-ahora, y en el aquí-ahora actuar en consonancia y coherencia con lo que sientas. Si se presentan pensamientos basados en sistemas de creencias, sencillamente no les hagas caso (como ocurre con los miedos, el solo hecho de observarlos hace que se vayan diluyendo).

VIVIR DESDE LA MENTE O DESDE LA CONSCIENCIA
La moral *versus* la libertad

Nos han inducido a creer que necesitamos unos principios morales, unos códigos de conducta, unas leyes...; creemos que, sin ellos, el mundo degeneraría muy pronto en un caos.

Sin embargo, el filósofo Friedrich Nietzsche hablaba de ir más allá de la moral. Ha llegado el momento, en nuestra evolución como seres humanos, de realizar lo que él denominaba el superhombre. Este concepto, que fue manipulado en la época nazi, hace referencia a la persona que se ha dado cuenta de quién es, lo cual expresa en su vida desde el gozo. El libro más emblemático de Nietzsche es *Así habló Zaratustra*. Esta obra consta de un preludio y varios discursos. El primer discurso es el de las tres transfiguraciones. Aunque no utiliza la expresión *estados de consciencia*, Nietzsche habla de dichos estados. Resume lo que él entiende que es la evolución en consciencia del ser humano en las tres fases o transfiguraciones.

El arquetipo simbólico de la primera fase es el CAMELLO. Su característica son las jorobas, la carga. El ser humano-camello vive a partir del «tengo que»; su acción en el mundo está marcada por las obligaciones, el esfuerzo, las cargas, los lastres... Estos individuos viven sus vidas en la subordinación, en el victimismo, en la sujeción a otros. Aquí están esas personas que creen que las van a valorar si se comportan como les gusta a los demás. La realidad es que cuando alguien no se comporta como es sino como los otros quieren que se comporte, los otros lo ningunean, lo desprecian. Hay quienes reciben esto a cambio de desvivirse por los demás; porque emiten una vibración de autonegación que los otros perciben. Aquí la persona no se está posicionando; no está poniéndose en su sitio. El resultado es que es un cero a la izquierda para aquellos que la rodean. Estoy convencido de que todos, en nuestro proceso consciencial y evolutivo, en esta vida o en otras pasamos por esta fase.

Como señala Nietzsche, hay un momento concreto en la vida de la persona en que decide dejar de representar este papel. Entonces el camello se transforma en LEÓN. La seña de identidad del león es el «yo quiero». Desde su libertad, la persona decide lo que quiere, las causas que va a servir, aquello que va a conquistar, etc. Pero llega un momento en que se da cuenta de que no es feliz, de que eso no le está aportando una vida plena, abundante, incluso si ha conseguido lo que se propuso.

Para Nietzsche, la tercera transformación es la del león en NIÑO, y la característica del niño es el juego de crear. Uno se da cuenta, desde el Yo Soy, de que es el contenedor de la mismísima vida y de que todo lo que aparece en su vida tiene que ver con él. Uno está generando, desde su estado de consciencia, las experiencias, las situaciones y los hechos de su vida, lo cual impulsa, a su vez, su propio proceso consciencial.

Sí, somos creadores; y, como asegura la ciencia, lo observado depende del observador. El juego de crear consiste en tomar consciencia de esto.

Este mismo filósofo, tan denostado en su época y después, es el que nos aconseja que nos desprendamos de cualquier valor, principio moral, ley, credo, norma... y nos demos el gustazo de vivir libres.

Sé que el tema de la libertad absoluta provoca recelos, pero hay que entenderla bien. En el ámbito cristiano hay una expresión, cuya fuente es san Agustín, que hago enteramente mía: «Ama y haz lo que te dé la gana». Esto ha creado mucha controversia dentro de la teología cristiana, porque ¿cómo le vas a decir a la gente que haga lo que le dé la gana? Muy sencillo: no olvidando el «ama» que viene antes de «haz lo que te dé la gana».

El tema del amor está muy sacado de contexto. Cristo Jesús, por ejemplo, creo que habló de él muy atinadamente cuando dijo: «Ama al prójimo como a ti mismo». No sé por qué, la frase se ha quedado a la mitad. Todo el mundo habla de amar al prójimo, pero hay una especie de amnesia colectiva en cuanto al «como a ti mismo».

No hay que ser un lingüista experto para ver que si a ti mismo te amas 5 al prójimo lo amas 5, si a ti mismo te amas 10 al prójimo lo amas 10, si a ti mismo te amas 0 al prójimo lo amas 0. Hay mucha gente que va por la vida amando al prójimo pero no amándose a sí misma; en esos casos, amar al prójimo se convierte en una ficción, en voluntarismo. Muchas personas han compartido conmigo que llevan toda su vida amando al prójimo pero que se quieren suicidar porque están deprimidas; se sienten muy vacías. A estas personas les sucede esto porque no se aman a sí mismas; nunca lo han hecho. Esto ocurre en muchos formatos, incluido el del religioso que se va por ahí a salvar el mundo antes de situarse en sí. Porque amarse a uno mismo es situarse en sí mismo y darse cuenta de que si uno mismo no está en paz y armonía, no va a transmitir paz y armonía a los demás. Nuestra percepción de la gente no tiene nada que ver con lo que la gente piensa o cree. Y cuando una persona está mal, o se rebaja para intentar congraciarse con los demás, se percibe que se está subordinando, que no se está queriendo a sí misma.

Cuando nos lanzamos al mundo con el fin de llevarle paz, armonía, etc., y nosotros mismos carecemos de ello, este emprendimiento es una falacia. Amarse a uno mismo es saber que todo empieza en uno. Lo primero es comulgar plenamente con la propia quietud; a partir de ahí sí que tiene sentido moverse. Pero no te pongas en movimiento cuando lo que hay en ti es un torbellino, porque tu movimiento va a reflejar ese torbellino y no le vas a aportar nada a la gente, aunque tú creas que sí lo estás haciendo.

El ama y haz lo que te dé la gana parte de amar al prójimo como a uno mismo. En el momento en que te das cuenta de que eres mucho más que el coche y empiezas a tomar consciencia del Conductor que eres (con sus características de infinitud, de divinidad), en la medida en que vas tomando el mando consciente de tu vida, estás amando. A partir de ahí, lánzate al mundo y haz lo que te dé la gana, porque eso que hagas va a estar lleno de amor.

Es la mente la que se empeña en tener una serie de normas preestablecidas a las que aferrarse. Esto no es más que una muestra de su inseguridad, de su desconfianza. Es como la necesidad que tenemos de agarrarnos a algo cuando vamos en el autobús o el metro. Pues bien, en la vida no es necesario agarrarse a nada; no hay necesidad de estar permanentemente asidos a normas, códigos, leyes, mandamientos, morales, valores... ¡Suéltate! ¡Deja las manos libres! No te va a pasar nada; no te vas a caer. Hazlo desde lo que eres; no hay otra manera de hacerlo.

«Acerca de»

Anunciaba antes que la mente no sirve para ver, comprender y vivir la vida. Esto es así porque la mente no ve la realidad, sino que piensa acerca de la realidad. Es imperativo no confundir lo real con las proyecciones de la mente.

Hay una enorme diferencia entre pensar y ver. Una cosa es *ver* lo que tienes delante y otra es pensar *acerca de* ello. Puede ser que esto te haya ocurrido muchas veces: en una reunión de amigos llega una persona que se incorpora al grupo. No la conoces de nada, pero en el momento mismo en que pasa por la puerta, tu mente ya la está valorando. Tu mente no ve a esa persona, sino que empieza a pensar acerca de ella; de algún modo la «escanea»: evalúa si es hombre o mujer, el color de su piel, su altura, su peinado, la ropa y los accesorios que lleva, los zapatos que calza, etc. A partir de los sistemas de creencias que comentaba, la mente no ve a esa persona, sino que piensa acerca de ella. Y antes de haber tenido la oportunidad de compartir una sola palabra con ella ya la has evaluado, ya la has etiquetado, ya la has enjuiciado.

Y esto es lo que hace la mente; está pensando continuamente «acerca de». No se le puede pedir otra cosa. Pero este «acerca de» pone un muro entre la realidad y tú. La mente utiliza las personas y objetos circundantes como pantallas donde proyectar sus pensamientos, sus sistemas de creencias.

Es especialmente divertido lo que se dice acerca del enamoramiento. Cuando, hace tiempo, leí sobre este tema, los estudios más sesudos sostenían que duraba de dos a tres años. Pasó el tiempo y en 2014 leí un informe que aseguraba que los psicólogos habían llegado a la conclusión de que dura aproximadamente un año o nueve meses. Y hay aún un último informe que habla de que el enamoramiento dura tres meses. Entonces, ¿cuánto dura el enamoramiento? La verdad es que no se le puede atribuir una duración determinada. Sea como sea, es cierto que el enamoramiento acostumbra a finalizar relativamente pronto. Veamos por qué.

En muchos casos (cuando hay amor de verdad, esto no ocurre) lo único que sucede es que ella proyecta sobre él y él sobre ella sus sistemas de creencias; piensan «acerca del» otro. El chico no está viendo a la chica, sino a la chica que está soñando, y viceversa. La mente ha puesto la pantalla del «acerca de» entre ellos. Así que él proyecta en ella todas sus elucubraciones, todo aquello que no es suyo pero que está ahí, en su mente, a causa de un montón de influencias y sistemas de creencias sobre el modelo de pareja y lo que es la chica ideal. Y a ella le sucede lo mismo con él; lo utiliza como pantalla donde la mente lanza sus ideas preconcebidas, sus sistemas de creencias. Y claro, hay un momento determinado en que lo real se impone. Es inevitable. En ese momento, el chico real ve a la chica real, y la chica real ve al chico real. Hay casos en que uno de ellos viene a mí y me dice:

—He roto con Menganita(o), porque no es como pensaba.

Yo respondo:

—¡Maravilloso!; por fin te has dado cuenta. Recuerda esto: ¡nadie es como tú piensas que es!

Recuérdalo tú también. Percátate de tus pensamientos «acerca de» y no te los creas. No vivas a partir de los dictados de tu mente.

El lenguaje y el silencio

Otro obstáculo que nos impide ver lo real es el apego que sentimos por el lenguaje.

¿Cómo hemos venido a este mundo? ¿Alguien ha venido hablando? No; incluso hay que darle una palmada al bebé para que rompa a llorar y expulse lo que haya podido tragar mientras estaba en la placenta.

Ningún bebé habla. Y es que nuestro verbo no es el lenguaje, sino el silencio. Hemos venido a este mundo en silencio y nos iremos de él en silencio. El lenguaje, como la mente, es estupendo a la hora de vivir aquí, en sociedad; es una herramienta excepcional que tenemos a nuestro servicio. Sin embargo, nos hemos habituado a que el lenguaje esté siempre presente en la vida. A todo le ponemos nombre, palabra. Dice el Génesis que «el hombre puso nombre a todos los animales»; esta afirmación es también un verso de una famosa estrofa de Bob Dylan. Y no solo a los animales; el hombre puso también nombre a las plantas, a los minerales, a las personas, al mundo entero. No nos damos cuenta de que en el momento en que imponemos un nombre la mente encasilla de inmediato aquello que tiene delante, bajo ese nombre; y ya no lo ve, ya no se detiene en ello, ya no entra en ello.

La mente tiene una rosa ante ella. Una rosa es una rosa. Pero la mente, con el sistema de creencias con que la han imbuido, dice: «Hermosa». En el momento en que al ver una rosa piensas que es hermosa, ya no la estás viendo. Porque la rosa no es hermosa ni no hermosa; es simplemente una rosa. Y no hay dos rosas iguales; cada rosa es cada rosa.

Al lado de la rosa hay un cardo borriquero. Con el solo nombre ya no lo estamos viendo, sino encasillando, y en función del sistema de creencias mayoritario es feo. Pero ¿por qué una rosa es hermosa y un cardo borriquero es feo? Puestos a darle vueltas al asunto, incluso diría que el cardo es mucho más rústico, mucho más natural, mucho más cercano a la naturaleza que la rosa, que siempre me ha parecido una flor excesivamente sofisticada. Sin embargo, esto no sería más que darle vueltas a la mente y los sistemas de creencias. La realidad es que un cardo borriquero no es un cardo borriquero; es lo que es. Le hemos puesto ese nombre, pero no nos quedemos en el nombre: mirémoslo. La rosa tampoco es una rosa; es lo que es. Y ninguno de los dos es feo o hermoso; son lo que son.

Cuando además de pensar «acerca de» metes el lenguaje por medio (de hecho, ambas cosas van muy unidas), no ves la realidad. No obstante, es conveniente que te des cuenta del uso continuo que haces del lenguaje, porque entonces puedes decirle a la mente: «No, mente. Esto no es feo ni es hermoso. Pero es que además voy a mirarlo tal cual es, pasando por encima del nombre que se le ha puesto. Voy a conectar con ello; voy a meterme en ello para verlo». Porque no hay dos árboles iguales, ni dos hormigas iguales, etc.

Frente a la tiranía del lenguaje, ¿por qué no pruebas a compaginar ambos, el lenguaje y el silencio? Puedes utilizar el verbo del silencio, que es el tuyo por naturaleza, cuando estás contigo mismo, y el lenguaje para vivir e interactuar en sociedad.

La dualidad, el contraste y la no dualidad

La mente opera en clave de opuestos y dualidades, y a partir del contraste. Esto hace que establezca las oposiciones bueno y malo, alto y bajo, amor y odio, bien y mal, blanco y negro, positivo y negativo, etc. Es un motivo más por el cual no estás viendo la realidad, sino algo totalmente distinto: juicios, opiniones. Sin embargo, este etiquetado continuo constituye una ficción mental. La realidad, la vida, no tiene nada que ver con eso.

La realidad es no-dos; no hay dualidades.

La vida no puede romperse, no puede dividirse, por más que la mente, por su sistema operativo y forma de funcionar, pretenda hacerlo. Por ello, ante cualquier dualidad, ante cualquier par de opuestos que sugiera la mente, recuerda esto: que la realidad es no-dos. En ella no hay dualidades; y, más que por la unicidad o unidad, se caracteriza por la no dualidad.

Por ejemplo, no existe la dualidad hombre-mujer: toda mujer tiene energía masculina y todo hombre tiene energía femenina. Tampoco existen el frío y el calor; todo lo que hay son energías que se mueven a velocidades distintas: cuando la energía cinética se mueve con rapidez, se produce lo que denominamos calor, y cuando va más lenta, se produce lo que denominamos frío.

Íntimamente unido a la dualidad tenemos el contraste. Por ejemplo: ¿cuántas personas son conscientes de estar sanas mientras están sanas? ¿Cuántas, cuando gozan de salud, se dan gracias a sí mismas y a las entidades que quieran, y al cosmos entero, al levantarse por la mañana? Muy pocas, por supuesto. La mayoría de la gente se acuerda de la salud cuando no la tiene, cuando cae enferma. Un mero resfriado, una simple gripe, hace que pongas en valor el hecho de estar sano; pero en cuanto recuperas la salud, te vuelves a olvidar de ella. Esto es tremendo. Lo que está ocurriendo es que la mente no computa la parte «positiva» de la dualidad, sino que computa solamente la que considera «negativa». Y esto es abono para el sufrimiento. Veamos por qué.

En el proceso consciencial y evolutivo del ser humano, la clave son las experiencias. Y puedes evolucionar a partir de experiencias de gozo. A estas las comparo a menudo con un zumo de naranja, mientras que comparo las experiencias de sufrimiento con un zumo de limón o de alguna bebida amarga. Puedes evolucionar consciencialmente bebiendo cualquiera de los dos zumos. Es indistinto cuál elijas, y depende de tu libre albedrío beber uno o el otro.

Así pues, te invito a beber el zumo de naranja. No te empeñes en beber el zumo ácido o amargo. Pero como la mente, que vive en el contraste, no computa la salud, no la valora, no ve el zumo de naranja que tiene delante. De modo que, para impulsar tu proceso consciencial y evolutivo, bebes el zumo ácido. Después te quejas de que sufres... Pero aprende bien esto: el sufrimiento es una elección. Sufre quien así lo decide. Porque el proceso consciencial y evolutivo que estamos desarrollando en la experiencia humana se puede desplegar también a través del gozo. Salta por encima de la dualidad, del contraste, y vive radicalmente de otra manera.

Es muy importante que tengas presente en el día a día lo que he estado comentando de pensar «acerca de», del lenguaje, del modo de operar a partir de la dualidad y el contraste. Son cuestiones muy elementales y muy presentes en la vida. Frente a ello, es solamente cuestión de que estés atento. Y cuando la mente aparezca en escena con sus maneras de funcionar, dile: «No, mente; cállate. No te voy a seguir el juego. Vuelve a tu sitio, y ya te llamaré cuando te necesite».

En relación con esto voy a tratar un tema especialmente importante. Y es que cuando nos ponemos las gafas de la mente para comprender, ver y vivir la vida lo vemos todo torcido, a causa de su forma de operar.

Las gafas de la mente *versus* la contemplación de lo real:
lo único que está inquieto en la Creación eres tú

Para la mente todo está mal. No puede evitar ver así la vida. Puedes ponerte o no las gafas de la mente, pero si te las pones, lo ves todo torcido.

Es como cuando introduces un lápiz en un vaso de agua; te parece torcido. Cuando lo sacas del vaso, vuelve a estar derecho. La realidad es muy simple: el lápiz nunca se tuerce; está derecho tanto fuera como dentro del agua. Lo ves torcido por un mero efecto visual. Aplicando este símil a la vida, cuando intentas comprenderla, verla y vivirla a través de la mente ocurre exactamente lo mismo: que lo ves todo doblado, torcido. Pero esto no es lo real.

Bajo el influjo de la mente, lo que voy a compartir ahora resulta increíble, pero tu corazón va a resonar con ello: todo tiene un sentido profundo. Todo encaja. Nada sobra ni falta. En este escenario, en este mundo, todo es como corresponde que sea para que podamos desarrollar las experiencias conscienciales que queremos desplegar en este plano. Todo es ya como nuestro corazón puede anhelar.

Esto tal vez te resulte difícil de aceptar, no solo porque vivas situaciones duras en el ámbito personal, sino también por muchos sucesos que ocurren en el mundo. Por ejemplo, estamos viviendo, en el ámbito europeo, acontecimientos que son duros: tienen lugar lo que se denomina actos terroristas, lo que provoca situaciones de mucho pánico y dolor para muchas personas, a causa de la confrontación y el conflicto con el mundo árabe. El mundo árabe, a su vez, está siendo perseguido y masacrado por Occidente, que lleva ahí sus guerras y denomina «efectos colaterales» a las muertes de civiles, cuando en realidad son genocidios. Todo esto solamente da lugar a una escalada del odio, por ambas partes. Es una dinámica de odio con la que quieren hacernos comulgar por medio de los sistemas de creencias. Pero en mi corazón lo que hay es paz, sosiego, mucho amor, y lo único que puedo dar es amor, incluso a aquellos que se empeñan en utilizar la violencia. Están en su proceso consciencial y evolutivo y no les sigo el juego. No les sigas el juego tú tampoco. Todo tiene su sitio, su porqué y su para qué, y el amor es siempre la clave.

Todo es paz. Lo único que está inquieto en la Creación eres tú. Porque te empeñas en contemplar la vida a través de la mente. Por favor, desmitifica tu mente. La práctica que voy a describir a continuación es muy útil a este efecto; yo mismo la llevo a cabo con cierta frecuencia.

De noche, asómate al balcón de tu casa (o a una ventana, o a la azotea) y contempla el firmamento. Da igual si estás en una ciudad donde haya mucha contaminación lumínica y solamente ves unas pocas estrellas. Contempla el firmamento desde lo que sabes acerca de él, de su inmensidad. Y haz esta reflexión:

Aquí estoy yo, encarnado en un ser humano. Es decir, en un miembro de una especie, la humanidad, que tiene siete mil cuatrocientos millones de componentes. La humanidad, a su vez, es una especie entre los diez millones de especies de seres vivos que habitan en un planeta llamado Tierra. Y la Madre Tierra da vueltas en torno a una estrella, el Sol. Se desplaza a una enorme velocidad, además de estar girando sobre sí misma. Esta estrella que es el Sol tiene todo un sistema planetario y está, a su vez, viajando por la galaxia. Dicha galaxia, la Vía Láctea, la componen medio billón de estrellas, cada una de las cuales tiene su sistema planetario. Además, la Vía Láctea, con su medio billón de estrellas, está moviéndose por el universo, a una enorme velocidad, hacia un punto que la ciencia denomina el Gran Atractor, junto con otras muchas galaxias. El cálculo actual es que existen siete mil millones de galaxias conformando el universo conocido, cada una con cientos de miles de millones de estrellas. Todo ello está moviéndose; y lleva así, según la ciencia, quince mil millones de años (en realidad son muchos más). Y hay científicos que nos dicen actualmente que este universo que acabo de describir es uno dentro de un multiverso. Y puede ser, además, que haya muchos multiversos, configurando omniversos. Y puede ser que haya miles de millones de omniversos... Y todo lo que hay ahí está en movimiento, con sus ciclos perfectos, con sus ciclos continuos.

Ahora, dale a la moviola:

Ahí está esa inmensidad, y dentro de esa inmensidad, siete mil millones de galaxias, entre ellas la Vía Láctea. Dentro de la Vía Láctea, medio billón de estrellas. Entre el medio billón de estrellas está el Sol, y en relación con él, su sistema planetario, que incluye la Tierra. En la Tierra hay unos diez millones de especies, y entre ellas está la humanidad. Y entre los siete mil cuatrocientos millones de miembros de la humanidad, yo estoy encarnado en uno de ellos.

Y ahora viene el final del ejercicio. A voz en grito, hay que decir: «¡Aquí, algo hay que cambiar! ¡Esto no funciona bien! ¡Esto tendría que ser de otra manera!». Al final de la práctica te ríes mucho de ti mismo.

En serio: ¿no merece la vida que confiemos en ella? ¿No vale la pena pensar, por analogía, que si todo está en su sitio tú también lo estás? ¿Y que tus experiencias, tu vida, también lo están? Si multiplicas la cantidad de estrellas, de galaxias, etc., que hay, obtienes trillones de cosas que están en su sitio. Entonces, ¿por qué tú precisamente no vas a estar en tu sitio? Por deducción lógica, matemática, es improbabilísimo que tú no estés en tu sitio y que lo que estás viviendo tampoco lo esté. La probabilidad es de 0,0000...[cuatrocientos mil millones de ceros, por decir algo]...0001.

Así pues, ¡quítate las gafas de la mente y contempla lo real! Te puedo asegurar que todos los textos espirituales tienen razón cuando dicen que nos alegremos y no nos inquietemos por nada (esto se recoge por ejemplo en la Carta a los Filipenses, en el Nuevo Testamento).

La mente cree en los problemas y los errores, pero no existen

Efectivamente, no hay problemas. Ni en tu vida, ni en la vida de los demás, ni en el mundo... Ya ves; tanto darles vueltas mentales a los problemas y resulta que no existen: lo que consideras como tales son, sencillamente, experiencias-oportunidades que tú mismo pones en tu camino desde tu genuino ser para expandir tu proceso consciencial en este plano e impulsar una evolución que, pareciendo aquí tuya, atañe en realidad al Todo. Por tanto, el tema es así de sencillo: no hay problemas, sino experiencias-oportunidades.

Asimismo, tampoco existen los errores. El ego, que puede querer ser perfecto (ayudar a los demás, salvar al mundo...) es el que te mete en la dinámica de los errores, las equivocaciones... Pero en realidad no hay errores. Aquello que llamas error es una acción que llevaste a cabo en tu vida en coherencia con el estado de consciencia que tenías en ese momento.

Esa acción, esa experiencia, impulsó tu proceso consciencial y evolutivo, y ese proceso es el que te ha llevado a considerar hoy que eso fue un error. Lo llamas error porque tu estado de consciencia ha evolucionado; y ha evolucionado, entre otras cosas, gracias a ese error. De algún modo, los errores se cuentan entre las vigas que sostienen el balcón en el que estás asomado; si los quitas, te caes del balcón. Así pues, relájate en tu divinidad. Dale una oportunidad al gozo, a la risa, a la serenidad, a la tranquilidad; no estés siempre sometido a tanta tensión y tantas inquietudes.

La mente cree en el tiempo, pero tampoco existe

Este tema es de tanto calado que se desarrolla en profundidad en el próximo capítulo, titulado «Consciencia y aquí-ahora».

La mente pide y desea sin parar, pero todo lo que desees te traerá su opuesto

«Pide y se te dará»... ¡Qué gran verdad! Es más, lo crearás tú mismo desde tu inmenso poder. Pero ojo, no te dejes engañar por la mente: aquello que desees no vendrá a ti como parte, sino como todo. Para que lo entiendas mejor: no llegará a ti como un polo, como un extremo, sino como el fenómeno completo, en su totalidad y con sus dos polos o extremos. Si pides la empuñadura del bastón, traerás a tu vida el bastón completo, incluida su punta...

Por ejemplo, deseas calor. ¿Qué es lo que traes a tu vida? El fenómeno, que no es ni el calor ni el frío, sino la temperatura y, por tanto, ambos a la vez. Y sí, gozarás con el calor. Pero inevitablemente, en la medida en que el clima cambie de manera natural, hará frío. Y como prefieres el calor y el frío te disgusta, lo pasarás mal... Si no hubieras deseado el calor, si vivieras cualquier clima sin prioridades, si te adaptaras a la temperatura que fuera sin preferir una a otra, ciertamente no disfrutarías con el calor, pero tampoco sufrirías con el frío... Al pedir calor has introducido en tu vida el fenómeno entero y, por tanto, el sufrimiento ante uno de sus extremos.

Pides salud para tu cuerpo... ¿Qué es lo que estás creando en tu vida? El fenómeno completo, que es salud-enfermedad. Y estarás contento mientras el cuerpo se encuentre sano, pero sufrirás cuando enferme. Si no pidieras salud y, desde la confianza en la vida y el discernimiento de que todo tiene su porqué y para qué, aceptaras por igual la salud y la enfermedad, el fenómeno se diluiría; no estaría en tu vida, y el sufrimiento ante la enfermedad desaparecería.

Quieres amor... ¿Qué estás introduciendo en tu vida? El amorodio, el fenómeno entero, con lo que sentirás bienestar ante el amor que ahora tienes, pero percibirás malestar al experienciar el odio que tras el amor se halla agazapado, esperando su momento.

Por tanto, todo lo que deseas te traerá inevitablemente asociado su opuesto. Pidas lo que pidas, traerás a tu vida el fenómeno completo, lo que conllevará momentos de bienestar al vivenciar uno de sus polos, pero también, ineludiblemente, sufrimiento al experimentar el otro extremo... ¿Puedes comprenderlo? Si es así, si eres capaz de ver que lo opuesto a lo que deseas llegará a tu vida asociado a ese deseo, entonces cesas de pedir, dejas de desear. Y cuando el desear desaparece, llega la confianza y vives sin anhelos, sin peticiones, sin expectativas, sin demandas, sin quejas, sin juicios, sin opiniones, sin elecciones...

Si la vida trae calor, vives con naturalidad el calor; si es frío, vives con naturalidad el frío. Si trae salud, vives con aceptación la salud; si es enfermedad, vives con aceptación la enfermedad, entendiendo su porqué y su para qué profundos (como veremos en el capítulo «Consciencia y enfermedad»). Si trae nacimiento, confías en el nacimiento; si es muerte, confías en la muerte y no dices que eso no está bien. Si la vida da, así es; si la vida quita, así es. Esto es confianza: no hacer una elección por tu cuenta y dejarlo todo a la vida, lo que sea, pues ahora sabes que, en el momento en que pidas, el resultado incluirá lo opuesto.

La mente te llama al esfuerzo, pero en la vida rige
la ley del efecto contrario: vive sin metas

La mente contempla la vida como una especie de subida de montaña constante en la que hay que esforzarse, sacrificarse, sufrir... Pero en la vida rige lo que Emile Coué denominó la *ley del efecto contrario*. ¿Qué explica Coué? Que, muy a menudo, el esforzarse por hacer cosas produce exactamente el resultado contrario al apetecido por la mente.

El amor... Cuando llega a tu vida, ¿cómo llega? ¿Puedes acaso forzarlo?, ¿puedes hacer algo para provocar enamorarte de alguien o que alguien se enamore de ti?, ¿puedes violentarlo sin transformarlo en algo mecánico y superficial, en algo muy distinto a ese amor que deseas?

El sueño... Es de noche y tratas de dormir. ¿Qué harás para conseguirlo? Cualquier cosa que hagas tendrá justo el efecto contrario, porque cualquier actividad, cualquier esfuerzo, irá en contra del sueño... La única manera de dormirte es no hacer nada. Y si el sueño no viene, aguarda a que llegue lo más tranquilamente posible.

Intentas recordar el nombre de alguien... Sientes que lo tienes en la punta de la lengua, pero cuanto más lo intentas, menos consigues evocarlo. ¿Qué hacer? Nada, no hagas nada; deja de esforzarte, olvídate del asunto. Y entonces, de repente, cuando menos te lo esperes, el nombre aparecerá en tu memoria.

Son ejemplos simples de lo que sucede con muchas situaciones de la vida: tu mente y el ego se empeñan en esforzarse por hacer y tú les sigues el juego. ¿Qué logras con ello? Lo contrario de lo pretendido...

¡No hagas nada ni persigas nada y desde lo más hondo de lo que eres brotará el amor, el sueño, el nombre que no recordabas...! Cualquier cosa que hagas irá justamente en contra... Deja que las cosas ocurran, no las fuerces; fluye, vive, libérate de todo esfuerzo, de todo afán, de toda inquietud, de toda expectativa, de toda meta... Es tan simple... Pero estás aferrado a la mente y sometido al mando del piloto automático del ego, que se alimenta de la acción. Y por ello, para ti hacer es fácil (por muy duro que sea) y no hacer es difícil (por muy cómodo que sea). Si lo comprendieras, no sería así... No hacer no requiere cualificación ni práctica alguna; hacer, normalmente, sí. Es por eso por lo que la iluminación puede acontecer en cualquier momento; porque no es cuestión de cómo alcanzarla, sino de cómo permitirla, como veremos un poco más adelante.

Flota en el Río de la Vida... Abandónate, ríndete; no antepongas tu voluntad. Deshazte de todos tus conocimientos, porque solo te son necesarios cuando tienes que hacer algo. Deja de ser ese personaje artificial que la mente y el ego han fabricado: tu pequeña historia personal; tu personalidad; esto o aquello que imaginas ser; todo lo que consideres tus creencias; todo lo que concibas desde el «yo», «me», «mí», «mío» o «mi». Y permite que se mueva tu energía interior... Siéntela y síguela adondequiera que te lleve.

Para ello no precisas de ninguna técnica, de ningún saber hacer... Simplemente, cuando ya no estás ahí, ocurre. Y nunca va a sucederte a ti, al «yo»... Cuando cesas de identificarte con el yo físico, mental y emocional; cuando bailas, pero no hay un bailarín; cuando observas, pero no hay un observador; cuando amas y no hay un amante..., entonces, solo entonces, ¡ocurre!...

La escucha del cuerpo

Cuando estás abducido por la mente, no le haces caso a lo que te dice el resto del cuerpo. El cuerpo te pide: «No comas más; estoy ya saciado»; «No bebas más; ya es suficiente», pero la mente lo contradice: «Sigue comiendo»; «Sigue bebiendo, que lo estamos pasando muy bien». El resultado es que al día siguiente tienes indigestión, o resaca.

La mente es sabia, pero el cuerpo es mucho más sabio. Porque la mente, en su conformación actual, es un acontecimiento reciente; no tiene muchos millones de años. En cambio, el cuerpo cuenta con miles de millones de años de proceso biológico y evolutivo. La gente se mete en grandes embrollos mentales a causa de que escucha mucho a la mente y muy poco al cuerpo.

La sexualidad es un buen ejemplo al respecto. Es algo natural y espontáneo. Los inuit y otros pueblos indígenas la definen como «gente que comparte con gente». ¡Cuánta sencillez e inocencia! Pero la mente entra por medio y la ensucia, la enjuicia y la introduce en la maraña de los sistemas de creencias: celibato, monogamia, monogamia secuencial, amistad con sexualidad, oligamia, poligamia, sublimación espiritual de la sexualidad... ¡Cuánto lío! ¡Libérate de esto y no optes por ninguna de estas vías preestablecidas! Eso sí, tal como se apuntó en el caso del actuar («Ama y haz lo que te dé la gana»), que la frecuencia vibratoria del Amor llene tu vida para nutrir desde ella todas tus acciones, también en lo que a la sexualidad y su práctica se refiere. A partir de ahí, en plano de igualdad con la otra persona y desde el respeto a ella y a ti mismo, ¿tan difícil te resulta estar en el aquí-ahora, escuchar a tu cuerpo y a tu corazón y actuar con coherencia a cada momento, en lugar de atender a clichés preconcebidos y reglas morales que nada tienen que ver contigo? La mente y el ego hacen difícil lo fácil y desnaturalizan lo natural. En el caso del principio de género, distorsionan el equilibrio masculino/femenino desnivelando la energía masculina hacia el «conmigo o contra mí», que tantos hombres han hecho suyo a lo largo de la historia, y la energía femenina hacia el «conmigo o sin mí», que tantas mujeres ondean mentalmente como bandera en su mundo de relaciones. El afán de dominio, la cosificación de las personas, la apropiación de estas y, en última instancia, el miedo son los pilares sobre los que se generan y construyen ambas distorsiones.

El autojuicio

He estado hablando mucho de la percepción de lo que tienes fuera, pero el ser humano no piensa únicamente acerca del otro, de los objetos y el mundo; no solo proyecta sobre ello sus sistemas de creencias, sino que también lo hace sobre sí mismo. Es ya el colmo de los colmos: tu mente te utiliza como pantalla para proyectar en ella pensamientos acerca de ti. Y los juicios y etiquetas que viertes sobre ti mismo son los más duros. La mente es muy crítica sobre uno mismo. Es especialmente insistente con los errores, con las equivocaciones: «Esto lo has hecho mal», «No has estado a la altura»... Pero veíamos antes que los errores no existen. Así pues, libérate por completo de las ideas de error, de equivocación, de culpa, de carga, de pecado... ¡Fuera todo ello! Todo eso forma parte de la antigua consciencia; ya no tiene razón de ser. Hay que decirles adiós con mucho amor a esas actitudes, que tuvieron su porqué y su para qué en su momento pero que ahora no resultan útiles. Así pues, deja de seguirle el juego a la mente, y cada vez que lance un pensamiento acerca de ti, dile: «Tú, mente, cállate; de esto no entiendes. Retírate a tu sitio, que ya te llamaré cuando te necesite».

Las drogas conscienciales

A la mente le encantan las drogas, de todo tipo. Al decir drogas, no pensemos únicamente en los estupefacientes. Obviamente, estos nublan la consciencia, impiden actuar en el día a día según lo que uno es, pero no solo los estupefacientes hacen esto. Por ejemplo, la mente utiliza el futuro como una droga. Ahora, en este momento, tal vez tienes miedo de hacer lo que tu corazón te indica y te inventas un «mañana» en el cual lo harás, cuando las circunstancias sean unas concretas.

Otro ejemplo de droga son las religiones. Han sido determinantes en toda una fase del proceso consciencial de la humanidad, pero ha llegado el momento de soltarlas. Ya nos han dado todo lo que tenían por darnos. Ahora hay que vivir la espiritualidad, no la religiosidad (es decir, es hora de que vivamos el encuentro con nuestra divinidad).

Asimismo las religiones, en su proceso evolutivo, nos han acostumbrado a determinadas drogas, que nublan nuestra consciencia y nuestra capacidad de acción desde el corazón: el incienso, la mirra, las velas, ciertas formas de vestir, los cultos, los ritos, los dogmas, las normas... Todo ese mundo está alienando a muchos seres humanos desde los sistemas de creencias. Es algo que cumple su función a lo largo del proceso evolutivo, pero llega un momento en que hay que dejarlo atrás. Incluidos los mantras.

Los mantras son muy útiles a lo largo del proceso consciencial y evolutivo; pero llega un momento en que hay que dejarlos atrás, porque también tienen el efecto de una droga. Si repites continuamente algo, la mente lo aprovecha para hacer sus proyecciones. Si piensas mucho en Buda, puede ser que veas a Buda; si piensas mucho en Cristo Jesús, puede ser que veas a Cristo Jesús, pero eso no es real; es solo una proyección de la mente. Los mantras abren puertas durante el proceso evolutivo; dan paso a escalones vibratorios nuevos. En cualquier caso, si sientes que los mantras te están siendo útiles porque te están empujando vibratoriamente a percibir y sentir cosas distintas, utilízalos. Finalmente los dejarás de lado, así como cualquier otra droga espiritual en la que te estés apoyando, y vivirás en absoluta libertad desde la energía y la consciencia que eres.

¿Conectar con tu interior? ¡Recuerda lo que eres!

Muchas personas me dicen que quieren conectar con su interior, con su verdadero ser. Desean que les proporcione algún método o consejo para conseguirlo. Pero lo único que puedo compartir con ellas es que eso de conectar con uno mismo es una idiotez, otra de las muchas falacias de la mente.

No le sigas el juego y no pretendas conectar con tu interior, con lo que eres. Porque, a ver, ¿quién, qué o desde dónde va a conectar contigo, con lo que eres? ¿Acaso puedes dejar de ser tú para, desde lo que no eres, conectar con lo que eres? ¿No te das cuenta de la incongruencia que esto representa? Tú no necesitas conectar contigo mismo porque tú mismo es precisamente lo que eres y es imposible que no lo seas. Lo único que sucede es que te has identificado tanto con el coche (el yo físico, mental y emocional) que te has olvidado de que no eres ese coche, sino su Conductor (divino, infinito y eterno), que ha encarnado en él para experienciar la vivencia humana. Y es este olvido el que te lleva a la estupidez de querer conectar con lo que eres. ¿Lo entiendes? El coche ansiando conectar con el Conductor... ¡Qué absurdo!

En lugar de desear conectar contigo, sencillamente recuerda lo que eres; sé lo que eres y pon tu divinidad en acción en el aquí-ahora. Mientras insistas en conectar contigo mismo, seguirás en el olvido de lo que eres y en la identificación con el coche.

LA LECCIÓN DEL BUDA DE LA RISA

En YouTube pueden verse vídeos de un personaje denominado, coloquialmente, el buda de la risa. Es un señor que da charlas y participa en coloquios, fundamentalmente en Estados Unidos, con vestimenta hindú. En muchas ocasiones, ante las preguntas que se le hacen, no contesta en sentido estricto, sino que se ríe. Su risa es una forma de contestar. Porque en muchas ocasiones el que ha hecho la pregunta, ante la risa de este señor, se da cuenta de que lo que está preguntando es absurdo, y esto ocasiona un vuelco en su consciencia.

En un vídeo en concreto le preguntan: «¿Qué es la iluminación, cómo puedo iluminarme?». Y él dice: «Tengo dos posibles respuestas.

Una es mentira, otra es verdad. Si te digo la verdad, no te la vas a creer, y si te digo la mentira, te la vas a creer. ¿Cuál quieres que te diga?». Parece una especie de juego de palabras, pero no lo es. Es lo que ocurre en la vida misma. Ante la iluminación hay dos respuestas posibles: la verdad y la mentira. Si alguien te dice la verdad, la mente va a creer que eso es mentira. Y si alguien te dice la mentira, la mente va a creer que eso es verdad. Porque es muy sencillo: para iluminarte, no tienes que hacer nada. Solamente darte cuenta de quién eres. Ya está. Ya estás iluminado; ahora mismo. ¡Eres una luz inmensa! ¡Mírate a ti mismo! No te vayas no sé adónde a buscar no sé qué... Ya eres Eso.

Krishnamurti decía: «Sé una luz para ti mismo». Ya eres esta luz. La mejor definición de la iluminación es que consiste en comprender la innecesariedad de la iluminación. Cuando a la gente le dan esta respuesta, no se la cree. En cambio, cuando les dices: «¿Iluminarte? ¡Qué difícil es esto!», y les pones un montón de ejercicios, y de viajes, y de prácticas, etc., lo más duraderos y difíciles posible, dice la mente: «¡Sí!, es verdad. Este debe de ser el camino de la iluminación».

Ya estás iluminado, y todo lo que sea buscar fuera de ti es perder el norte. Cuanto más persigas la iluminación, más te alejarás de ella. No tienes que hacer nada para iluminarte: es lo que eres; es imposible que no estés iluminado. ¿Por qué no lo ves? Debido a que tratas de alcanzar la iluminación y con ello solo consigues nublar tu consciencia y tu mirada... Buscas maestros y gurús y te vas tras esto y aquello: alguna técnica, algún curso, algún viaje, algún mantra con que iluminarte... ¡Qué pérdida de energía; cuánta ignorancia! ¿Quieres saber el único mantra que te abrirá la puerta de la iluminación que ya luce en ti? Apúntalo bien y para siempre: menos voluntad y más fluidez. Sí, así de sencillo: menos esfuerzo y más relajación, más liberación. Es por esto por lo que Rumi afirmó que «quien no escapa de la voluntad, carece de Voluntad». Y san Juan de la Cruz lanzó un mensaje similar, que venía a decir que quien no escapa del esfuerzo, para nada se esfuerza... La iluminación nunca se alcanza; ocurre. Quien vive la iluminación es quien no está tratando de conseguirla, quien no se esfuerza por ella, quien no la tiene como meta...

Tu mente es la que crea esa insensatez de pretender conectar con tu interior, con tu corazón, con tu energía, con lo que eres... Pero la mente es el sistema operativo del coche y el coche nunca podrá conectar con el Conductor. Y el Conductor, que es lo que eres, no precisa conectar consigo: lo único que tiene que hacer es agarrar el volante del coche y llevar el mando consciente de este y de la vida. Cuando persigues conectar con lo que eres, es señal inequívoca de que no llevas ese mando consciente y de que estás dormido como Conductor, ante lo cual la mente habrá activado el piloto automático del ego.

VIVIR EN «MODO MENTE»	VIVIR EN «MODO CONSCIENCIA»
La mente está desbocada; apenas tienes algún control sobre ella.	La consciencia acude a la mente con finalidades prácticas y después la suelta.
La mente intenta comprender, ver y vivir la vida, pero no es esta su función. Cuando intenta hacerlo, lo ve todo distorsionado.	La consciencia no intenta comprender la vida. Sencillamente, la refleja, como un espejo.
La mente no para de producir pensamientos (los pensamientos-pestañeos) y el coche se identifica con ellos; cree que esos pensamientos son suyos.	La consciencia contempla cualesquiera pensamientos de la mente sin identificarse con ellos (sin creer que son suyos).
La mente tiene incorporados unos sistemas de creencias (códigos de moral, etc.) e induce la acción a partir de ellos.	La consciencia se hace una con la situación e induce la acción a partir de ahí. No necesita sistemas de creencias (incluidos códigos de moral).
La mente está pensando continuamente «acerca de» lo que ve y experimenta.	La consciencia es testigo de lo que hay; no «piensa acerca de» ello.
La mente está en todo momento imbuida en el lenguaje; no cesa de definir, describir, etiquetar las cosas.	El lenguaje de la consciencia es el silencio. Quien vive en consciencia está generalmente en silencio consigo mismo y utiliza el lenguaje para comunicarse.
La mente opera en clave de opuestos y dualidades.	La consciencia sabe que la realidad es no-dos; que no existen las dualidades.
La mente necesita el contraste de lo doloroso para apreciar el gozo.	La consciencia aprecia las circunstancias de gozo que normalmente pasan desapercibidas a la mente.
Para la mente, todo está mal.	Para la consciencia, todo está en su sitio.

VIVIR EN «MODO MENTE»	VIVIR EN «MODO CONSCIENCIA»
La mente se queja de los infortunios de la vida y no puede computar el sentido de las experiencias especialmente dolorosas.	La consciencia sabe que todo cuanto acontece tiene su porqué y para qué en clave del proceso consciencial y evolutivo de todos y de todo.
La mente se lamenta de los problemas y los errores.	La consciencia ve los «problemas» como experiencias-oportunidades y sabe que los «errores» son peldaños necesarios en la escalera que conduce al despertar espiritual.
La mente cree en el tiempo (consulta el capítulo «Consciencia y aquí-ahora»).	La consciencia sabe que el tiempo no existe (consulta el capítulo «Consciencia y aquí-ahora»).
La mente pide y desea sin parar.	La consciencia vive sin deseos, sin necesidad de pedir. Y cuando el desear desaparece, llega la confianza y se vive sin anhelos, sin peticiones, sin expectativas, sin demandas, sin quejas, sin juicios, sin opiniones, sin elecciones...
La mente contempla la vida como una especie de subida de montaña constante en la que hay que esforzarse, sacrificarse, sufrir...	La consciencia deja que las cosas ocurran; no las fuerza. Así pues, fluye, vive; libérate de todo esfuerzo, de todo afán, de toda inquietud, de toda expectativa, de toda meta...
La mente vierte sobre uno mismo los juicios y etiquetas más duros.	La consciencia no juzga. Así pues, deja de seguirle el juego a la mente.
La mente subestima al cuerpo; no hace caso de sus señales.	La consciencia sabe que el cuerpo es más sabio que la mente y está atenta a sus señales.
A la mente le encantan todo tipo de drogas conscienciales.	La consciencia no requiere de ningún tipo de droga consciencial.
La mente te dice que conectes con tu interior, con lo que eres.	No necesitas conectar contigo mismo porque «tú mismo» es precisamente lo que eres y es imposible que no lo seas. En lugar de desear semejante tontería, recuerda lo que eres, sé lo que eres y actúa a partir de ello en el aquí-ahora.

5

CONSCIENCIA Y AQUÍ-AHORA
El tiempo no existe, pero tú crees en él

En el capítulo 2 se anunció que la principal estrategia utilizada por el núcleo manipulador de la humanidad para mantenerla subyugada consiste en propagar e instalar entre la gente la creencia en el tiempo. Y en el capítulo 3 se apuntó cómo la mente contribuye al respecto. En el presente capítulo se constata la falsedad de tal creencia, se examinan las distintas consecuencias vitales que tiene vivir a partir de ella y se detalla la forma de trascenderla.

EL TIEMPO NO EXISTE

El tiempo no existe, pero tú crees en él. Y esta creencia nubla tu consciencia, distorsiona tu pensar y condiciona tus actitudes y acciones, como veremos.

Lo primero es comprender por qué no existe el tiempo. Observa y obsérvate. En tu vida y en la de los demás, en la naturaleza, el cosmos y la Creación, observamos que tienen lugar CICLOS: naces, creces y envejeces; amanece y anochece; la marea sube y baja; la luna llena sigue a la nueva y esta a aquella; los frutos crecen y maduran; las estaciones se relevan al compás del movimiento de la Tierra sobre sí misma y en torno al Sol; el sistema planetario surca la Vía Láctea en un recorrido elíptico; la galaxia entera lo hace por el universo... Todos estos ciclos se entrelazan, encajan y superponen dentro de un Ritmo perfecto y único que provoca e integra el ritmo propio de cada uno de ellos. Ahora bien, ¿dónde está aquí el tiempo? Solo en tu imaginación. Los ciclos son una realidad; el tiempo no.

He aquí una prueba de la inexistencia del tiempo: cada día del año, en función de si vamos del solsticio de invierno al de verano, o del solsticio de verano al de invierno, el Sol sale y se pone un minuto después o un minuto antes (más o menos). Esto del minuto antes o del minuto después lo decimos nosotros desde nuestra creencia en el tiempo, pero el Sol está al margen del tiempo; él solamente tiene su ciclo. Somos nosotros quienes, con el reloj y el calendario, intentamos medir lo que está fluyendo fuera del tiempo. En la naturaleza hay muchos otros ciclos que nos esforzamos por medir. Por ejemplo, lo que denominamos años, que hacen referencia a lo que tarda la Tierra en dar la vuelta alrededor del Sol. Como usamos el día como sistema de medición pero la Tierra no tarda un número exacto de días en dar la vuelta, tenemos que añadir cada cuatro años un día extra al calendario; de ahí los años bisiestos. En definitiva, los ciclos son los ciclos, y nosotros intentamos atraparlos en unos sistemas de medición.

El hecho de que los ciclos son ajenos al tiempo es perceptible incluso en nuestra vida física. La vida física de un ser humano es un ciclo, e intentar definirlo en clave temporal es fruto de nuestra obsesión con el tiempo. El ciclo del ser humano es nacer, crecer, hacerse adulto y envejecer. Mírate a ti mismo: en tu experiencia del nacimiento, de la infancia, de la adolescencia, de la juventud, de hacerte adulto, ¿dónde está realmente el tiempo? Está en el DNI, sí, y soplas las velas en tu cumpleaños, pero más allá de estas formas de medición, ¿dónde está el tiempo? En el día a día, lo que haces es vivir el momento. Si tienes X años, no son X años; sencillamente naciste, empezaste a vivir y has ido viviendo... En esa vivencia ha habido días que se te han hecho muy cortos y otros que se te han hecho muy largos... Algún año se te ha pasado en un suspiro y algún otro ha sido eterno... Porque lo que vives en tu proceso biológico es la vida; no un calendario, no un reloj. Y la cuestión de la edad es muy engañosa. Un niño de diez años que haya vivido experiencias fuertes puede haber tenido una experiencia vital muy larga, y esos diez años pueden haberle pasado más despacio que cuarenta años en el caso de una persona que haya tenido experiencias más gratas. Otro ejemplo: cuando asistes a una clase, se te puede hacer larga o corta en función de lo amena que sea y de tu estado interno; es más, la misma clase a unas personas se les puede hacer muy larga y a otras muy corta.

¿SON MÁS CORTOS LOS DÍAS?

La mayoría de las personas tenemos la sensación de que los días y años duran menos que antes, lo cual es una demostración más de que el tiempo no existe, pues ¿cómo pueden parecer más cortos los días si el tiempo medido en segundos, minutos y horas es exactamente el mismo?

Que el tiempo nos pase más rápido o más lento depende de las experiencias que tengamos. Y la sensación de que el tiempo pasa más rápido viene dada por la acumulación de experiencias. Hoy día estamos viviendo muchas experiencias en poco tiempo; estamos viviendo en un año experiencias que antes se desplegaban a lo largo de años. Antes, las experiencias se sucedían a un ritmo que ahora se ha acelerado, porque el ciclo se ha acelerado. Se está produciendo, pues, una *aceleración experiencial*.

¿Por qué? Porque la Madre Tierra, que es un ser vivo, ha cambiado su frecuencia vibratoria. Ella también está evolucionando, siempre lo ha hecho, pero de un tiempo a esta parte lo está haciendo aceleradamente. Esta evolución está en relación con la del Sol y la galaxia, que también son seres vivos que se encuentran en su proceso consciencial, evolucionando. La resonancia Schumann, que sirve para medir técnicamente la vibración de la Tierra, ha puesto en evidencia que dicha vibración está aumentando, lo cual es una expresión de la evolución consciencial de nuestro planeta. De un modo natural, la evolución en consciencia de la Tierra repercute en todos los organismos que la habitan.

LO ÚNICO QUE EXISTE

En el seno y en el discurrir de todos y cada uno de los ciclos solo existen dos cosas, la una dentro de la otra: por una parte tenemos el AQUÍ-AHORA, es decir, la instantaneidad, un momento presente continuo en el que se desenvuelve lo eterno (por ejemplo, el Sol, desde que sale hasta que se pone, va haciendo su recorrido de momento en momento, a un determinado ritmo; y nosotros vamos recorriendo la vida de momento en momento, de vivencia en vivencia). Por otra parte, tenemos la CADENA DE CAUSAS Y EFECTOS generada y alimentada por cada acción y acontecimiento: en el aquí-ahora tienen lugar unas acciones, con unas repercusiones, dentro del ciclo por el que se esté atravesando.

Gráficamente, a causa del despliegue permanente del aquí-ahora de instante en instante, cada ciclo puede ser representado como un CÍRCULO (se expresa así el desarrollo del ciclo en sí) y una ESPIRAL (por su repetición sucesiva y constante. La espiral refleja la idea de que los ciclos se van superponiendo).

En todo esto, seguimos sin encontrar el tiempo por ninguna parte.

TU VIAJE AL PAÍS DE NUNCA JAMÁS

Gracias a la mente, a tu capacidad intelectiva, en el aquí-ahora puedes situar tu atención en un punto cualquiera del círculo y la espiral. Esto es lo que te lleva a pensar y hablar en términos de ahora-antes-después, hoy-ayer-mañana... Es una capacidad magnífica, propia del ser humano; que se sepa, los animales no la tienen.

Por ejemplo, puedes poner tu atención en otro punto del círculo día; te estás duchando por la mañana, se te acaba el jabón y programas ir a comprar más por la tarde. O sitúas tu atención en la espiral de los días y decidir ir a comprar el jabón otro día. O puedes situar la atención en otro punto del círculo año o la espiral año. Por ejemplo, en el momento de escribir estas líneas estoy en el mes de julio del círculo año 2016. Y sabemos que después vendrá otro círculo, que en nuestra numerología hemos denominado 2017. Desde un punto del círculo 2016 podemos poner la atención en un punto del círculo 2017; por ejemplo, para agendar la participación en un evento. Pero agendamos el evento en el aquí-ahora. Hay muchas cosas que requieren planificación, la cual llevamos a cabo cuando es oportuno, pero siempre en el aquí-ahora. También puede ser que necesites rescatar una información del pasado y que te sitúes en un punto pasado del círculo o la espiral. Sea como sea, el tiempo sigue sin hacer acto de presencia.

Si esta facultad se ejerce de manera natural, uno pone su atención, sabiéndose en el aquí-ahora, en aquello que desde el aquí-ahora corresponde planificar, en el momento en que corresponde hacerlo. Ahora bien, esta facultad humana tiene un riesgo: transformar los círculos y espirales en una creencia denominada tiempo, y a partir de ahí viajar por el tiempo; pero no en relación con lo que se está viviendo ahora y lo que toca hacer ahora, sino como pura ficción mental. Es decir, uno no se posiciona mentalmente en el círculo y la espiral desde lo que está viviendo y lo que le toca vivir, sino que *abandona el momento presente y se traslada con la imaginación a lo que denomina pasado o futuro*. Uno deja de estar en el aquí-ahora; ya no vive la realidad que está aconteciendo.

Obsérvate cuando te estás duchando o cuando estás cepillándote los dientes: ¿estás ahí, presente con todas las sensaciones y acciones corporales, o se te va la cabeza con cualquier cosa? Es fácil que suceda lo segundo. Y como no eres capaz de ducharte ni cepillarte los dientes manteniéndote en el aquí-ahora, con más razón, en el día a día, no tienes consciencia del momento presente.

En un momento dado estás en un lugar, pero tu cabeza ¿dónde está? Vete a saber... A lo mejor estás con alguien; estáis sentados frente a frente tomando un té. De pronto, algo que dice esa persona te lleva a pensar en algo más, y ese algo más en algo más... Te has salido del momento presente. La realidad que está aconteciendo *se hace invisible para ti* diluida entre tus pensamientos, que están ahora llenos de ficciones temporales. Ya no ves a la persona que tienes delante. Estos pensamientos son ilusiones generadas por tu mente, que está operando sin tu mando consciente. ¿Recuerdas los pensamientos-pestañeos, que vienen a constituir el 95% de todos los pensamientos que tienes? Aquí están. Recreas el pasado y haces conjeturas sobre el futuro, y, para colmo, ni te das cuenta de que te estás comportando tan estúpidamente.

Podemos ver con claridad el fenómeno cuando vamos por la calle: ¿cuánta gente está realmente ahí? Sí, parece que estén andando físicamente, pero si los miramos a los ojos nos damos cuenta de que casi nadie está presente... Habitualmente, las personas no están viendo u oyendo lo que hay en su entorno, sino que vete a saber dónde están: en el trabajo, en su casa, de vacaciones... Un paseo puede ser una meditación en movimiento en que estar atentos a todo lo que acontece durante el paseo, pero no es así como se enfoca habitualmente. Cuando la mente «se va» a pensar en cualquier cosa, se produce una desarmonía, una falta de alineación, entre lo que se está viviendo y lo que se está pensando. Porque el pensamiento no está puesto en el aquí-ahora, en lo que uno está viviendo, sino en lo que uno ha vivido o supuestamente va a vivir.

Así pues, tenemos dos posicionamientos posibles: por una parte, el del ser humano que está en el aquí-ahora, viviendo el momento presente y organizando cosas que corresponde organizar en dicho momento presente, y por otra parte, la manía de dar vueltas en la cabeza al pasado y el futuro sin que eso tenga que ver con el aquí-ahora. Y la línea que separa ambos posicionamientos es muy fina, por lo que es fácil cruzarla y dejar de percibir el aquí-ahora. Y la consciencia del aquí-ahora es clave para percibir el Conductor que somos. ¿Por qué? Porque este posicionamiento se corresponde con el sistema operativo del Conductor, la consciencia. En cambio, cuando nos hemos «ido» hemos activado el piloto automático propio del coche: el ego. Y en este caso nuestras acciones no son «nuestras»; no son acciones sino reacciones que parten de los sistemas de creencias que nos han instalado.

Podemos afirmar sin tapujos que la vida es el aquí-ahora, lo real; o que el aquí-ahora es la vida, lo real. Pues bien, *si percibes algo (lo que sea) fuera del aquí-ahora o de lo que en conexión con él corresponde, es solo la mente generando una fantasía.* Porque si no estás en el aquí-ahora, estás en el pasado o en el futuro, y ambos son fruto de la imaginación. No existen.

El pasado solo existió cuando fue aquí-ahora. Y atención: *las experiencias que entonces viviste se incorporaron a tu consciencia.* Han coadyuvado a conformar lo que ahora eres y *siguen estando en ti.* Esto significa que no tienes que rememorarlas por medio de la mente. Ya lo ves, ¡puedes dejar de darle vueltas a tu pasado! Ocurre, además, que si la mente regresa al pasado no lo evoca bien: lo hace de modo selectivo (se acuerda solo de determinados aspectos, en función de distintos factores) e interpretativo (aquello que recuerda, lo recuerda de una determinada manera, que puede ser muy distinta de como lo recuerda otra persona). Así pues, ¿para qué te sirve deambular por el pasado? Para nada. Hay gente que deambula por él para arrepentirse de lo que hizo, pero, como veíamos en otro capítulo, todo lo que ha acontecido en tu vida ha contribuido a tu evolución en consciencia. En lugar de seguirle dando vueltas al pasado, aplica por favor la consciencia que has adquirido a raíz de esos sucesos en el aquí-ahora.

Aún es más absurdo, si cabe, recrear el futuro. Porque al menos el pasado existió cuando fue aquí-ahora, pero el futuro ni siquiera ha llegado a existir en ningún momento. Y así como la evocación del pasado es selectiva y sujeta a error, la recreación del futuro también lo es, y en mayor grado: como tú mismo puedes saber a partir de tu experiencia, los hechos jamás serán exactamente tal como los imagines ahora. En el caso del futuro, el miedo a lo que pueda acontecer es lo que más lanza a nuestra mente hacia él. Muchas veces nos refugiamos en el «mañana» al no ser capaces de afrontar, aquí-ahora, nuestros miedos (retomaremos esta cuestión en el capítulo «Consciencia y dones»). Obviamente, el pasado y el futuro no son fidedignos... porque no existen. ¡Y ojo!, tampoco existe el llamado presente, que es, igualmente, otro concepto mental. Si pienso «presente», ya estoy en la mente, ya me estoy perdiendo la vida. Estoy concibiendo, por implicación, que también existen un pasado y un futuro, a los que el presente se opone. ¿Recuerdas que decía que la mente no sirve para vivir la vida? Lo único real es el aquí-ahora, y este no puede ser pensado; solo admite de instante en instante, en el Vivir Viviendo. Date cuenta de ello: el aquí-ahora no puede ser intelectualizado, pues en cuanto lo haces ya te has situado en el tiempo. El aquí-ahora solo puede ser... ¡vivido!

LA MEDICIÓN IMPOSIBLE

Lo que denominas tiempo es una interpretación tridimensional, parcial y ficticia de la vida y la existencia. Observas los ciclos de la vida y pretendes medirlos en términos de tiempo (segundos, minutos y horas; días, semanas, meses y años...). Pero no te das cuenta de que con ello caes en una ilusión: el ritmo que impulsa y subyace en cada ciclo siempre es el mismo, idéntico, y no puede medirse. Solo puede vivirse en el aquí-ahora. Y si pretendes medirlo, ocurren dos cosas: primero, ya no lo vives, pues te sales del aquí-ahora; y segundo, la medición, por más que parezca certera según el reloj o el calendario, jamás será objetiva y verdadera, sino que dependerá del observador que hace la medición. Como veíamos, el «tiempo» se nos puede hacer muy corto o muy largo en función de nuestras vivencias.

Incluso la ciencia actual pone de manifiesto la falsedad de la medición del tiempo. La física cuántica habla con claridad de lo inaceptable e inapropiado de la creencia en el tiempo que nos han insertado en la cabeza. Como afirmó Albert Einstein, la distinción entre el pasado, el presente y el futuro es solamente una ilusión, pues los sucesos no se desarrollan; simplemente son.

¿TENEMOS VIDAS SIMULTÁNEAS EN UNIVERSOS PARALELOS?

Te aconsejo la película británica *Dos vidas en un instante*, de 1998. En ella se plantea un acontecimiento tan banal como que una chica entre o no en un metro. El hecho de que entre o no entre provoca que se encuentre con unas circunstancias muy distintas. La película muestra los dos universos paralelos que se abren; en uno la chica sube al metro y llega a su casa entre unas determinadas circunstancias y en el otro no sube a ese metro y cuando llega a su casa las circunstancias son distintas. A partir de ahí, podemos ver las dos vidas de esta chica en paralelo. Es importante también el hecho de que tiene lugar el mismo final en los dos universos paralelos, años más tarde.

Esta película pone de manifiesto algo que dijo Einstein: que si tiras un dado, salen los seis lados, aunque nosotros, con nuestra percepción consciencial, veamos que ha salido uno solo. Porque en cuanto se abre una disyuntiva, todas las realidades se dan a la vez. Si tiras el dado y ves que ha salido un uno, esto tiene que ver con la vibración del uno y con la vibración de tu estado de consciencia; hay una resonancia entre ambas que hace que percibas el uno. Si tu estado de consciencia fuese otro, resonaría con la vibración de otro número, por ejemplo el cuatro, y en ese caso verías el cuatro. Pero en realidad han salido los seis números, y los seis se están desplegando en tu vida.

Por tanto, en realidad no son dos vidas en un instante; son muchas vidas, porque muchas veces en tu vida te encuentras en situaciones en que se van abriendo universos paralelos: «¿Acepto este trabajo o no; lo dejo o no lo dejo?», «¿Sigo con esta pareja o no sigo?»... Otra película, *Las vidas posibles de Mr. Nobody*, de 2009, indaga en este escenario de numerosas y diversas vidas y múltiples universos paralelos.

Estos universos paralelos tienen una especie de ventanas entre ellos, que hacen que unos se vean a los otros. Estas ventanas se abren en los sueños (entre los distintos tipos de sueños existentes, los hay que son expresión de este fenómeno). Otra forma en que se manifiesta el fenómeno son los famosos *déjà vu*. Por ejemplo, a veces hay personas que se apuntan a alguno de mis talleres y acaban no viniendo. La disyuntiva les hizo abrir un universo paralelo. Si se diese el caso de que visitasen la sala donde se impartió el taller, podrían tener un *déjà vu* y tener la sensación de que conocen la sala, por resonancia con la versión de sí mismas que sí acudió al taller, en un universo paralelo.

La teoría del desdoblamiento del tiempo nos habla de todo esto, y también nos dice que los universos paralelos tienden a la convergencia. Es decir, no se mantienen infinitamente en paralelo, sino que de la misma manera que se han abierto se van cerrando. La convergencia puede tener lugar en esta misma vida o en alguna vida venidera.

Mi recomendación es que intentes no abrir universos paralelos. No ocurre nada si se abren, pero hacerlo conlleva mucho desgaste energético, por decirlo de alguna forma. Es cierto que la energía es infinita; sin embargo, no tenemos por qué estar en tantos universos distintos a la vez. ¿Cómo evitas que se abran? En primer lugar, no te agobies; no supone ningún problema que se abran. En segundo lugar, no abras disyuntivas en tu vida. Las disyuntivas las abre la mente. Si estás en el aquí-ahora y actúas desde el corazón, sin dudas ni desconfianza hacia la vida, no generarás disyuntivas y no se abrirán universos paralelos.

TU VERDADERO HOGAR

Por supuesto que, de momento en momento, tú y yo hemos estado y estaremos en muchos sitios, mundos y planos. Es más, somos multi-dimensionales. Pero la consciencia que tú y yo tenemos aquí-ahora es la de este momento.

Tu verdadero Hogar, y el mío, es el aquí-ahora. Tu Hogar no es un espacio físico; no es un sitio o lugar donde tengas que estar o al que de-bas llegar. Tampoco es un determinado plano dimensional; ni un sen-timiento, presentimiento, emoción o intuición. Nada de esto: tu Hogar es el momento presente. ¿Por qué? Porque, como decía, el aquí-ahora es la vida: la vida misma, la vida en sí, la vida por sí.

Cuando la gente habla de volver al Hogar, de encontrar el propósito de su vida o de temas semejantes, no se percata de que todo esto es ba-rullo de la mente, del ego. Apartado de ese ruido mental, el Conductor sabe divinamente que el único Hogar es la Vida y que el propósito exclu-sivo de la vida radica en Vivir, Vivir Viviendo en el aquí-ahora. A este Con-ductor se le puede denominar de muchas formas; sin embargo, más allá de los nombres, es Vida, existencia... Es ser, existir, vivir... Es Vivir Viviendo.

DEL *ACTO DE PENSAR* AL *PROCESO DE PENSAR*

El *acto de pensar* tiene lugar cuando tú estás aquí y utilizas la mente a sabiendas con algún fin. El *proceso de pensar* acontece cuando te vas: te desenfocas del aquí-ahora; pierdes la conexión con lo que estás vivien-do en el momento.

Veámoslo en detalle.

Cuando llevas a cabo el acto de pensar estás en el aquí-ahora. Y el aquí-ahora es tu *espacio sagrado de libertad*. En este espacio es donde se juega todo en cuanto a la consciencia: tu felicidad, tu no felicidad, etc. Es un espacio sagrado en el que nadie puede entrar. En este espacio tie-nes el mando, siempre que tomes un poco de consciencia. En él creas (tú y solo tú) las actitudes y, a partir de ellas, las acciones con las que vi-vir cada una de las experiencias que se suceden en tu día a día. Cuando realizas el acto de pensar, observas la frecuencia vibratoria (el sabor pro-fundo, el tono, el perfil) de las actitudes que creas de instante en instan-te ante las experiencias de la vida cotidiana. Y, en tu esfera de libertad, modulas dicha frecuencia para que tanto esas actitudes como las acciones que de ellas derivan sean coherentes contigo mismo (con lo que realmente eres) y con lo que sientes de corazón en ese preciso instante.

Puedes tener un encuentro, un desencuentro, alguien te alaba, alguien te insulta... —las posibilidades son infinitas—, pero en todos los casos puedes modular la frecuencia vibratoria de tu actitud. Esto solo depende de ti. Y la frecuencia vibratoria de tu actitud oscila entre el amor y el no amor (con muchos grados de intensidad posibles). A partir de ahí, en psicología nos dicen que las actitudes moldean los pensamientos y las emociones, y que estos dan lugar a las acciones. Por supuesto, todo tiene lugar muy rápido... Por ejemplo, si alguien se enfada contigo, tú puedes enfadarte con esa persona, u optar por no tomártelo como algo personal y hacer que de ahí no surja ningún tipo de problema. Puedes considerar que el comportamiento de esa persona tiene que ver con ella y no contigo y tenderle la mano, aunque no te la acepte...

El aquí-ahora tiene una enorme ventaja, y es que se está desplegando continuamente. Por tanto, tienes en todo momento un espacio de libertad para modular las actitudes con las que afrontar tu día a día, a cada instante.

Sin embargo, en demasiados casos ocurre que no estás en el aquí-ahora, sino viajando en el tiempo, por lo que este espacio de libertad se te escurre como el agua entre los dedos. La creencia en el tiempo trastoca y convierte el acto de pensar en el proceso de pensar. En este, el momento presente (lo real) deja de existir y el tiempo (una mentira) ocupa su lugar. Así, tu atención pasa a situarse en lo que teóricamente sucedió, en lo que imaginariamente podría haber sucedido o en lo que hipotéticamente podrá suceder... En definitiva, se sitúa en escenarios y situaciones distintos de los que se corresponden con el aquí-ahora. La mente está permanentemente lanzando pensamientos que no tienen que ver contigo, que no tienen que ver con el momento presente; los lanza a su antojo en función de sus vaivenes mentales.

De este modo, debido a tu ausencia, lo que deberían ser actitudes y acciones realmente tuyas, conscientes, son sustituidas por meras reacciones inconscientes y respuestas automatizadas generadas por el ego y los sistemas de creencias que han introducido en tu cabeza. Todos tus sentidos corporales funcionan perfectamente, pero tú no ves lo real porque el proceso de pensar enfoca tu atención en una dinámica temporal que no existe. Además, eso que «ves» en tu mente lo interpretas según unos sistemas de creencias que nada tienen que ver contigo. En definitiva, en lugar de ver aquello de lo que se trata, estás pensando acerca de ello. Y este pensamiento no coincide con la realidad. En ocasiones, el proceso de pensar se desarrolla de manera muy rápida; ocurre por ejemplo cuando alguien te dice algo ofensivo y saltas como activado por un resorte. En este caso prácticamente no has pensado, pero desde luego has *reaccionado*.

El proceso de pensar hace desaparecer el aquí-ahora como por arte de magia. Y esta magia es el núcleo duro de la manipulación. Es así como lo que percibes y ves es algo implantado que se mueve exclusivamente en la esfera tridimensional, que carece de entidad real y está regido por algo que no existe: el tiempo. Todo ello está ideado y es continuamente promovido para que no vivas, para que pases tus días en una falacia mental, para que sustituyas el momento presente por un alud de formas tridimensionales que solo existen en tu cabeza... Cuando se te puede manipular para que abandones el aquí-ahora, la seducción del proceso de pensar es capaz de controlar tu fuerza y tu poder, que se ponen al servicio de otros. Esto es así porque pasas a desenvolverte según los sistemas de creencias que han introducido en tu mente.

Tú crees que estás haciendo, que estás actuando, pero es mentira, porque ahí no estás tú, sino algo diferente. Te estás dejando llevar. Ahí, lo que está presente son los susodichos sistemas de creencias, mientras tú permaneces con la consciencia nublada y el pensar distorsionado. Y tiene lugar un clic mental que hace que reacciones en función de los sistemas de creencias que te hacen pensar que ante tal situación hay que reaccionar de tal forma. No eres tú, en tu espacio sagrado de libertad, quien está tomando la decisión consciente de actuar de esa forma. Por eso hay tantas discusiones, tantas cadenas de enfados, tanto desequilibrio en el día a día: porque la gente no está en el aquí-ahora. Lo que te enseñan los sistemas de creencias es que si alguien te grita, tú le respondes con un grito, con lo cual el otro te responde con un grito más fuerte y tú, con otro más fuerte aún. Te han enseñado a reaccionar... Pero la reacción no se corresponde contigo. Contigo se corresponde la acción. Sin embargo, la acción se produce desde la consciencia; desde tomar consciencia y vivir realmente el momento presente. Por ejemplo, si estás presente en una discusión y estás situado en el aquí-ahora, puedes modular tu actitud para que sea amigable, armoniosa, amorosa, y para que tu acción sea coherente con eso; desde ese estado puedes hacer tu aportación para llevar la paz a esa situación.

MANTENTE EN EL AQUÍ-AHORA, EN LA OBSERVACIÓN, EN LA ATENCIÓN

Por tanto, mantente en el aquí-ahora. Es decir:

- ROMPE CON EL HÁBITO DE ABANDONAR LA REALIDAD VIAJANDO MENTALMENTE POR EL TIEMPO. Sencillamente, abandona el hábito de viajar en el tiempo y sustitúyelo por el hábito de no viajar en el tiempo. Con este fin, lo único que necesitas es tomar consciencia. Al principio, estarás mucho rato en la máquina del tiempo, pero cada vez te darás más cuenta de que te vas y permanecerás menos tiempo en ella. Así pues, sitúate en el aquí-ahora... en la medida de lo posible, ¡sin agobiarte por ello! Incluso ríete mucho cuando te veas por ahí oscilando como un péndulo del pasado al futuro, del futuro al pasado, ¡porque es para reírse!

- OBSERVA LO QUE EXPERIENCIAS DE INSTANTE EN INSTANTE, ESTANDO ATENTO A ELLO. Si te cepillas los dientes, te cepillas los dientes. Si estás comiendo, estás comiendo (cuando se come no se trabaja, y cuando se trabaja no se come; es decir, los pensamientos relativos a la otra actividad no tienen que estar ahí). Cuando se huele se huele, cuando se duerme se duerme, cuando se hace el amor se hace el amor, etc. Y si estás desayunando con alguien, estás con esa persona. Como práctica, proponte que esa persona no se te «haga invisible» durante todo el desayuno.

- NO REACCIONES ANTE NADA; NO TE DEJES LLEVAR NI ARRASTRAR POR LOS ESTÍMULOS E IMPULSOS EXTERNOS (es decir, asociados con los sistemas de creencias). Así pues, no te molestes cuando te indiquen que te molestes, no reacciones cuando te exijan que reacciones, no te resistas cuando te llamen a resistir, no luches cuando te inciten a luchar, no te enfades cuando otro se enfada, no ignores lo que tu cuerpo te indica cuando te señalen que al cuerpo no hay que escucharlo, no reprimas tus intuiciones e inspiraciones cuando te insistan en que no les hagas caso... Si percibes que surge una reacción en ti, aplica el clásico *contar hasta diez* antes de responder.

- CÉNTRATE EN EL AQUÍ-AHORA. Observa; estate atento en el Vivir Viviendo a lo que se mueve en tu interior. Percibe la frecuencia vibratoria de las actitudes que creas al vivir la experiencia del momento y modula tal frecuencia para que sea coherente contigo mismo, con lo que realmente eres. Proponte que la frecuencia con la que modules tus actitudes sea el amor, en cualquiera de sus formas (comprensión, respeto, solidaridad, compartir...), sea lo que sea lo que tengas delante.

- PERMITE QUE ESAS ACTITUDES SE PLASMEN EN ACCIONES. Observa la acción que surge de esa actitud. Si esta fuese de conflicto, va a llevar a una determinada acción; pero si has modulado la actitud en función de una frecuencia vibratoria amorosa, armoniosa, sosegada, la acción que vas a originar va a tener esta característica de tranquilidad, de sosiego, de armonía.

- Unido a ello, LIBÉRATE DE LOS SISTEMAS DE CREENCIAS instalados en tu cabeza que te dicen, de manera predeterminada y estereotipada, qué hacer y cómo comportarte. Todo lo que albergues en la mente que no tenga que ver con lo que estás viviendo y que te diga cómo reaccionarías ante un determinado hecho es un sistema de creencias (como veíamos en el capítulo «Consciencia y mente»). Así pues, espera a vivir las cosas, y cuando las estés viviendo, a ver qué te sale del corazón. Dale una oportunidad a tu libertad. Por ejemplo, los sistemas de creencias nos dicen que si un amigo nos plantea que se quiere suicidar debemos persuadirlo de lo contrario. Pero ¿por qué? Primero, espera a ver si esto te ocurre alguna vez en tu vida, porque puede ser que no te ocurra jamás; segundo, si te ocurre, estate atento a lo que sientes, a lo que percibes. A mí me ha sucedido lo del amigo que se quería suicidar, y lo que sentí fue acompañarlo en su voluntad. No estoy diciendo que esto sea lo correcto de hacer; solamente fue lo que sentí en este caso. El amigo no acabó muriendo, pero tuvo una experiencia cercana a la muerte. Ahora bien, mucha gente no suelta los sistemas de creencias porque no confía en sí misma. Soltar los sistemas de creencias implica confiar en uno mismo. «¿Y si me equivoco?»... Si la respuesta sale de ti, no te vas a equivocar. Por el contrario, con casi toda seguridad te vas a equivocar si no sale de ti, es decir, si sale como impulso, como reacción, como respuesta automatizada. Como el padre de William Wallace le dice a su hijo en el tramo inicial de la película *Braveheart*, «tu corazón es libre; ten el valor de hacerle caso». Esto es la libertad.

Este posicionamiento que he descrito constituye una práctica simple. Y te reconecta contigo mismo: con lo que auténticamente siempre has sido, eres y serás; con tu naturaleza divina, infinita y eterna; con tu Sabiduría y Felicidad innatas... Así, tan fácilmente, tomas el mando consciente de tu vida y te liberas de los sistemas de creencias, normas, credos, religiones, mandamientos, morales, falacias intelectuales, leyes, paradigmas institucionales y demás mecanismos de dominio y manipulación que te han mantenido inconsciente y en estado de sufrimiento.

LAS DOS DIMENSIONES DEL MOMENTO PRESENTE

Ten en cuenta que el momento presente tiene dos dimensiones:

- La DIMENSIÓN SUPERFICIAL: está conformada por todos los contenidos del momento presente que cambian y mutan de instante en instante.
- La DIMENSIÓN SUBYACENTE: está configurada por aquello que de momento en momento nunca varía y se mantiene siempre presente, de manera inalterable y constante.

Los componentes de la primera son fáciles de detectar. Se trata de las múltiples facetas y manifestaciones del aquí-ahora que percibes a través de tus sentidos corpóreo-mentales y que, por medio de estos, puedes constatar que cambian de instante en instante: los sonidos, silencios y ruidos que se producen y suceden en el lugar donde te encuentras; las luces y las sombras; la respiración, los latidos del corazón, tu postura corporal, tus gestos...; las circunstancias personales y del entorno; la gente que te rodea (sus palabras, movimientos...) y la mosca que vuela en la habitación; las situaciones, lugares y paisajes; los estados de ánimo; la temperatura y el clima; los olores y lo que el tacto percibe; los pensamientos que transitan por la mente; los sentimientos y emociones; etc. Todo esto varía de momento en momento.

Sin embargo, al unísono, en el aquí-ahora y en su devenir de instante en instante, hay algo que nunca varía y siempre permanece inmutable, aunque, de forma paradójica, a la mente le suele pasar desapercibido. ¿Qué es? El hecho cierto e indudable de que vives, de que existes, de que eres. Esta es la dimensión subyacente del momento presente: tu propia vida, tu propia existencia, el hecho de que estás vivo y vivo sigues de momento en momento...

LO QUE EL EGO NO PUEDE PERCIBIR

El ego, que está siempre transitando entre creaciones mentales, ni siquiera sabe en qué consiste la esencia subyacente, permanente e inalterable del momento presente. Solo reconoce su dimensión superficial, la forma del aquí-ahora que varía y se transforma de instante en instante. Por ello, el ego cree que es el propio momento presente en su totalidad el que cambia de momento en momento. El ego llega a pensar que el momento presente casi no existe, dada su volatilidad...

Pongamos una analogía. Imagina que el ego está sentado en la orilla del río Guadalquivir, que fluye desde tiempos inmemoriales por tierras andaluzas. El ego, que solo atiende a las formas, observa el curso de las aguas, que en un punto concreto varían de forma a cada momento por el influjo de la corriente, el viento, el volumen del caudal, etc. Es incapaz de entender que el río, por encima de tales cambios, es el río; que el Guadalquivir existe y es con independencia de las formas que adopte, más allá del discurrir de sus aguas, de las modificaciones que estas muestren y del transcurrir del tiempo...

LA EXPERIENCIA DEL YO SOY

Este es el genuino contenido de la dimensión subyacente del momento presente, de eso que no cambia y permanece siempre inmutable: el hecho de que vives y existes. O, expresado en primera persona para que se interiorice mejor, el hecho de que yo vivo y existo:

- Yo vivía y existía antes de encarnar en esta vida física.
- Yo vivía y existía en el vientre de mi madre y cuando nací en este cuerpo.
- Yo vivo y existo en cada momento de esta vida en el plano humano.
- Yo vivo y existo aquí-ahora, en este momento presente.
- Yo viviré y existiré en la vida más allá de la vida porque la muerte es un imposible y el coche fallece, pero el Conductor nunca muere.

Este discernimiento va instalando el sosiego, la paz y la armonía en la vida y abre las puertas a la experiencia del Yo Soy: más allá del tiempo y el espacio, por encima de todos los cambios que acontecen de instante en instante en la dimensión superficial del momento presente, ¡Yo Soy!... En numerosos textos sagrados antiguos, como en la Biblia, a la divinidad se la asocia con el Yo Soy. Y muchas corrientes conscienciales más recientes han insistido en ello; por ejemplo, Saint Germain. Esto es el Yo Soy: vivo, existo, soy... y tomo plena consciencia de ello. Y Yo Soy ineludiblemente en el aquí-ahora, que, como he indicado anteriormente, es la vida misma.

El momento presente tiene la dimensión superficial y la subyacente, y, como estás viendo, tú también las tienes. La superficial tiene que ver con tu yo físico, mental y emocional (con tu coche, que está cambiando todo el rato) y la subyacente, contigo (con el Conductor que eres, con tu Yo Soy, que nunca cambia).

ALERTA, ESPACIO: SI TÚ NO EXISTIERAS, NADA EXISTIRÍA

La experiencia del Yo Soy consiste en algo tan simple como en darte cuenta de que vives, y de que esto es la clave de tu existencia. A partir de que vives, observas lo que está ahí. Es tu dimensión subyacente, el Yo Soy, lo que observa. Y observas que lo observado lo estás creando tú desde tu observación.

Toma consciencia de la experiencia del Yo Soy e interiorízala mediante esta afirmación: «Yo Soy: vivo, existo, soy... Y Yo Soy en el aquí-ahora, más allá del tiempo y el espacio y de todos los cambios que, de momento en momento, se producen en mi yo físico, mental y emocional, en mi vida y a mi alrededor». Y para que esta consciencia y esta experiencia permanezcan presentes y no se diluyan, afiánzalas en tu corazón usando estas dos palabras a modo de mantras: *alerta* y *espacio*. Veamos qué significan.

ALERTA supone mantenerte consciente, atento, en el momento presente. Si te cepillas los dientes, te cepillas los dientes. Estás presente ante cualquier situación del día a día, de instante en instante, en el discernimiento de que muchas cosas varían constantemente en ti, en tu vida y en tu entorno, pero sabes que, por encima de todo ello y en lo más profundo, hay algo que no muta y perdura inalterable: tú, el hecho de que vives, existes y eres, tu Yo Soy... Mantente alerta, sigue así de momento en momento, establécete a ti mismo en esta consciencia y, desde ella, desde lo que no cambia, observa todo lo que cambia. Es así como recuerdas lo que realmente eres, conservas activo este recuerdo y, como observador, tomas una distancia consciente con relación a todo lo observado y modulas tus actitudes. Esta distancia que tomas no te aleja de la vida, sino que te une definitivamente a ella, pero no desde la mente, sino desde la consciencia y el corazón. Tú te unificas con la vida y la vida se unifica contigo. Esto es lo que yo llamo enamorarse de la vida: nada de la vida te es ajeno; estás metido en todo lo que ella es.

¡Lo cual no quiere decir que las circunstancias no tiren de ti y no entres en la cadena de reacciones y creencias!

Hay gente que cree que estar alerta, todo el día pendiente, es muy cansado, pero esto no es así. De hecho, es lo natural. Lo que ocurre es que hemos adquirido el hábito de no estar alerta. Por eso nos parece difícil. Pero estar alerta es mucho más sencillo que no estarlo. ¡No estar alerta sí que origina trabajo! Estar todo el día con la mente dando saltos sí que supone un gran gasto de energía... En cambio, estar alerta, por ser lo natural, no implica ningún desgaste energético.

Espacio representa darte cuenta de que tú (tu Yo Soy) eres el lugar donde la vida acontece, se despliega en el aquí-ahora y se desarrolla... Observa la vida que te rodea y date cuenta de que toda ella no sería posible si tú no estuvieras ahí para hacerla posible desde tu Yo Soy y de que, por tanto, nada existiría si tú no existieses.

Sí, has leído bien. Tienes la falsa creencia de que si tú no existieras, la vida continuaría (la gente, tu ciudad, el mundo...). Sin embargo, esto es una ficción mental. Yo sé, por experiencia directa, que si yo no vivo, nada existe. La vida existe porque yo existo. Yo soy el espacio donde la vida se está desplegando; la dimensión subyacente del momento presente. Todo lo que ocurre en la dimensión superficial está ocurriendo en mí, se está desplegando en mi existencia. Está ahí porque yo estoy; es porque yo soy. Si yo no fuese, nada de esto existiría. Yo soy el contenedor donde se está desplegando la vida; y si ese contenedor, por algún motivo, se rompiera, la vida se diluiría. Y esto lo puede decir cualquier ser, porque el Yo Soy es el espacio donde todo se desenvuelve: la Creación y el cosmos son como una gran esfera sin límites, infinita, y cada punto de ella es, a la vez, la esfera entera...

Soledad

Cuando tomes consciencia de que la vida existe solamente porque tú existes, cuando lo asumas de corazón e interiorices, puede ser que te sientas muy solo. Tal vez afirmes: «Yo Soy y existo y soy siempre [entendiendo por *siempre* la eternidad de un momento presente continuo]; y la vida es mi propia existencia, pues yo soy el contenedor de la vida y la vida soy yo. Pero, entonces, ¿dónde está la gente?, ¿con quién me relaciono?, ¿cómo interacciono?, ¿hay alguien más en la Creación aparte de mí? Esa persona está ahí, delante de mí, no debido a ella, sino debido a mí: es parte intrínseca de mi vida, de mi existencia; si yo no fuera, ella no sería, no existiría. Esa persona es intrínsecamente yo, mi existencia, mi ser». Debido a ello, puede invadirte una honda sensación de soledad... Algunos lo han denominado *la fase de la soledad del Yo Soy*.

Sin embargo, en un momento dado te darás cuenta de que esa persona está viviendo lo mismo que tú: es como si el Yo Soy de cada uno, y la vida que cada uno está haciendo posible por el hecho de ser y existir, se empezara a relacionar con eso mismo que están viviendo los otros. Tú estás en mi vida porque yo te he creado, pero yo estoy en tu vida porque tú me has creado. Y estoy en la vida de mucha gente como tú estás en la vida de mucha gente...

Esto es francamente divertido porque, estando yo en la vida de mucha gente, soy distinto en la vida de cada uno, porque cada persona me ve de una manera determinada y diferente en función de su estado de consciencia (el cual, además, va cambiando). Volviendo a la imagen de la esfera, en que cada punto es la esfera entera, asumes que no solo tú eres un punto equivalente a toda la esfera, sino que todos los demás están en tu misma situación. Cada punto de la esfera puede decir, legítimamente, desde la experiencia del Yo Soy, que es toda la esfera, que es la Vida. Así como cada ola del mar podría decir, legítimamente, que es el mar. Ahora, en lugar de sentirte solo, te ves absolutamente acompañado, en una vida que es francamente divertida: es una vida que depende por entero de ti, aunque sabes que la que están viviendo los otros depende por entero de ellos, aunque no se den cuenta...

Puedes pensar: «Al final, en la práctica, acabamos con algo que no es tan impresionante: gente relacionándose con gente. ¿Qué es lo que ha cambiado?». Pues bien, ha cambiado todo. Porque antes te veías como una pequeña ola, y ahora te ves como el océano entero. Despido este capítulo y despido el libro, en el Epílogo, con una panorámica de lo que esto significa. Además, si cada cual toma consciencia de su Yo

Soy, de que es el océano, se hace realmente posible la unidad y la capacidad de cocreación de que tanto se habla.

«YO SOY EL QUE SOY»

La consciencia se relaciona con el hecho de ser y cuenta con dos esferas inseparablemente unidas: la consciencia de lo que se es y la consciencia de lo que es. La primera se refleja en estar alerta: sé y siento lo que soy. Y la segunda se refiere al espacio: sé y siento lo que es; sé que soy el espacio en el que surgen las formas del ahora.

La expresión «Yo soy el que soy» (Éxodo, 3, 14) sintetiza de modo rotundo la consciencia de ser en su doble perspectiva: la consciencia de lo que soy (la consciencia de Ser, esto es, la alerta) y la consciencia de lo que es (la consciencia de lo Real, es decir, mi ser como espacio en el que surgen las formas). Como escribió William Shakespeare y puso en boca de Hamlet: «Ser, o no ser: este es el dilema» («To be, or not to be: that is the question») (*Hamlet*, acto tercero, escena I). Ser significa poder afirmar con legitimidad y certeza: «Yo soy el que soy». Permanecer alerta siendo y sintiendo en el ahora mi ser verdadero y subyacente, eterno, inmutable. Y constatar cómo mi ser es la forma del momento presente; lo que explica los contenidos cambiantes del ahora y donde estos se despliegan.

Nada es, por tanto, ajeno a mí mismo: ni, por supuesto, mi Yo verdadero, pues es mi ser, ni tampoco las formas mutables del ahora continuo, pues yo soy el espacio en el que existen y se desenvuelven...

DOS SENCILLAS PRÁCTICAS

Para vislumbrar lo que significa Ser y percibir la experiencia del Yo Soy sirven dos sencillas prácticas:

Primera práctica: Observa el lapso existente entre dos pensamientos y extiende este lapso

Concéntrate y procura que haya un instante, uno solo, por pequeño que sea, entre dos pensamientos de los que bullen constantemente en tu cabeza. Cada uno de ellos es un objeto mental. El lapso que conscientemente dejas entre ellos es la presencia del Ser, tu verdadero Yo... Los pensamientos van y vienen incluso cuando duermes. En el lapso en el que los interrumpes radica la consciencia: estás muy despierto y no nombras o interpretas el momento. Simplemente, estás en una quieta alerta. Sientes quietud (paz, serenidad, sosiego).

Esta quietud está presente, igualmente, en el movimiento, en la acción. Para el Yo verdadero, la quietud es movimiento y el movimiento es quietud... Y los seres humanos estamos en condiciones de lograr que en nuestra vida la consciencia que percibimos durante el referido lapso sea no solo un corto instante entre dos pensamientos, sino que florezca e impregne toda ella, de modo que el Yo verdadero tome las riendas, en lugar del ego, y que la mente esté a nuestro servicio; no al revés.

En realidad todo consiste en que seas consciente del Yo Soy, de que existes y de que tu ser y tu existencia son tanto la dimensión subyacente del ahora (inmutable, inalterable) como el espacio en el que surge y se despliega la forma del momento presente (mutable, variable). Con esta toma permanente de consciencia se produce la conexión entre tu Yo profundo y el mundo y las circunstancias que te rodean, que quedan así bajo el mando del Yo verdadero.

Segunda práctica: Deja de discutir con lo que es

La percepción del Yo Soy sitúa el estado de consciencia más allá del correspondiente a la consciencia de los objetos y transforma el no inconsciente y «de-mente» a la vida en el sí consciente y cuerdo a ella, un sí que no es solo mental, sino interiormente sentido.

Se produce pues una nueva interacción con la vida, que radica en abandonar toda oposición o resistencia contra el momento presente y la forma y los contenidos que aparecen en él. La práctica que ello conlleva es fácil de exponer: deja de nombrar, etiquetar y clasificar todo lo que te rodea y a ti mismo. Cesa de interpretar y enjuiciar cada objeto, cada persona con la que te relacionas, cada situación o acontecimiento, cada acción propia o ajena, cada pensamiento... Acepta los contenidos del momento presente, sean cuales sean, de manera abierta y amistosa. No discutas con lo que es, con lo que no puede ser de otra manera que como ya es.

Es una práctica elemental: es lo que hacen las plantas, los árboles o los animales. Y es una práctica espiritual: hace que aflore el Ser, el Yo profundo. Por medio de esta práctica consigues alinearte internamente con el momento presente. Ahora bien, esta práctica de aceptación no supone ni resignación ni inacción. Al contrario, hace la acción mucho más eficiente, pues actúas alineado con la vida, no desde la negatividad del ego. Al no poner a otras personas en una prisión mental, tampoco te metes tú mismo en ella. Y al no juzgar sientes y generas una paz que se convierte en una bendición para cada persona con la que te encuentras.

Comprobarás que esta práctica, ejercitada de modo continuo en el presente, proporciona una gran sensación de libertad. Porque dejas de estar atrapado en la pequeña historia del ego. Ya no funcionas en piloto automático, sino que el Ser ha tomado el mando.

Sí, es así de sencillo

Al ego le parece increíble que mediante prácticas tan primarias se pueda expandir la dimensión espiritual del ser humano. Le gustan prácticas espirituales más complicadas, especialmente las que proponen multitud de pasos que se extienden durante meses o años de ejercitación. Como le aterra el presente y se alimenta de la confrontación con la vida, con el ahora, le encanta la idea de estar largo tiempo practicando cómo llegar a ser mejor en el futuro. El pequeño yo se nutre del tiempo y desea tiempo para llegar adonde sea, incluso a Dios. Demasiados buscadores espirituales responden inconscientemente al mismo patrón y, en lugar de agarrar por los cuernos el toro del momento presente y vivir y ser de verdad en él, transitan por un laberinto de lecturas, escuelas, prácticas meditativas y experiencias esperando conseguir la iluminación en un futuro próximo. Pero la consciencia del Yo Soy y no oponerse a la vida no precisa tiempo. Tampoco precisa libros, conocimientos ni estados meditativos. Solo requiere el aquí-ahora.

Con esta práctica llegamos a sentir el verdadero Yo como presencia. Es la consciencia pura de Ser, un estado que es alerta y, a su vez, espacio. Muchas personas, tras años de prácticas meditativas, no captan tal presencia porque buscan un objeto mental. Pero no es un objeto mental lo que estamos buscando, sino la mera consciencia: la alerta y el espacio. La práctica del ahora, tan directa y sencilla, nos ayuda a elevar el grado de consciencia mucho más que cien libros o técnicas de meditación.

Cuando el nivel consciencial aumenta se establece la conexión entre la dimensión interior y la exterior, la espiritual y la material, del ser humano. Y la mente, en su sabiduría, apaga el piloto automático del ego. La toma de consciencia permite que el Yo Soy asuma el mando del coche (el yo físico, mental y emocional) como lo que es: el espacio donde todo existe y acontece. Por fin, ves lo real: la vida, en su totalidad e integridad, eres tú. Y todo el mundo es tuyo: ya nadie es un extraño; cesas de encontrar fallos en los demás y te contemplas a ti mismo en todos y en todo.

VIVE DICIENDO *SÍ*

Es el momento, en tu proceso consciencial y evolutivo, de que pongas a la mente en su sitio, desactives el piloto automático del ego, rompas con la absurda dinámica del no a la vida y la sustituyas por un rotundo sí a todo y a todos. Simplemente, recuerda lo que eres (divino, infinito, eterno...), recupera el mando consciente de tu vida y vive diciendo sí a la realidad y a la vida de instante en instante. En el día a día, di sí a todo lo que hay, a todo lo que es, a todo sin excepción, a la vida en su integridad y totalidad sin querer ni pretender cambiar nada. Así, tu vida se expandirá en una nueva dimensión: te darás cuenta de que no hay separación entre la realidad y tú, sino que tú eres la realidad, la vida. Comprobarás que la Creación se hace una contigo y que tú te haces uno con ella. Desaparecerán todos tus conflictos, inquietudes y quejas y verás a Dios en todas partes. Porque el «sí» penetra hasta en lo más denso y halla ahí lo divino; constata que Dios no es una creencia, sino una experiencia: la Experiencia.

Viviendo en un sí consciente y constante a la vida, abandona toda oposición contra el aquí-ahora y la forma y los contenidos (hechos, personas, situaciones, circunstancias...) con los que la vida se manifiesta y se hace presente de instante en instante. Esto no es algo teórico, sino radicalmente práctico.

En tu cotidianeidad, deja de etiquetar, clasificar, encasillar, circunscribir y reducir a conceptos y esquemas mentales todo lo que te rodea y a ti mismo. Igualmente, cesa de poner nombre a todo, de colocar palabras sobre los objetos y la gente, y permite que lo real emerja por encima del lenguaje: del árbol, ve mucho más que el «árbol»; de la mesa, mucho más que la «mesa»; de esa persona, mucho más que esa «persona»; de la montaña, mucho más que la «montaña»; de tu hijo, mucho más que tu «hijo»... Y, por fin, termina con esa obsesión, que te impide gozar la vida, de interpretar y enjuiciar cada objeto, cada persona que encuentras, cada acontecimiento, cada acción propia o ajena, cada emoción, sentimiento o pensamiento...

Observa, obsérvate y libérate y ríete a carcajadas de tantos lastres mentales con los que has cargado hasta ahora. Se trata, en definitiva, de que no discutas con lo que es. ¿Tan difícil te parece? Eso es lo que hacen de manera natural y espontánea la tierra y el agua, el Sol y la lluvia, la Luna y las estrellas, las piedras y las nubes, las plantas y los animales, la naturaleza, el cosmos y la Creación entera. ¿O es que acaso te has desnaturalizado y transformado en un robot bajo la abducción de la mente? ¿No será que, en lugar de vivir, pasas tus días actuando automática y mecánicamente como respuesta a las indicaciones y mandatos de los programas informáticos (es decir, los sistemas de creencias) que han introducido en tu cabeza desde que viniste a este mundo? En serio, ¿es así, desnaturalizado y convertido en un autómata mental, como vas a dejar pasar la vida?

LA PRÁCTICA DE CONFIAR EN LA VIDA

No se trata de sustituir una creencia por otra (la desconfianza hacia la vida por la confianza en la vida) sino de vivir según lo que somos y ser felices. Para ello, dale una oportunidad a la confianza. Te invito a experienciarlo. Durante una semana, confía en la vida. Desde esa confianza, acepta. Durante una semana, no te quejes. Pon por delante el hecho de que lo que sea que te ocurra alberga un sentido profundo que tiene que ver contigo.

Y he aquí otro ejercicio: no es cuestión de insistir mentalmente en el pasado, pero, como práctica, toma consciencia de las veces en que en tu vida han ocurrido hechos que rechazaste desde la mente pero que, con el paso de lo que denominamos tiempo, se revelaron útiles para tu crecimiento en consciencia. Pregúntate: «¿En mi vida hubo algo que mi mente rechazó porque no confié en la vida y que, mira por dónde, ahora que tengo perspectiva, estoy en condiciones de decir que la vida supo mucho más que yo, porque eso me ha traído esto, esto y esto?».

A mí también me ha ocurrido que he rechazado mentalmente algo que después ha demostrado tener su sentido. Por otra parte, tengo amigos que con el tema de la crisis lo han pasado muy mal; han perdido sus trabajos. Y no todos, pero sí un buen número de ellos, me confieran que es lo mejor que les ha pasado nunca. Ese derrumbe les hizo romper con cosas con las que jamás habrían roto a causa de sus miedos, y su vida ahora es otra.

ACTUAR EN LAS DOS DIMENSIONES

En los procesos conscienciales, evolutivos, espirituales, como quieras llamarlo, hay personas que, en un momento determinado, lo que sienten es quedarse en la quietud y, a partir de ahí, mantenerse alejadas de todo. Yo mismo no tendría ningún problema en pasarme la vida en el «OM», sin actuar en el mundo. Pero siento que si estoy aquí no es para estar en el «OM», sino para algo más. Si estoy aquí, será para moverme, para experienciar la vida humana; no para estar recluido en mí. Porque para estar recluido en mí no habría venido aquí; posiblemente hay muchos planos por ahí en los que pueda quedarme en el «OM», en la quietud absoluta. Pero si estoy aquí será para algo más.

Hemos hablado de una dimensión superficial y de una dimensión subyacente, y el quid de la cuestión es muy sencillo: se trata de actuar en ambas. En la dimensión subyacente soy quietud y en la superficial soy movimiento. Actúo. Vivo. Experiencio.

En esta vida de la que soy el contenedor, como tú también lo eres, me muevo. No me quedo como un observador pasivo, sino como un observador activo: observo y a la vez me involucro; observo y a la vez me muevo. No soy un observador que guarda distancias, sino que confío lo suficiente en mí como para saber que puedo moverme sin dejar de ser lo que soy.

Si tú optas por lo mismo, el único elemento que debes tener en cuenta es que ese movimiento sea coherente con tu quietud, con lo que eres, que no se convierta en alboroto y confusión. Si el movimiento se convierte en bullicio, se desconecta de la quietud. Si se convierte en un repiqueteo del repiqueteo del movimiento, se pierde la conexión con la quietud.

El tema es simplísimo: en el aquí-ahora, conserva la consciencia de la quietud que eres, modula tus actitudes en función de ello y así todas las acciones que emprendas serán coherentes con dicha quietud. Lo que hagas va a ser una especie de reflejo o resplandor de tu quietud.

¿Vivirás menos la vida si estás en esta quietud? No; la vivirás plenamente. Si la mente te sugiere lo contrario, no le hagas caso. La mente está haciendo siempre divisiones extrañas, falaces. Por ejemplo, en el ámbito religioso se habla mucho de lo mundano por oposición a lo espiritual. Esta dicotomía es falsa. Porque la vida es todo, de modo que todo tiene su sitio en ella. No hay nada que rechazar. La vida tiene un componente espiritual y es perfecto: tiene meditación, y silencio (las prácticas que cada uno considere oportunas), pero en el ámbito mundano hay otras experiencias: tomas cerveza, y te ríes, y sales, y entras, y de vez en cuando montas una fiesta si te apetece, y no conviertes la sexualidad en tabú... Elegir entre lo espiritual y lo mundano sería como taparnos uno de los dos ojos que tenemos. En la vida está todo integrado, así que ¡vívelo todo!, lo «interior» y lo «exterior».

Es muy divertido, porque hay gente que cuando empieza a acercarse a lo interior cree que lo exterior deja de tener sentido. Y nada deja de tener sentido; todo tiene su sitio. Además, todo está retroalimentándose. La misma ciencia nos dice que el observador modifica lo observado; es decir, lo interior modela lo exterior. De modo que tienes unas experiencias que son fruto de tu estado consciencial del momento y, a su vez, esas experiencias externas impulsan tu proceso consciencial... Tiene lugar una retroalimentación continua, que no hay que cortar por ninguna parte.

¿En qué consiste, pues, estar en las dos dimensiones (la subyacente y la superficial) a la vez? En algo sencillo: bajo el mando del Yo verdadero, acomete las ocupaciones que correspondan, pero sin perder la consciencia de Ser. Es decir, no permitas que se active el piloto automático. En este estado, la mente ignora las «pre-ocupaciones» y sitúa los pensamientos a tu servicio. Los que aparezcan en ella serán los útiles y pertinentes para el ejercicio de tus ocupaciones; si surgen otros, ya no tienen importancia, porque no pueden hacerte infeliz. Sigues usando la mente, pero solo cuando la necesitas, y muy eficazmente. A la vez, tienes la capacidad de ir más allá del pensamiento… Los conceptos ya no son importantes. Disfrutas de un saber mucho más profundo que el que se plasma en conceptos mentales.

En el mundo, actúas libre de culpas y sin estrés, sin los apegos e insatisfacciones del ego, sin resistirte al momento presente y modulando tus actitudes (en lugar de reaccionar). Lo que sea que ocurra, tamízalo; pásalo por ti (en estado de quietud). E imprégnalo con lo que eres. No lo impregnes con aquello con lo que los otros quieren que lo impregnes. Si estás alineado con tu quietud, lo que saldrá de ti será siempre un *sí a la vida*, del que hablaba anteriormente; en caso contrario, lo que harás será *quejarte*.

Cuando estás conectado con el Yo verdadero, no utilizas el ahora para otra cosa que no sea Amar. Tus acciones no hacen más que expresar el Amor incondicional. Un Amor que no es de este mundo, porque el mundo tridimensional es forma y este Amor radica en lo que no tiene forma, en tu dimensión profunda, que proyectas a las formas del momento presente. Observas, sin enjuiciar, que en el mundo exterior cada persona tiene sus ocupaciones, pero que en el interior todos albergamos un mismo y único propósito: traer el Cielo a la Tierra, vivir en las dos dimensiones y ser una puerta para que la dimensión informe fluya y entre en el mundo de las formas para convertirlo en algo bondadoso, amoroso…

CUANDO SE ALCANZA EL CONOCIMIENTO DE UNO MISMO

Cuando llego a conocerme a mí mismo, soy consciente de lo que soy (alerta) y de lo que es Real (espacio) y siento mi Ser profundo estrecha e inseparablemente ligado a la Unidad. Un estremecimiento de quietud y movimiento me recorre energéticamente cuando me inunda tal conocimiento de mí mismo. ¡Tantas travesías buscándolo por fuera en piloto automático y resulta que lo encuentro en mi interior cuando conscientemente decido tomar el mando de mi vida! Y ahora que lo siento sé que es un estado que se encuentra más allá de los pensamientos y que es imposible de captar como objeto mental. Tanto es así que esta es la mejor manera de expresar el conocimiento de uno mismo: uno no puede conocerse a sí mismo porque uno no es uno, sino Uno, no-dos. Indefinible, innombrable, indescriptible e infinito; no admite definición porque ningún pensamiento (ninguno) puede abarcarlo. Y entre ese Uno y Yo no hay diferencia ni separación alguna... Yo soy el Ser Uno hasta el punto de que no puedo explicar con palabras la realidad de la Unión. Soy la Sabiduría y, sin embargo, me es imposible utilizar los conceptos; no tengo ningún pensamiento o definición de quién Soy porque lo real escapa de las categorías mentales. Soy un continuo momento presente en el que lo eterno se desenvuelve. Soy Creación. Soy la Consciencia e Inteligencia que me hacen Creador. Soy Creación y Creador. Soy el Espacio en el que todo surge. Soy el Amor incondicional que el ego no entiende y que Yo, un estado de Dios, Dios mismo, plasmo en el plano humano para que el Amor fluya en la tridimensionalidad... Y en el aquí-ahora, de momento en momento, vivo diciendo sí a la vida: Vivo Viviendo, siendo un Vividor. En calidad de Vividor, vivo, y sé que todo lo que hay que hacer con la vida es vivirla.

EN RESUMEN...

- Te han insertado la creencia de que el tiempo existe, pero no existe. Todo lo que existe en el cosmos, en la Creación y en tu vida son los ciclos, que pueden representarse como círculos y espirales.
- En el seno de los distintos ciclos solo existen dos cosas, la una dentro de la otra: el aquí-ahora y la cadena de causas y efectos generada y alimentada por cada acción y acontecimiento.

- Tu creencia en el tiempo facilita que desconectes tus pensamientos del aquí-ahora y viajes hacia el pasado y el futuro, sin rumbo. Cuando eres tú quien decide tus pensamientos, en relación con alguna circunstancia del aquí-ahora, estás realizando el acto de pensar. Cuando te dejas llevar por los pensamientos, has caído en el proceso de pensar. Entonces dejas de estar presente.
- Si no estás presente, no actúas tú, sino que reaccionas a partir de los sistemas de creencias que te han insertado. Así manipulado, no sirves a tus propios intereses Reales (vivir y ser feliz), sino a los de otros.
- Toma consciencia de que tienes dos dimensiones, la subyacente y la superficial. La dimensión subyacente es la del Yo Soy. Desde ella, observa tus actitudes y modúlalas en consciencia para que, en la dimensión superficial, tus respuestas sean coherentes con el Amor que eres.
- Para ayudarte en la toma de consciencia de las dos dimensiones (la subyacente y la espiritual) ten siempre presentes dos conceptos, alerta y espacio. Alerta supone mantenerte consciente en el momento presente. Espacio representa darte cuenta de que tú (tu Yo Soy) eres el espacio donde la vida acontece, en el aquí-ahora.
- La noción de espacio te hace darte cuenta de que la totalidad de la vida se despliega en ti, de modo que si tú no existieses nada existiría. Esto te aboca a una gran soledad, hasta que te das cuenta de que cualquier persona puede vivir esto mismo.
- Vive en las dos dimensiones (la subyacente y la superficial) a la vez. Es decir, acomete lo que te corresponda hacer sin perder la consciencia de Ser. Así no vives resistiéndote al momento presente, sino fluyendo con él desde la quietud que eres, dando un gran sí a la vida.

6

CONSCIENCIA Y EDUCACIÓN
La educación de tus hijos

DOS PUNTOS QUE RECORDAR EN RELACIÓN CON LOS HIJOS

En primer lugar, conviene que recuerdes que TU HIJO ES MUCHO MÁS QUE «TU HIJO»: al igual que tú, es un Conductor (radicalmente divino, infinito y eterno) que ha encarnado en un coche (el yo físico, mental y emocional) para experienciar la vivencia humana. Ciertamente, su yo físico es biológicamente hijo tuyo, pero, a la par y sobre todo, él es mucho más que ese yo y mucho más que tu hijo. Tenlo siempre muy presente. Nunca encorsetes a tus hijos como el yo físico, mental y emocional que ha nacido de ti. En la medida en que puedas, como padre o madre, facilita que desplieguen en el plano humano aquellas experiencias y vivencias para las que han encarnado.

El segundo punto importante que recordar es que SON LOS CONDUCTORES QUE HARÁN DE HIJOS LOS QUE ELIGEN A LOS CONDUCTORES QUE HARÁN DE PADRES, antes de encarnar; no al revés. Por tanto, tu hijo te ha elegido a ti, al Conductor que eres con el coche que usas, como padre o madre, por más que la mente te sugiera lo contrario. Así pues, si a veces te agobia la responsabilidad o te preguntas si estás a la altura de lo que merecen tus hijos, relájate. Ellos tienen sus razones y motivos conscienciales para haberte elegido como progenitor; ya sabían cómo eres antes de escogerte.

Como es obvio, la mente plantea: ¿también se elige al padre si es un alcohólico o un maltratador de su propia mujer e hijos? Pues sí, incluso en esos casos. Y todo tiene su sentido profundo, en función de las experiencias y vivencias que se vienen a desplegar aquí, en este plano humano.

¿EN QUÉ CONSISTE EXACTAMENTE LA EDUCACIÓN?

Hay que reconocer que en la sociedad actual el sistema educativo está en absoluta crisis. No se sabe muy bien lo que significa *educar*, o lo que hay detrás de la denominación *sistema educativo*. Observemos el origen del propio vocablo: *educación* y *educar* proceden del verbo latino *educare*, que significa «contribuir a sacar del otro lo mejor de sí». Esta es una definición muy plena, muy potente. Si no se está haciendo esto, no se puede decir que se esté educando. Por ello, la educación tiene dos fundamentos principales: el primero, colaborar para que el niño, el adolescente o el joven se conozca a sí mismo; y el segundo, que, al hacerlo, ponga en valor sus dones y talentos (sus capacidades y facultades innatas).

Educación y formación no son lo mismo

Coloquialmente se suele hablar de *educación* y *formación* como sinónimos, pero no significan lo mismo. Tampoco es lo mismo *educar* que *formar*.

Concretamente, *formación* y *formar* no derivan de *educare*, sino de otro verbo latino: *formare*. Su traducción admite actualmente una doble interpretación: 'formar' y 'formatear'. La línea que separa ambos términos es muy fina, pero muy importante. De hecho, es muy fácil pasar de formar a formatear, como veremos.

Formar es el proceso de aprendizaje de técnicas, herramientas, habilidades y conocimientos, ligados o no a los dones y talentos de la persona, que sirven para acceder al mercado laboral.

Formatear es lo que se hace en informática, por ejemplo, con un disco duro: se borran los ficheros primigenios que contenía para sustituirlos por otros. El espacio queda «limpio» y ya se pueden grabar nuevos ficheros en él. Hay que recordar que cuando se le da al comando de formatear suele aparecer una pregunta en la pantalla: «¿Está usted seguro?». El programa tiene el detalle de advertirnos de que si elegimos formatear van a desaparecer los archivos actuales que contenga el disco. Pero nadie les hace esta pregunta a los padres cuando llevan a sus hijos por primera vez a un centro educativo.

Es realmente esto, *formatear* y no *educar*, lo que con demasiada frecuencia y facilidad hacen los padres y el denominado «sistema educativo»: pretenden dejar a un lado los ficheros originales del niño, adolescente o joven (sus dones y talentos innatos, sus habilidades, sus facultades) e imponer en su lugar otros ficheros distintos: sistemas de creencias que actúan a modo de «programas informáticos» que desvirtúan y anulan lo que son los chicos. El sistema educativo amolda y somete a los educandos a lo que el sistema social y económico imperante quiere de ellos. Para conseguirlo, los encorseta; ajusta su comprensión de las cosas y sus pautas de conducta y comportamiento a las normas y reglas establecidas por el sistema. El pretexto es que estén preparados para incorporarse al mercado laboral. Así pues, son transformados en una especie de robots que no actúan por sí mismos, a partir de lo que son y lo que se mueve en su interior. Sus acciones y reacciones van pasando a ser mecánicas, automáticas, a medida que las han inducido y provocado esos programas informáticos, esos sistemas de creencias.

Llegada a la edad adulta, esa persona creerá que actúa, pero será mentira; nunca va a hacerlo. Porque su hacer cotidiano consistirá en respuestas mecanizadas. El programa informático va marcando la forma de vida que quiere desarrollar la persona: por ejemplo, el modo de acceder al mercado laboral o el tipo de trabajo que quiere tener, la manera de relacionarse con sus amistades, el formato que debe tener su relación de pareja...

El sujeto esclavo

Con esto, el sistema consigue convertir al ser humano en un sujeto esclavo. Este es el producto final del proceso de formateo. Fijémonos en el término *sujeto*: literalmente, significa 'estar sometido'. Esto es precisamente lo que se pretende: que el ser humano esté sometido, a un sistema y a unas normas que alguien le impone. Para el individuo, verse como un sujeto es lo más normal del mundo, a causa del sistema de creencias que se le ha introducido. Es lo frecuente; pero no es en absoluto lo normal. No es normal que todos nos veamos como sujetos independientes del resto; esto corresponde a un punto, en el proceso evolutivo y consciencial, muy «infantil». Forma parte de lo que me gusta llamar *consciencia egocéntrica*. Hablaré de ella con mayor detalle en el próximo capítulo, donde también me extenderé sobre la nueva forma de esclavo que existe actualmente: el esclavo integral.

El conocimiento de uno mismo

Como padre o madre, o como educador, es hora de que recuerdes y recuperes lo que es la esencia de la educación: tal como se señaló anteriormente, consiste en colaborar para que el niño, el adolescente o el joven se conozca a sí mismo y, al hacerlo, ponga en valor sus dones y talentos. Así dará lo mejor de sí. De otro modo, se está abonando el terreno de la frustración y el sufrimiento.

«Conócete a ti mismo». Este conocido aforismo fue colocado por los grandes sabios de la Grecia clásica, hace dos mil quinientos años, en el pronaos del templo de Apolo, en Delfos, donde se ubicaba ni más ni menos que el oráculo de los dioses. La gente de la época iba en peregrinación a ese lugar como hoy puede hacer el Camino de Santiago, para conectar con lo divino. Si hubiesen vivido en nuestros días, esos sabios acaso habrían sustituido ese aforismo por este: «Date cuenta de que eres Conductor y coche»; es decir, date cuenta de que eres algo que no es de este mundo encarnado en este mundo. Cuando sabemos que nuestro origen es divino y eterno y que el cuerpo no es más que un vehículo que utilizamos, desaparece el miedo a la muerte, y podemos llevar una dinámica de vida radicalmente distinta. Los miedos se van diluyendo y en su lugar va apareciendo la libertad, que consiste precisamente en la carencia de miedos. Además, el conocimiento de uno mismo va muy ligado al conocimiento de los propios dones y talentos.

Así pues, puedes contribuir a que tus hijos se conozcan a sí mismos y a que saquen lo mejor de sí, y no solo esto. También puedes contribuir a que recuerden cuestiones conscienciales básicas, como estas: que más importante que la búsqueda exterior es el encuentro interior; que lo importante no es el «qué», sino «cómo se vive el qué», y que procuren llevar un ritmo de vida que les permita no olvidarse de sí mismos. Se les puede enseñar, además, acerca del papel y el funcionamiento de la mente, entre otras muchas cosas.

Los dones y talentos

Conviene educar a la persona para que despliegue una actividad laboral que no sea trabajo, sino que se vincule a sus dones y talentos. Como veremos, el trabajo es la actividad propia del esclavo integral, mientras que el ejercicio de los dones y talentos es lo propio del individuo libre, además de ser aquello que contribuye al avance consciencial del conjunto de la humanidad. Por tanto, conviene que tanto los padres como los educadores estén atentos a los dones y talentos de los más jóvenes, que estimulen su florecimiento y faciliten su puesta en práctica.

Nos reencontraremos con los dones y talentos en el próximo capítulo, pues es una cuestión que merece ser abordada en profundidad.

LA IMPORTANCIA DEL EJEMPLO

Para plasmar en la práctica la educación en el sentido que se ha apuntado, es crucial que como padre o madre entiendas e interiorices que educar no consiste en lograr que tu hijo sea lo que tú quieres que sea, sino en facilitar que sea aquello que realmente es y que desarrolle aquello para lo que ha encarnado en el plano humano.

Por tanto, no intentes imponerle tu forma de ver las cosas y vivir la vida. Y mantente atento, para colaborar con él en el desarrollo de las experiencias que antes de encarnar decidió desplegar aquí. Facilita también que cultive y ejerza los dones y talentos que, en consonancia con su plan de vida, eligió en el otro plano y trae consigo.

Tienes ante ti la maravillosa oportunidad y el gran reto consciencial de cultivar la comprensión, la capacidad de escucha y la empatía necesarias para que tu hijo se descubra y reconozca tal como es, para que nunca se sienta culpable por ser como es y para que sepa y pueda plasmar efectivamente en su vida aquello que ha venido a realizar.

Íntimamente unido a ello, recuerda que de poco valen los discursos y las peroratas que le lances a tu hijo. Con ello solo conseguirás que desconecte de tus palabras y mensajes. Tampoco le des consejos. La línea que divide el consejo de la perorata es muy fina, y con muchísima facilidad aquel que quiere darle consejos a su hijo acaba, simple y llanamente, dándole un discurso. Para llegar a tu hijo, olvídate de los discursos. Ya se les han introducido suficientes programas informáticos a los chicos, y no quieren más. Toma consciencia de que lo que realmente cala en ellos es tu ejemplo vivo en el día a día, con base en la coherencia, el respeto y el amor.

Coherencia, respeto y amor

En cuanto a la coherencia, actúa como padre o madre conforme a lo que te dicte el corazón (no conforme a lo que te dicte tu mente ni los sistemas de creencias que la atiborran). Verás cómo tu ejemplo de vida impregna y orienta a tu hijo, aunque al principio pueda parecer que no. Para poder dar ejemplo, debes tener claras determinadas actitudes y plasmarlas en tu vida. El ejemplo es lo que sirve; no los discursos ni las imposiciones. Sin esa coherencia vital y práctica, la educación se convierte en un imposible. Lo que quieras hacer llegar a tu hijo, vívelo.

Por ejemplo, yo soy muy austero en mi vida cotidiana; tengo muy pocas necesidades. Además de la evolución consciencial que haya podido experimentar, esto también tiene su origen en el comportamiento de mis padres, que eran personas muy austeras en su vida cotidiana. Ahora bien, nunca me hablaron de austeridad. Asimismo, mi esposa es muy austera, y ahora mis hijos también lo son, si bien nunca les hemos dado ningún discurso al respecto.

En cuanto al respeto, ten siempre en cuenta que cada uno es cada uno y ha encarnado para vivir unas determinadas experiencias, según lo que decidió antes de encarnar. También tu hijo. Tú no eres nadie para imponerle lo que tiene que vivir. Es él quien tiene que decidirlo y vivir su vida. No intentes traspasarle a tu hijo tu propio programa informático, tus propios deseos, o lo único que esto va a generar es frustración y sufrimiento. Respétale profundamente y acepta que encauce su vida por derroteros distintos a los tuyos y a tus deseos. Es más, apóyale absoluta e ilimitadamente para que tenga el valor de hacer aquello que le indica su corazón.

En cuanto al amor, a veces escucho a padres que le dicen a su hijo: «¡No hagas esto o no te voy a querer!». Esto es una barbaridad; esta actitud no tiene nada que ver con el amor.

Voy a hacer un pequeño paréntesis para manifestar que en realidad, en sentido absoluto, los padres no aman a los hijos. Sí que sienten por ellos una emoción, un sentimiento, pero en realidad no tiene que ver con el amor. Amor es lo que experimentan los bebés, por ejemplo. Durante los primeros meses de vida, el bebé no tiene sentido del yo; no se ha identificado todavía con el coche. Como él no se ve como sujeto, no se ve distinto de los objetos. No se diferencia de la cuna, pero tampoco de su madre. Por más que la madre ame mucho al bebé, ella es ella y el bebé es el bebé. En cambio, él no tiene ningún sentimiento, porque su madre es también él mismo. ¿El amor está en el sentimiento que expresa la madre o en el no sentimiento del bebé, en que hay una identificación absoluta con todo? En la Creación, en el cosmos, el amor es lo que experimenta el bebé. Es la ola que ya no se ve como ola, sino que se ve como océano. En cambio, la ola que se considera fragmentada afirma que ama percibiéndose fragmentada de la unidad.

Con todo, dentro de las «limitaciones» de cada cual según su momento evolutivo, a los padres les corresponde amar de forma incondicional a sus hijos y estar siempre presentes para ellos. Esto no quiere decir reírle las gracias al hijo haga lo que haga. Hay chicos que se han metido por derroteros «difíciles», por caminos como el de la droga. Esta no es una «gracia» que haya que reír. Si el hijo ha llegado ya a la mayoría de edad, se le puede decir: «Hasta aquí hemos llegado. Te amo, pero precisamente porque te amo no voy a seguir sufragando tus adicciones, a seguir dando fuelle a esa forma de vida que has elegido. Respeto que la hayas elegido y te sigo amando igual, pero no te voy a facilitar el marco para que tu vida siga marcada por la droga. Vete de casa». Tengo amigos que han tomado decisiones de este tipo. Son decisiones tremendas para un padre, pero cuando están basadas en el amor y no en la confrontación ni en la imposición, dan lugar a buenos resultados, de formas mágicas, milagrosas.

También está el caso de los hijos especialmente conflictivos, incluso violentos. Ahí los padres tienen que ser coherentes con lo que sienten, que en este caso es decirle al hijo: «Hijo mío, hasta aquí hemos llegado. Esto no te lo consiento». Actúa con coherencia y ponle los puntos sobre las íes: «En este hogar hay unas reglas de juego, que se basan en el respeto y el amor. Pero claro, en un respeto mutuo, compartido. Si no respetas este hogar, no es tuyo. Te digo esto porque te amo. Si no te amara, tal vez me echaría para atrás y aguantaría. Pero esto sería esconderme ante una realidad. No te vamos a dar el marco, la energía, para que desarrolles una vida que en coherencia, de corazón, sentimos que no es la correcta». Con el respeto y el amor presentes se pueden decir las cosas más claras, y el mensaje va a ser mucho más potente.

¡Ama a tu hijo exactamente como es! No lo ames porque es o actúa como tu ego quiere: ámalo siempre y plenamente, con independencia de cómo sea y de lo que haga o deje de hacer. Y exprésale con frecuencia ese amor incondicional, además de tu hondo agradecimiento por haberte elegido en el otro plano como padre o madre a la hora en encarnar y vivir en este.

Sobre los tres pilares de la coherencia, el amor y el respeto, pon atención a las aficiones y los gustos de tu hijo. Busca intereses y espacios comunes que compartir con él. Tenle confianza y colabora para que adquiera confianza en sí mismo. Haz que se sienta valorado y reconocido y propicia su participación en la toma de decisiones familiares.

Los jóvenes que no se van de casa

En los formatos establecidos por la sociedad hay mucho engaño, y hay muchos jóvenes que se dan cuenta de que esto es así. Ahora bien, es necesario que la respuesta que den sea coherente. Cuando un chico de veinticinco años no quiere seguir por los derroteros trazados por el sistema, sus padres tienen que mostrarle respeto y amor, pero esto no significa que deban mantenerle a toda costa mientras se permite vivir a sus anchas. La nueva consciencia que adquiere y la nueva vida que desea desarrollar no pueden implicar, bajo ningún concepto, que nadie le mantenga. El joven tiene que dar el salto y vivir en consciencia, romper el molde. Tiene que vivir con coherencia, porque si no todo se queda en discurso, en este caso por su parte. Si, en consciencia, el joven quiere romper con las constricciones del sistema, enhorabuena... siempre que dé el salto. Que se atreva a vivir sin ingresos si es necesario, y sin la tutela y el hogar de papá y mamá. A los padres os digo que el hecho de que vuestro hijo permanezca en casa puede ser también una fase de transición previa al salto; ahora bien, si percibís que este es el tipo de vida que quiere llevar, tenéis que ser coherentes y decirle que esa situación no puede prolongarse por más tiempo.

Las tecnologías

Las tecnologías y los avances científicos, con todo lo que conllevan, son un fruto de la evolución consciencial de la humanidad. Van a abrir y están abriendo ámbitos conscienciales totalmente distintos; van a permitir al ser humano percatarse de cosas que a día de hoy son impensables. (Como se verá en el capítulo «Consciencia y ciencia», la ciencia está empezando a darse cuenta de que hay que salir del aferramiento mal entendido a la racionalidad y comenzar a adoptar una visión nueva, en que la consciencia va apareciendo como ingrediente fundamental de la ciencia. Muchos científicos ya se están dando cuenta de que la dualidad entre ciencia y espiritualidad es falsa). Otra cosa es que el uso que se da a las tecnologías puede ser A, B o C.

El sistema imperante quiere que las tecnologías se conviertan en instrumentos alienantes; no enriquecedores. Pero nadie te obliga a ver los canales de televisión ni determinados programas. Las tecnologías te recuerdan que todo depende de ti. No olvides que tienes libre albedrío, el cual es fruto del amor que rige en la Creación. Si el libre albedrío te lleva a enfocarte en un uso inconsciente de las tecnologías, que fomente tu frustración, sufrimiento y dolor, allá tú. Porque está en tus manos hacer un uso consciente de ellas y aprovecharlas para impulsar tu proceso consciencial. En lo que respecta a tu hijo, aplica exactamente lo mismo. Hay padres que, simple y llanamente, no tienen televisor en casa, o bien, en lugar de mirar los canales televisivos, usan el televisor para ver las películas que eligen que se vean.

A LOS MAESTROS, PROFESORES Y DOCENTES EN GENERAL

Yo también soy y he sido docente, particularmente en el ámbito universitario, y he tenido muy viva esta vocación. Si eres un educador vocacional, quiero decirte lo siguiente: no permitas que, ante la sinrazón del autodenominado «sistema educativo», se desvanezca la llama de la vocación que, desde el corazón, te llevó a ser docente.

Sabemos que el sistema, que de educativo solo tiene el nombre, se despreocupa de la calidad de la enseñanza, desmerece tu función y actividad profesional, te aburre con papeleos absurdos bajo presuntos parámetros de control de calidad, acumula formalismos ridículos y prima la función del centro docente como mera guardería. Pues bien, aun así, no permitas que se apague la llama de tu vocación docente.

Fíjate que a pesar de todos los inconvenientes y con independencia del plan de estudios y de las asignaturas que impartas, puedes recuperar el sentido profundo y el valor de la educación. Puedes utilizar el margen de maniobra que tienes (siempre lo hay) para volcar en tus alumnos todo lo que se mueve en tu interior y percibes en consciencia. Tienes margen de maniobra para extraer lo mejor de esos chicos, para que puedan percibir cuáles son sus dones y talentos a partir de lo que les enseñas. Y, por supuesto, siempre tienes margen de maniobra para incidir en pautas, en paradigmas, en formas de vida distintos a los que impone el sistema. Este es tu gran poder; esta es tu gran fuerza como docente.

Se precisa un nuevo paradigma educativo. Es momento de comenzar, con nuestros niños y jóvenes, a cimentar la consciencia sobre la que giran estas páginas. En este orden, hay que dar la bienvenida a iniciativas como la película *La educación prohibida* (www.educacionprohibida.com) y a una nueva educación que empieza a tomar cuerpo en el corazón de muchos docentes.

UNA NUEVA EDUCACIÓN

- El contenido/conocimiento es importante, pero no es el centro de la educación. Porque la información no es correcta para siempre; puede variar. Lo ideal de una nueva educación es que los estudiantes aprendan a aprender, a comprender, a distinguir, a interpretar por sí mismos; deben saber que todo es relativo según el contexto. La habilidad de comprender nos posibilita adaptarnos a un nuevo conocimiento y promueve el pensamiento crítico.
- El rendimiento (entendido como el cumplimento de las expectativas) no es lo más importante; no debe haber una meta a alcanzar. Lo importante son las metas personales y disfrutar en armonía del proceso, del crecimiento y la aventura de avanzar. Los seres humanos somos únicos e irrepetibles; nuestros procesos de desarrollo son similares, pero tienen tiempos y objetivos biológicos propios.
- En el aula no debe haber jerarquías; si no, el aula se transforma en una jaula. Cuando el maestro entiende que su rol parte del respeto por los procesos internos de los niños, transforma su rol dentro del espacio de desarrollo y se convierte en un compañero que no interfiere (a menos que se le solicite); pasa a ser un guía que fomenta la democracia, la autonomía, la diversidad.
- El maestro debe adaptarse a las capacidades y aptitudes del alumno, y no al revés. Los programas educativos deben ser flexibles y adaptables al crecimiento e interés del niño. Los maestros están capacitados para acompañar el aprendizaje de varios niños que estén abordando distintas temáticas simultáneamente, ya que su rol es más humano que formativo-explicativo.
- El progreso no debe tener escalones fijos; la segregación de niños debe ser reemplazada por un agrupamiento consciente según sus intereses, habilidades, experiencias, simpatías. No hay niveles más altos o bajos que otros, porque no hay niños superiores a otros. Los contenidos que normalmente marcan la división deben responder a los procesos internos de los niños (dichos procesos pueden coincidir o no con las estructuras preestablecidas).
- El conocimiento no debe ser solamente teórico. Debe basarse en las vivencias y la experimentación dentro y fuera del aula. La teoría (si existiera) debería ser mínima; porque el niño puede alcanzarla por sí mismo, al extraer sus propias conclusiones a partir de un trabajo plenamente activo motivado por su desarrollo interno.

- No siempre es bueno lo que es conveniente, eficaz y rendidor. Es importante generar un ambiente de autonomía, interacción y gozo. Esto no implica que la nueva educación lleve más tiempo, sino que requiere mayor atención, dedicación y voluntad.
- La escuela debe estar abierta a la comunidad y permitir eventos en el barrio, con las familias, los vecinos y organizaciones amigas. El niño puede traer temáticas de la comunidad a la escuela. La escuela actúa como un centro comunitario donde todos tienen voz.
- El objetivo de la escuela ya no es domesticar a los niños, ni transmitir valores y costumbres sociales, sino crear el entorno para que los niños construyan sus propios valores y costumbres. La educación no es un proceso temporal: es un proceso de por vida, que intenta desarrollar capacidades y habilidades, sin un rumbo específico marcado (el rumbo no es otro que el desarrollo interno que cada individuo siente experimentar).
- El profesor no tiene todo el conocimiento; también aprende de los alumnos y compañeros. Es un guía que está en un proceso de aprendizaje y desarrollo continuo, como los niños, y no puede esperar que estos se realicen a sí mismos si él no se implica.
- La conducta es un elemento visible que no indica más que la satisfacción o insatisfacción del ser humano. Lo ideal es que el maestro pueda conocer internamente a cada niño: sus sueños, sentimientos, imaginación, deseos... Así podrá encontrar la mejor forma de educación para cada uno de ellos.
- Seguir un patrón de pensamiento habitual, estructurado, no es beneficioso. Lo mejor es promover el pensamiento divergente o lateral. Hay tantas soluciones como alumnos. Se trata de fomentar la creatividad y la conjetura.
- Conviene aprender a utilizar ambos hemisferios cerebrales. Como en la vida, las estrategias deben recurrir también a la intuición, y no ser tan secuenciales y analíticas. Todo es relativo.
- El sistema de calificaciones no sirve. Es un esquema de profecías autocumplidas. La pedagogía es una ciencia social que no puede ser medida numéricamente. La evaluación es un proceso; no una instancia.
- Las luchas de poder y la competitividad son procesos que dañan al niño. Hay que democratizar el aula; convertirla en un lugar de participación, lleno de paz. Las escuelas deben tener un gobierno estudiantil en que todos los niños tengan voz y voto y comiencen a asumir responsabilidades propias.

- El interés del maestro debe ser satisfacer a sus alumnos para fomentar su crecimiento; no controlarlo. El maestro debe confiar en que el niño crecerá, y no querer adaptarlo a su concepto de lo que es normal.
- El maestro también colabora en el crecimiento emocional y espiritual del niño. Sin generarle creencias, debe darle las técnicas que le permitan controlar sus estados de ánimo, sus pensamientos, acciones, ideas y proyectos. Debe alentarlo a la introspección.
- Los valores no están para ser enseñados, sino para ser vividos. La cognición de los valores y conocimientos se fundamenta en las emociones. Por ello, la mejor manera de educar es mediante el ejemplo. El maestro no puede dar lo que no tiene.

Fuente: «Preparémonos para el Cambio»
(http://preparemonosparaelcambio.blogspot.com)

MENCIÓN ESPECIAL A LOS NIÑOS CRISTAL

Todo lo que se ha venido exponiendo en este capítulo adquiere una especial importancia en el caso de los llamados *niños clara* o *cristal*, que son los que están naciendo desde comienzos de este siglo.

Para entender lo que estos niños significan y aportan, hay que referirse a la explosión demográfica que vive la humanidad. Así, desde el año 1900, en ciento diez años, la humanidad ha multiplicado casi por seis su demografía: en aquel año, la población sobre el planeta era de unos mil doscientos cincuenta millones de seres humanos; se concluyó el siglo XX con seis mil millones; y actualmente, en el año 2016, siete mil cuatrocientos millones de personas habitamos la Tierra. ¿A qué obedece un incremento tan espectacular?

En el proceso consciencial de la humanidad, los Conductores están encarnando por oleadas. Habiendo multitud de procesos conscienciales y evolutivos, la humanidad está transformándose en conjunto. Es decir, nuestro camino es individual, pero dentro de lo colectivo. Al hilo de ello, lo que está aconteciendo ahora es una encarnación masiva de almas (un buen número de ellas muy «viejas» o evolucionadas consciencialmente).

Expresado coloquialmente, en la rueda de cadenas de vidas y reencarnaciones, las almas que se encarnan como seres humanos desde hace miles y miles de años lo vienen haciendo de modo rotatorio, turnándose en el transcurrir de las décadas y los siglos. Pero la Madre Tierra y la humanidad experimentan aquí-ahora una fuerte expansión consciencial que ningún alma se quiere perder, por lo que la encarnación se está produciendo al unísono y, por tanto, de manera masiva: todas aspiran a colaborar en el proceso evolutivo, todas esperan experienciarlo en el contexto de su propio proceso consciencial y todas desean disfrutar del momento presente.

Los estados de consciencia emiten una determinada frecuencia vibratoria; y como término medio, la frecuencia vibratoria de los adolescentes y jóvenes actuales es mucho más sutil, más «elevada» diríamos en términos mentales, que la de las generaciones anteriores de jóvenes y adolescentes.

Concretamente, desde mitad de los años setenta hasta final del siglo XX nacieron los niños índigo, que se caracterizaron fundamentalmente por percibir que lo que sienten no está alineado con lo que impone la sociedad, lo que les lleva a enfrentarse a esta. El movimiento del 15M sería un exponente de esta postura. Obviamente, muchos niños índigo son adultos a día de hoy, pero los niños clara son aún niños, y han dado un paso más. Los niños clara o cristal no van a luchar contra nada. Saben, de forma innata, que cuando uno lucha contra el sistema acaba siendo absorbido por este. Por ello, aunque tienen una forma de ver la vida muy distinta de la que impone el sistema, no van a luchar contra él. Lo que van a hacer es vivir con coherencia con lo que sienten. A los padres y educadores pueden parecerles niños muy difíciles, porque son muy especiales y distintos de aquellos a los que hemos estado acostumbrados. Son niños que en el colegio captan las cosas a la primera, con lo cual desconectan del maestro o la maestra cuando reitera la lección más de dos veces. Sin embargo, se interpreta que están distraídos, o que son hiperactivos; incluso se los lleva al psicólogo y se les dan medicamentos. Ante estos niños cristal, el amor y el respeto son especialmente importantes. Son niños que van a contribuir mucho al avance consciencial de la humanidad con la puesta en práctica de sus dones y talentos, pues es muy difícil que estos niños hagan algo distinto de lo que sienten.

ALGUNAS CARACTERÍSTICAS COMUNES

Aunque no todos los niños cristal son iguales (se les llama así como manera de reconocerlos por sus cualidades y potencialidades psicológicas, mentales y espirituales más desarrolladas, pero no son clónicos ni están hechos con un mismo molde), sí ostentan una serie de características comunes. Estas características son similares a las que presentaron los niños índigo, pero adquieren mayor radicalidad y contundencia en el caso de los niños cristal:

- Acentuado afán por liderar y tomar la iniciativa.
- Gran sentido de realeza: sentimiento espontáneo de tener derecho a estar aquí, en esta vida y en este planeta.
- Especial necesidad de relacionarse con otros seres, sean niños, peces, pájaros, plantas...
- Mayor energía física y mental.
- Sentido natural de la justicia.
- Marcada exigencia, a sí mismos y a los demás, de coherencia entre lo que se dice y lo que se hace, lo cual no canalizan en términos de confrontación, sino de desconexión con lo que no concuerda con su sentir.
- Inclinación innata a cuestionar patrones preestablecidos: les es difícil aceptar el concepto de autoridad propiamente dicho, sobre todo cuando no está apoyado en la coherencia de quien ostenta o reclama dicho estatus.
- Percepción particular del contenido de la felicidad: rechazan espontáneamente los patrones cuantitativos y materiales (regalos, bienes, dinero, estatus...) como modo de alcanzarla, y optan por vías cualitativas (crecimiento interior, contacto con la naturaleza, altruismo...).
- Sus dos hemisferios cerebrales (el hemisferio izquierdo es el mental, lógico, racional, científico; mientras que el derecho es el intuitivo, artístico, espacial, trascendente) están sustancialmente más dotados e interconectados que en las demás personas.
- No solo tienen una gran inteligencia, sino que su potencia espiritual es mayor: están más predispuestos a las cuestiones del espíritu y no es difícil encontrar pequeños que meditan, oran, repiten mantras o participan encantados en actividades de perfil consciencial y espiritual.

Esta no es una característica casual, pues los niños cristal hacen las cosas porque les nace de lo más profundo del corazón, ya que su nivel de consciencia está en sintonía con las manifestaciones de la espiritualidad más elevada (hablamos de espiritualidad, no de religiosidad, pues su percepción consciencial está más allá de las religiones).

COROLARIO: LA EDUCACIÓN EN LO TRANSPERSONAL

Como cierre y corolario del presente capítulo, la totalidad de lo compartido sitúa a la educación ante la ineludible necesidad de recuperar su esencia y sus auténticos pilares. También debe contemplar el ámbito transpersonal de la experiencia humana y fomentar esta toma de consciencia. Vamos a ahondar en este punto.

Tal como se indicó en la introducción de este libro y Willigis Jäger ha desarrollado, el «yo» es un éxito de la evolución, pero, al mismo tiempo, representa un obstáculo para que esta siga su avance. Nos hemos desarrollado desde una consciencia prehomínida, de la que progresamos hacia una consciencia mágica, luego mítica y ahora mental y racional. Pero no podemos quedarnos aquí: nuestra consciencia ha de ampliarse. En nuestro interior gozamos de capacidades para comprender la realidad de un modo que no puede abordarse con la razón. La personalidad (la experiencia de la individualidad en libre albedrío) significa un gran logro de la evolución, pero al mismo tiempo supone una limitación. Caer en la cuenta de ello es esencial para cada persona y para nuestra especie. Por mucho que los haya interesados en que la expansión de la consciencia no tenga lugar (los amos –provisionales– del mundo, a los que se dedicó el capítulo 2), se trata de un proceso natural, si bien carente de predeterminaciones, pues dependerá de la evolución consciencial en libre albedrío de la humanidad y cada uno de sus integrantes.

Son muchos los que piensan que su consciencia egoica (la ligada a su yo) es la única que les brinda la posibilidad de saber y comprender. Pero esto, como se dijo en la Introducción, es igual de absurdo que la creencia que teníamos de que la Tierra era el centro del universo. Con esta concepción nos hemos orientado hacia un enorme egocentrismo, que es la fuente de los males que afligen al mundo. Este egocentrismo nos ha llevado al borde de la desaparición. Para salir de esta limitación hay que entrar en el nivel de la unidad; constatar que somos uno con Todo y que solo existe la Unidad. Una red de pescador consiste en numerosas mallas; una malla sola no tiene sentido. De la misma manera, cada uno adquirimos sentido dentro de la totalidad.

Provenimos de un paraíso en el que alguna vez nos sentimos en unidad simbiótica con la naturaleza. Lo que llamamos *pecado original* no es otra cosa que el haber desarrollado la consciencia individual fuera de esa simbiosis. Pero apenas salimos de dicha simbiosis y pudimos decir «tú» y «yo», Caín mató a Abel. Desde entonces los miembros de nuestra especie se han ido matando entre sí, y esto se ha agravado muchísimo, hasta que hemos llegado a un punto en el que no sabemos cómo vamos a terminar. En el siglo pasado se mataron cien millones de personas entre sí y ninguna moral surtió efecto. El «tener que» no ha hecho avanzar a la especie humana en modo alguno.

Las místicas de Occidente y Oriente siempre han sabido cómo superar las limitaciones del yo. Pero esto se puede hacer en el contexto de alguna religión y también fuera de dicho contexto. De hecho, hoy día la mayoría de las personas buscan fuera de sus religiones. Lo importante es subir un piso más arriba en la experiencia de lo religioso. Las religiones predican el amor y dicen que uno debe «amar al prójimo igual que a sí mismo», pero no nos han ayudado a dar ni un paso hacia delante. Y es que desde el momento en que uno defiende «su» religión, «sus» creencias, frente a las de los demás, es el egocentrismo lo que se manifiesta, con consecuencias a menudo funestas.

Solo cambiaremos, concluye Willigis Jäger, si entramos en un nuevo nivel de consciencia, en el espacio transpersonal. Esta es la evolución consciencial que exponíamos en la Introducción y a la que de manera natural y en libre albedrío está llamada aquí-ahora la humanidad y cada persona, por más que la red de élites y subélites se empeñe en dificultarlo. Uno tiene que preguntarse qué sentido tienen los pocos decenios de vida de que dispone en un universo que tiene, según la ciencia, casi quince mil millones de años. La respuesta radica en vivir siendo plenamente humano. Expresado a la manera cristiana: Dios quiere ser persona en mí, tal como soy en este momento, con esta figura que tengo. Es el único motivo por el que existo. Por eso bailo esta danza de la vida. Pero yo no «estoy» bailando, sino que «soy» bailando; soy el baile. Dios se baila a Sí mismo en mí. Eckhart dice que Dios se saborea a Sí mismo en las cosas. Este es el motivo de mi existencia. Y yo tengo una importancia sin par. Por eso, sigue afirmando Eckhart, si yo no estuviera, Dios no sería. Por eso mi vida tiene un significado único...

Pues bien, ha llegado el momento de que la educación, contribuyendo a poner en valor lo mejor de cada uno, integre este discernimiento y promueva experiencias en el espacio transpersonal. Nuestra verdadera existencia no es la consciencia egoica del yo, sino la consciencia del Ser, que es algo que no nace y no muere. Lo que soy en lo más íntimo es algo que seguirá siendo cuando mi cuerpo físico haya muerto. Y no soy el único que está bailando, sino que bailan conmigo muchas personas, que tienen la misma importancia que yo. Cuando experimento esto, mi comportamiento cambia.

PARA RESUMIR...

- Recuerda que tu hijo/hija es mucho más que tu hijo y que te eligió como padre o madre.
- Si estás «formateando» a tu hijo más que educándolo, toma consciencia de ello. No intentes imbuirle tu sistema de creencias.
- Fomenta que tu hijo se conozca a sí mismo y que descubra y ejerza sus dones y talentos innatos.
- No intentes convencer a tu hijo por medio de los discursos. Hazlo con el ejemplo.
- Respeta profundamente a tu hijo y el tipo de vida por el que opte.
- Con mucho amor, pero también con determinación, no consientas los comportamientos abusivos por parte de tu hijo.

- Vigila el uso de las tecnologías en casa, para que no se conviertan en instrumentos alienantes y sí, en cambio, en instrumentos para el crecimiento en consciencia.
- Si eres docente, no permitas que se extinga la llama de tu vocación. Transmite a los chicos lo que sientes en consciencia y haz lo que puedas para que saquen lo mejor de sí mismos.
- En este siglo están naciendo los niños clara o cristal. Debes saber que su tendencia es la de vivir en coherencia con lo que sienten. No juzgues sin más que son niños «difíciles».
- Y ha llegado el momento de que la educación, contribuyendo a poner en valor lo mejor de cada uno, integre este discernimiento y promueva experiencias en el espacio transpersonal.

7

CONSCIENCIA Y DONES
Descubriendo tus dones y talentos

PARTE I

SOBREVIVIR Y TRABAJAR COMO ESCLAVO
INTEGRAL O VIVIR LIBRE Y CONSCIENTE

Durante la historia de la humanidad siempre ha habido esclavos. Ahora bien, nunca, en la historia de la humanidad, ha habido el tipo de esclavo que tenemos hoy día: el esclavo integral. El esclavo integral es el esclavo absoluto; son las personas que se explotan a sí mismas de manera voluntaria y sin ni siquiera percatarse de tal autoexplotación ni de la esclavitud que marca y caracteriza su vida. Esclavos integrales no hay solo unos cuantos, sino que la mayoría de la gente ha caído en la trampa.

Para el sistema ha dejado de ser eficiente explotar a alguien contra su voluntad. Y sus mecanismos de dominio y manipulación se han perfeccionado hasta la transformación de los individuos-sujetos en esclavos integrales, quienes, en su inconsciencia, creen y piensan que viven en libertad. No importa cuál sea la situación socioeconómica del esclavo integral; es una condición que afecta a todos los estratos y clases sociales.

Este es el no va más de la esclavitud. Los esclavos de las otras épocas históricas al menos sabían que eran esclavos, y actuaban como tales porque no tenían otro remedio, bajo la amenaza de la violencia, el dolor y la muerte. En cambio, hoy cada uno se ve como sujeto, como individuo diferente de los demás, y se explota voluntariamente a sí mismo. Se explota quien tiene un trabajo mal remunerado, pero también quien tiene un trabajo bien retribuido y está situado en un escalón social alto. El que está desempleado se sigue explotando a sí mismo buscando un trabajo… Porque explotarse significa olvidar lo que es vivir y gozar de la vida.

La gente se cree la falacia de que esto es un valle de lágrimas, y en lugar de vivir se conforma con sobrevivir. El sobrevivir y el trabajar son las dos señas de identidad del esclavo integral.

UNA VIDA ENFOCADA HACIA LA SUPERVIVENCIA

El esclavo integral ha olvidado completamente lo que significa vivir y lo confunde con sobrevivir. Ha transformado la vivencia en supervivencia y pasa sus días sumido en el miedo a la vida y la desconfianza hacia ella. A partir de ahí, el sistema socioeconómico vigente se presenta cual salvador que le proporciona los medios para protegerse y obtener seguridad. Pero tales medios son, en realidad, los barrotes de la prisión en que la gente se autoencarcela, los instrumentos y mecanismos a través de los cuales el sistema y cada persona alimentan y retroalimentan continuamente el miedo a la vida, la desconfianza hacia ella y, desde luego, la inseguridad, que el propio sistema fomenta de forma permanente y subrepticia (como veíamos en el capítulo «Consciencia y política»).

Sobrevivir se basa en el utilitarismo. Para sobrevivir se necesitan ineludiblemente personas y cosas, y es así como los demás, la naturaleza y hasta el planeta pasan a tener un carácter utilitario, instrumental. Incluso el amor mismo se convierte en una mera emoción derivada de esa necesidad instrumental del otro. El individuo no se da cuenta de que ya tiene, en abundancia, la energía que necesita, de modo que no tiene por qué chuparla del otro.

En este contexto, predomina el valor de cambio: lo que se hace conlleva una contrapartida o precio y suele ser valorable en términos pecuniarios. El individuo ha olvidado lo que es ponerse a hacer algo por el gozo de hacerlo.

Al faltar el gozo, lo que se hace por intercambio pecuniario requiere esfuerzo y trabajo. Ir a trabajar está vinculado con el «tengo que», el sacrificio, la obligación, en lugar de hacerse con alegría, como algo que sale de uno.

Otra actitud propia de la supervivencia es permanecer en el tiempo. Las personas se mueven entre el pasado y el futuro (que no existen) y desatienden e ignoran el aquí-ahora, que es donde está y fluye exclusivamente la vida.

UNA VIDA ENFOCADA EN EL TRABAJO

Hegel, filósofo del siglo XIX del que bebió mucho Karl Marx, habló de la dinámica amo-esclavo, y dijo que en última instancia tenías que elegir cuál de estas dos cosas querías ser. Cuando hablaba de *amo* hacía referencia al que es dueño de sí mismo, a aquel cuya vida es un gozo y cuya actividad la enfoca hacia el gozo. El *esclavo*, por oposición, lo enfoca todo hacia el trabajo. ¿Qué es el trabajo?: la realización cotidiana de una actividad laboral ajena a los dones y talentos de la persona que la lleva a cabo y, por tanto, alienante para ella.

El sistema socioeconómico vigente, por su visión egocéntrica, economicista y materialista de la existencia, persigue y consigue atar la vida de la gente al trabajo. ¿Cómo lo logra? Muy sencillo: debido a las reglas y creencias que el sistema implanta y a la usurpación por parte de unos cuantos de la riqueza social y los recursos colectivos, se hace depender del desempeño de un puesto de trabajo la obtención de los ingresos precisos para cubrir tanto las pocas necesidades vitales básicas como las muchas creadas artificialmente por el propio sistema. El hecho de «ir a trabajar» no es algo obvio, sino que es el resultado de un sistema de creencias, de unas reglas de juego, y de que unos pocos (muy pocos) se han apropiado de la riqueza social. Y hacen que creamos que el mundo es escaso, cuando la abundancia es lo que rige la vida.

Sin embargo, por efecto también del citado sistema de creencias, la mayoría de las personas, lejos de ver el trabajo como la obligación impuesta que obviamente es, lo conciben como un derecho, y como tal se proclama solemnemente desde las instituciones que el sistema genera, gobierna y gestiona. A partir de ahí los individuos quedan convertidos en esclavos integrales que, desde el disparatado convencimiento de que trabajar es un derecho y no una imposición, se explotan voluntariamente a sí mismos y caen en un doble desatino: reclamar (a los políticos, a las instituciones...) que alguien cree un puesto de trabajo para ellos y sus seres queridos (el esclavo pide que alguien, por favor, lo esclavice) y hacer depender su vida no de ellos mismos (sus sentires, sus capacidades creativas, sus prioridades vitales...) sino de ese trabajo, con su consiguiente dedicación horaria, que otros les proporcionan, y de la retribución que estos estimen oportuno abonarles... ¡Uuufffff!... Para un momento y respira: ¿tan ciego estás como para no ver lo tremendamente absurdo de esta dinámica? Todo esto hace que tu vida no dependa de ti, sino de los demás.

Me dirás: «¿Y qué voy a hacer?; en el formato de la sociedad actual hay que trabajar». No lo discuto; yo también trabajo. Sin embargo, una cosa es trabajar y otra es explotarse voluntariamente, es decir, olvidar que trabajas porque en este formato social no tienes otro remedio, o tienes la necesidad de hacerlo. Pero, por favor, no creyendo que eso es normal, no creyendo que eso es natural.

El esclavo integral es el que trabaja y cree que eso es normal. El matiz es muy importante, porque quien sabe que es esclavo tal vez vaya a liberarse un día. Quien no sabe que es esclavo se propina los latigazos y se controla a sí mismo a causa de los sistemas de creencias que le han introducido. Si un esclavo se cree libre, esta es la garantía de que nunca se va a rebelar. Tal como está organizado el sistema, puede no haber más remedio que trabajar. Así, uno opta por ser un esclavo, pero al ser consciente de la situación ya no es un esclavo integral. Y a lo mejor, si sostiene la consciencia de que está trabajando pero no ha nacido para trabajar, y si confía en la vida, pueden aparecerle oportunidades relacionadas con sus dones y talentos.

Ten esto muy presente: nadie ha nacido para venderse como fuerza de trabajo. En la primera Revolución Industrial se necesitaba mucha mano de obra y empezó a usarse el trabajo infantil. No hubo más remedio que hacerlo, porque no había manera de que los adultos se adaptaran. Los adultos habían estado trabajando en el campo, donde, a pesar de llevar una vida dura, gozaban de cierta autonomía y seguían unos ritmos acordes con la naturaleza; nada que ver con los horarios y dinámicas de trabajo artificiales de las fábricas. Con el tiempo se llegó a prescindir de los niños, porque los adultos ya eran aptos: el sistema educativo había ido adoctrinando a los niños para que acabasen por ser buenos trabajadores. Y hasta el día de hoy.

¿Que la situación no está tan mal? ¿Que al fin y al cabo cuentas con tus horas y días libres? ¿No serán justamente las horas y los días que necesitas para recuperarte, con el fin de seguir siendo productivo? ¿Cómo te sientes? Habitualmente, la vida del esclavo integral se desarrolla en medio del dolor, la tristeza y el estrés.

Todo esto puede parecer descorazonador. Pero todo tiene su sentido profundo, y esta situación también tiene su porqué y su para qué en el devenir consciencial del conjunto de la humanidad y en el tuyo en particular. En concreto, todo lo descrito te sitúa, aquí y ahora, ante la gran oportunidad de entender desde el corazón que la elección es solamente tuya, que solamente a ti te corresponde actuar en consecuencia y con coherencia: en tu mano está recordar tu naturaleza inefable y vivir como un ser humano libre y consciente que despliega su acción cotidiana desde su divinidad intrínseca y esencial, sobre la base de sus dones y talentos y por el gozo mismo de acometerla. O bien, por supuesto, puedes continuar experienciando el plano humano como esclavo integral y, en lugar de vivir, sobrevivir y trabajar. Hoy todos tenemos delante esta disyuntiva existencial.

La elección es tuya; de nadie más. No esperes un cambio externo en la situación social que te facilite las cosas. Deja de esperar nada de los pretendidamente poderosos. ¡Ya está bien! No les pidas ni reclames nada. Ni a ellos ni a las instituciones y entidades que gestionan, administran y gobiernan. Tu vida no tiene por qué depender de sus decisiones, leyes, normas, morales, religiones, engranajes, paranoias... Te lo han hecho creer así, pero no es cierto.

Realmente, las élites no pueden ofrecerte ni darte nada que no sea la mera reproducción de su angustia, de sus ansiedades, de su desasosiego... No permitas que sus mensajes te afecten y alienen. Para ello, no tienes que retirarte a ningún lugar recóndito. Hazlo si te apetece, pero no es necesario. Conviviendo en sociedad y haciendo una vida «normal» es perfectamente factible que puedas vivir fuera de sus paradigmas, creencias y pautas vitales y desligarte de tanto enredo.

PARA RESUMIR...

- El sistema socioeconómico vigente, por su visión egocéntrica, economicista y materialista de la existencia, persigue y consigue atar la vida de las personas al trabajo. Pero para él ha dejado de ser eficiente explotar a alguien contra su voluntad.
- Por ello, el sistema socioeconómico ha convertido a la mayoría de las personas en esclavos integrales: los sujetos se explotan voluntariamente a sí mismos sin percatarse de dicha explotación. Es más, tienen el convencimiento de que trabajar es un derecho y no una imposición. Las dos características fundamentales del esclavo integral son la supervivencia y el trabajo.
- Sobrevivir se basa en el utilitarismo (se necesitan personas y cosas); el valor de cambio (la actividad conlleva una contrapartida o precio y suele ser valorable en términos pecuniarios); el tiempo (el sujeto se mueve entre el pasado y el futuro, ignorando el aquí-ahora), y el esfuerzo y el trabajo.
- El esclavo integral desarrolla una ocupación o actividad laboral que no tiene que ver con sus capacidades, cualidades, dones y talentos innatos. Por ello, su trabajo está marcado por el sacrificio, la obligación y el esfuerzo.
- En tu mano está recordar tu naturaleza inefable y vivir como un ser humano libre y consciente que despliega sus dones y talentos como elemento central de su desempeño cotidiano.

PARTE II
LOS DONES Y TALENTOS

¡ABANDONA EL MODO DE SUPERVIVENCIA Y SÉ UN VIVIDOR!

Abre tu consciencia... No estás aquí para trabajar, sino para otra cosa: para plasmar el Cielo en la Tierra, para desplegar y materializar tu divinidad. De acuerdo con esto, aquello a lo que tienes verdaderamente derecho, recordando a Paul Lafargue (el yerno de Karl Marx), no es al trabajo, sino a la pereza. No entendamos aquí «pereza» como vagancia ni indolencia, sino como el libre ejercicio y el compartir libre y con entusiasmo de los dones y talentos que cada uno atesora. Con estas bases, el quid de la cuestión no radica en trabajar o no (hazlo si lo consideras necesario), sino en ser consciente de que no naciste para ello y en evitar que la actividad laboral te lleve al olvido de tus dones y talentos, de tus auténticas capacidades.

Así como para sobrevivir se necesitan muchas cosas, para vivir no se necesita nada ni a nadie; sobra con la propia vida. Esto no significa no compartir y no vivir en comunidad; es precisamente cuando no se necesita a nadie cuando la comunidad y el compartir brotan, emanan y brillan. Aunque la gente crea que vive en comunidad, en realidad esto no es así. Realmente no se comparte; porque cuando se necesita al otro, esto no es compartir. Compartir no es recibir, sino dar. Para vivir plenamente, ya lo tienes todo. Ya eres pleno, completo. Haces algo porque lo pasas bien haciéndolo. Y si no lo pasas bien y lo haces porque consideras que no tienes otro remedio, al menos eres consciente de ello.

El hacer a partir del gozo es totalmente ajeno a lo pecuniario y al esfuerzo. Sus componentes y manifestaciones carecen de contrapartida o precio y fluyen en la vida de cada uno, sin trabajo y con naturalidad. Este hacer pertenece a la esfera del aquí-ahora.

Vivir es gozar la vida. De hecho, la única razón de la existencia en cualquier plano y dimensión es esta: ¡gozar la vida! Si no gozas la vida, siéntate y respira, porque está sucediendo algo anormal. ¿Te imaginas al Dios que es tú encarnándose en su propia Creación para algo distinto que para gozar? ¿Tanta es tu amnesia consciencial, ahora que estás encarnado en el plano humano, que lo has olvidado? ¡Recupera la memoria y fluye y flota en la vida con confianza plena en ella y, fruto de esto, con aceptación! Una aceptación que no es resignación o impotencia, sino el hondo discernimiento de que todo tiene un sentido profundo y un porqué y un para qué ligados a lo que realmente eres y a lo que realmente es. Más concretamente, el porqué y el para qué de lo que ocurre hay que leerlo en clave de lo que, aquí y ahora, es pertinente en aras de tu evolución en consciencia para que recuerdes tu naturaleza divina. Con esta comprensión, ya no hay inquietudes, ni quejas... Vivir es ser un Vividor (en el mejor sentido de la palabra, que designa a alguien que Vive). ¿Estás listo para experienciarlo?

EL PAPEL DE LOS DONES Y TALENTOS

Para vivir, en lugar de sobrevivir y trabajar cual esclavo integral, los dones y talentos juegan un papel fundamental. De hecho, los eliges desde lo que eres (el Conductor) antes de encarnar en el yo físico, mental y emocional que usas para experienciar la vivencia humana (el coche).

Encarnaste para desplegar unas determinadas experiencias vitales, las cuales elegiste en libre albedrío en el otro plano. En ese otro plano, cuando decides qué experiencias vas a desplegar también decides cuál será tu kit de encarnación, en el que son muy importantes los padres: los eliges sabiendo cómo son como Conductores y en su formato de vida actual, con lo cual estás eligiendo, al mismo tiempo, dónde naces y el entorno socioeconómico en que crecerás. Al elegir a los padres estás eligiendo también unos determinados componentes genéticos. Y dentro del kit de encarnación están los dones y talentos, que son los bastones con los que tú mismo te armas; las herramientas que te van a permitir desplegar tus experiencias. Así que, efectivamente, tus dones y talentos están en estrecha relación con las experiencias que has venido a desarrollar en este plano humano.

Fíjate que digo «las experiencias que has venido a desarrollar», no «las misiones que has venido a cumplir». En mi corazón se han acabado las misiones. Porque esto nos lleva de nuevo al «debo», al «tengo que»... Como se ha dicho antes, la única misión que tienes en tu divinidad es gozar. La Creación no necesita que te sacrifiques.

Entendamos los dones y talentos como aquellas capacidades, facultades, habilidades, aptitudes, facilidades, destrezas, cualidades, dotes y competencias que, en tu nueva vida física, son coherentes con las experiencias específicas que quieres desplegar en ella. Cuando estás aquí encarnado, si bien todo es divino, los dones y talentos son la expresión más acabada de tu divinidad y tu capacidad creadora.

Por todo esto, si aún no lo has hecho, descubre cuáles son los tuyos, para ponerlos en práctica con gozo íntimo y compartirlos con los demás. En este sentido, atiende a la parábola de los talentos, que se narra en el Evangelio de Mateo (25, 14-30). Hay muy pocas veces en que uno se lleve una gran bronca en las parábolas de Jesús, pero en este caso hay alguien que se la lleva: una persona que tiene un talento y lo guarda bajo tierra. El mensaje que se extrae de esta parábola es el de evitar que la inconsciencia, la ignorancia, la apatía o el desánimo te lleven a enterrar y no ejercitar los dones y talentos que atesoras; o a utilizarlos egoístamente en beneficio personal, en vez de compartirlos abierta y generosamente con todos los que están a tu alrededor. Porque los dones y talentos se multiplican al compartirlos: son un tesoro que has traído al aquí y ahora desde lo que eres y se expanden al ponerlos en práctica y compartirlos en la vida diaria.

Quiero sacar a colación, igualmente, otras palabras de Cristo Jesús recogidas en el Evangelio de Marcos (4, 21): «¿Acaso se trae la luz para ponerla debajo del celemín o debajo de la cama? ¿No es para ponerla sobre el candelero?». Los dones y talentos son la materialización y manifestación directa en cada cual de la presencia del Dios que es yo, cada uno, todos y todo. Y no los traes a esta vida física y a esta encarnación para no ejercitarlos o para guardarlos, o solo para tu disfrute individual o el de las personas más queridas y allegadas. Esto supondría esconder la luz de tus dones debajo del celemín, o debajo de la cama... Por tanto, descubre, practica y comparte tus dones y talentos y goza íntimamente con ello.

EJERCER LOS DONES NO ES SINÓNIMO DE PERFECCIÓN

En el fluir, en el hacer no haciendo que es el ejercicio de tu don, llévalo a la práctica lo mejor que puedas, pero libre de la carga de querer llegar al diez. Como parte del todo, nunca vas a ser perfecto. Tienes que relajarte en tu divinidad y tranquilizarte; y sencillamente hacer lo que sientas que tienes que hacer, en ese hacer haciendo, lo mejor que puedas, y disfrutándolo. Y libérate de la tontería de ser perfecto, la cual es muy egoica. Los altares están llenos de las personas más imperfectas que ha habido en la historia de la humanidad; personas que han infligido daño a sus cuerpos para acabar con algún tipo de deseo..., algo absurdo. Hay que relajarse, tranquilizarse. La vida es mucho más sencilla; hay que disfrutarla. Todo tiene su sitio: lo interior, lo exterior, lo espiritual, lo mundano... El deseo de conseguir la perfección es como tener dos ojos y quitarse uno.

¿TE RESULTA DIFÍCIL SABER CUÁLES SON TUS DONES Y TALENTOS?

En este caso, siéntate en un lugar tranquilo, guarda silencio, respira conscientemente y busca en tu interior. Date una oportunidad para que, en consciencia, salgan y puedas percibirlos. Absolutamente todos tenemos nuestros dones y talentos y, a pesar del formateo al que nos someten el sistema educativo y el contexto social, no pueden ser borrados. El formateo lo que consigue es aprisionarlos, encasillarlos, meterlos en un cajón. Pero hay muchas personas cuyos dones y talentos emergen, irrumpen en un determinado momento de sus vidas.

También te será útil preguntar a alguien de confianza acerca de los dones que ve en ti. En cualquier caso, ante lo que tú mismo percibas o te digan, no caigas en la falsa modestia tan propia del ego que niega los propios talentos.

CARACTERÍSTICAS BÁSICAS DE LOS DONES Y TALENTOS

Los dones y talentos presentan estas seis características básicas:

1. SON MUY VARIADOS Y DIVERSOS Y CADA SER HUMANO, SIN EXCEPCIÓN, POSEE LOS SUYOS.

2. SU CONTENIDO NO TIENE QUE SER ALGO MUY «GRANDE» O «IMPOR-TANTE». He aquí algunos ejemplos de talentos: disponer de cualidades para cualquiera de las diversas facetas artísticas; ser un manitas para el bricolaje; «ver» las matemáticas; movilizar energías de sanación; saber aglutinar a la familia o a la gente y que se sienta cómoda y acompañada; contar con serenidad y valor para afrontar situaciones críticas y delicadas; poseer sentido del humor y rapidez mental para, con chistes o chascarrillos, alegrar a los demás; tener buena mano para la cocina... La lista sería interminable. Lo más frecuente es que el talento consista en algo sencillo, no en algo extraordinario. Sin embargo, siempre es muy especial.

3. SIENDO TAN DISTINTOS, ENTRE ELLOS NO HAY JERARQUÍA, GRADOS O CLASIFICACIÓN, ya que todos los dones y talentos son expresión de la divinidad. Y esta, que es Una y es todo lo que es, obviamente no puede ser más grande o más pequeña que ella misma. La diversidad con que la divinidad se manifiesta no implica diferencia de grados en cuanto a la importancia y dignidad de los talentos.

4. SU PUESTA EN PRÁCTICA NO REQUIERE ESFUERZO Y SE LLEVA A CABO DE MANERA ESPONTÁNEA Y CON ENTUSIASMO. Etimológicamente, entusiasmo significa precisamente 'Dios en mí' (del griego *entheos* [*en* + *theos* = 'Dios dentro']). Desde la divinidad de cada cual, se moviliza una energía desde el interior que impulsa a ejercitar el don de modo natural y con íntimo gozo, sin connotación alguna de obligación, deber, carga o sacrificio, por lo que se trata de un «hacer no haciendo»: todo lo contrario del «hacer» y el trabajo al que permanecen atadas las personas que sobreviven como esclavos integrales. De hecho, no es que los dones y talentos generen gozo, sino que el gozo es el único motivo por el cual se ejercen. Si no es así, los dones se convierten en otra cosa y el entusiasmo y el gozo a ellos inherentes se diluyen y desaparecen... Pero si el gozo es la única motivación, esto conduce al enamoramiento de la vida, y este enamoramiento vital

impregna todas las otras actividades que acomete la persona en su cotidianidad, por muy ajenas que sean a sus dones y talentos.

5. LOS DONES Y TALENTOS CONSTITUYEN UNA DE LAS PRUEBAS DE QUE EL TIEMPO NO EXISTE, pues, cuando se ejercen, parece que el tiempo se detenga. Las manecillas del reloj siguen corriendo, pero la consciencia está plenamente imbuida en el presente. Por eso, a menudo nos sorprende que hayan pasado horas desde que empezamos a hacer eso que nos gusta (más bien nos parece que hayan pasado unos cuantos minutos).

6. El milagro de los dones y talentos se completa porque EL GOZO ÍNTIMO QUE SE SIENTE AL EJERCERLOS VA INEXORABLEMENTE UNIDO AL HECHO DE COMPARTIRLOS CON LOS DEMÁS. No puede ser de otra manera. En la actualidad se habla de la dinámica de lo interpersonal; se dice que hay que dar un nuevo paso en la forma de relacionarnos con los demás que se basa precisamente en la interpersonalidad. La dinámica interpersonal pone el acento en la necesidad de superar la fase infantil –la consciencia egocéntrica que hace que nos veamos como sujetos y empecemos a comprobar que entre todos los seres humanos hay una interacción continua, y que lo que les ocurre a los demás nos influye. En esta nueva fase de la consciencia, convivir y compartir a partir del ejercicio de los dones y talentos de cada cual resulta fundamental. Es así como los dones, siendo de cada cual y teniendo cada uno los suyos, generan ineludiblemente interacciones sociales en un marco de comunidad, bien distintas de las pautas mercantilizadas impuestas por el estado de consciencia egocéntrico que ha venido siendo mayoritario en la humanidad y en el sistema socioeconómico que de él ha surgido. Como escribió Marx en *La ideología alemana*, «sólo dentro de la comunidad con otros tiene la persona los medios precisos para desarrollar sus dones en todos los sentidos». Esto conduce a la «multitude cooperante» que Toni Negri describe como sucesora posmarxista del proletariado.

OTRAS CARACTERÍSTICAS DE LOS DONES Y TALENTOS

Como he dicho, los dones y talentos se gozan en sí mismos y por el mero hecho de ponerlos en práctica y compartirlos. No se pretenden resultados o impactos a corto, medio o largo plazo; uno los ejerce despojado de toda inquietud y preocupación por sus repercusiones y efectos en el futuro. En cuanto algunos de estos efectos aparecen en escena, el gozo íntimo se diluye. Por la misma razón, el ejercicio del don no va acompañado por la vanidad, pues uno no busca darse importancia ni sentirse necesario. Así pues, el hecho de practicar y compartir los dones y talentos tiene estas otras características asociadas:

- NO SE ANHELA SUSCITAR EN LOS DEMÁS RECONOCIMIENTO NI VALORACIÓN POSITIVA ALGUNA, precisamente lo que ansía la parte del ego que se halla en constante actitud defensiva. Además, el ámbito de las reacciones de los demás es muy subjetivo. Cómo reciban los demás tu talento depende de su momento. Puedes ser el mejor del mundo contando chistes, pero como la otra persona esté amargada, te va a mirar como diciéndote: «¿Te quieres dejar de payasadas?».
- NO SE ASPIRA A LA OBTENCIÓN DE ADMIRACIÓN, justo lo que le gusta a esa otra parte del ego más narcisista y que está a la ofensiva, ambicionando siempre seducir a los demás para reafirmarse.
- NO SE PRETENDE «AYUDAR» A NADIE, pues los dones y talentos beben de la *innecesariedad de hacer*, lo que permite percatarse de la enorme vanidad que supone querer incidir o interferir en el proceso consciencial y evolutivo de los demás.
Si quieres ayudar a alguien, esto te introduce en un sistema consciencial muy curioso, en el que para poder salvar a alguien necesitas víctimas. Y las víctimas necesitan a alguien que las persiga, a un verdugo. Y el verdugo necesita una maldad que le haga perseguir a las víctimas a las que tú quieres salvar. Así que cuando alguien quiere salvar a alguien está generando a su alrededor un formato de vida en que se está creando a la víctima, al verdugo y la maldad del verdugo. En mi caso, yo no ayudo, y

a quienes creen que ayudo les digo: «Es la vida la que lo hace». Si tiene lugar alguna ayuda, no depende de mí, sino de la vida. Esta actitud es la apropiada incluso en los mismísimos casos en que la prestación de ayuda parece muy evidente. Por ejemplo, si en tu interior está ser cooperante de una ONG e irte a algún sitio como tal, esto es perfecto. Cuando la atención a las personas desfavorecidas surge del corazón, es algo enormemente hermoso. Pero no te brindes a la cooperación para ayudar a nadie; hazlo solamente porque algo en tu interior te esté impulsando a eso. Por esto mismo, no lo vivas como un sacrificio; lleva a cabo tu labor con entusiasmo y disfrutándola. Permítete el lujo divino de gozar de esa experiencia. Reconoce que lo haces porque te sale de dentro; no busques pretextos mentales ni resultados, que al ego le encantan. La Madre Teresa de Calcuta fue clara al respecto: «Yo no soy nadie especial; lo que hago es simplemente dejarme guiar por las energías, por el corazón que sale de mí». Confía en la vida y no te preocupes de nada más. Si está ahí el componente del sacrificio, la carga, el esfuerzo, es el ego el que está operando.

Asimismo, cuando hablamos de ayudar, existe un componente egoico que desconfía de la vida. La vida no necesita que ayudes a nadie. No sucede nada en el universo si estamos encarnados o si no lo estamos; lo que nos ocurre es significativo para nuestro proceso consciencial y evolutivo, pero no repercute en el cosmos. Lo de ayudar se parece al anhelo de querer ser santo… Pero la ola nunca va a ser perfecta. El océano ya lo es.

Así pues, ejerce tu don, compártelo, goza íntimamente con ello, y punto. Ya se encargará la vida de que repercuta en los demás de la forma que sea. Tú no te preocupes; no persigas nada y confía en la vida. Entonces podrás comprobar que el hacer no haciendo que representa la puesta en práctica de tu don genera un ayudar no ayudando. Los efectos del ejercicio de tu don no dependen de ti, aunque al ego le encantaría, sino de la vida y su fluir natural.

Un requisito para ejercer correctamente tu don: amarte a ti mismo

Curiosamente, en el seno del sistema de creencias que ha surgido de la consciencia egoica se habla mucho del egoísmo, hasta el punto de que puedes tener esta duda: «¿Estaré siendo egoísta si me dedico a cultivar mi don?». Cuando lo que somos no se queda dentro de nosotros sino que sale, no te quepa duda: todo lo que llevamos a cabo está lleno de amor.

Dijo Cristo Jesús: «Ama al prójimo como a ti mismo». Esta segunda parte —«como a ti mismo»— acostumbra a pasarse por alto, como veíamos con mayor detalle en el capítulo «Consciencia y mente». Y así nos va: estamos llenos de sufrimiento, ofuscación, sensación de sacrificio... Al ejercer tu don, hazlo porque gozas, y reconoce que gozas. No te lances fuera sin haberte encontrado a ti. Ámate a ti mismo. Amarse a uno mismo es permitir que suba su divinal esencia. Y, como veíamos en el capítulo «Consciencia y mente», una vez que ames, «haz lo que te dé la gana».

Confía en la vida. Porque seguro que si te has encontrado a ti mismo y pones en práctica tu don, eso va a estar impregnado de amor. Conócete, descubre tus dones y talentos, ponlos en práctica gozando de ellos y no tengas ninguna duda de que eso va a estar ligado al respeto a los demás. Es matemáticamente imposible en la Creación, en el cosmos, que cuando un ser humano comparte su don y talento de forma generosa, sin buscar contrapartidas, y por el gozo de hacerlo, ese acto no esté lleno de respeto por el otro. Cuando suele faltar el respeto es cuando realizamos actividades que no tienen que ver con nuestro don o talento. El respeto es una cualidad del don.

OTROS ASPECTOS RELACIONADOS CON LOS DONES Y TALENTOS
En la jubilación

La palabra *jubilación* viene de *júbilo*. Es una circunstancia de vida en que el sistema te libera de tu esclavitud integral. Puede ser que sigas siendo esclavo mentalmente, pero al menos laboralmente te has liberado, desde el momento en que recibes los ingresos para tus necesidades sin la obligación de seguir trabajando. Al sistema que nos quiere mantener como esclavos integrales, esto le sienta fatal. Es la razón por la cual se intenta retrasar cada vez más la edad de jubilación, con el argumento de que el sistema de pensiones está en crisis, que no hay dinero... ¿Qué mejor momento para poder ejercitar los propios dones y talentos que durante la jubilación?

Sin embargo, hay ámbitos de actividad laboral en los que muchas veces se da una resonancia entre el don-talento y la actividad que la persona lleva a cabo. Esto ocurre a menudo en la sanidad y la educación. En esos ámbitos, cuando las personas que han ejercido su don en el marco laboral se ven privadas de dicho marco, a veces se vienen abajo; afrontan un sinsentido. ¿Qué hacer?

Pongamos el ejemplo de un docente jubilado que ha estado ejerciendo su don en las aulas. Recordemos que la educación consiste en colaborar con el otro para que extraiga de sí lo mejor que tiene, y esto no tiene por qué requerir alumnos ni un aula docente. La persona puede ejercer este don en el ámbito de su familia y vecindario, con sus hijos, nietos, vecinos...; y con adolescentes, niños, jóvenes... Hay que tener una perspectiva más amplia.

También puede ser que haya llegado ya el momento de poner fin a la práctica de ese don y de percibir otros. Cuando uno lo ha dado y compartido todo a través de su don, si la vida no le pone el escenario para seguir compartiéndolo es porque le está diciendo: «Ojo; mira dentro de ti y descubre otros dones y talentos que tienes ahí latentes». Confía en la vida; no te ofusques nunca ante ella.

No te ofusques tampoco si eres el típico jubilado que, una vez liberado de la obligación laboral, se siente ahora desmotivado, desorientado, aunque su trabajo no le gustase especialmente. Se te programó tan bien que no sabes qué hacer ahora que te han quitado los grilletes. ¡Busca la forma de desprogramarte y empieza a vivir! Busca tus dones y ejércelos.

Vivir según los propios dones o no hacerlo

A veces me preguntan: «¿Qué ocurre después del tránsito si, una vez encarnado, en tu libre albedrío te has dedicado a otra cosa en lugar de ejercer tus dones?». No esperes ningún castigo; nadie va a reprenderte. En el otro plano podrás decidir si volver a encarnarte para hacer realidad esos propósitos o no. El universo es perfecto no porque todo esté predeterminado, sino porque está hecho de amor. Siendo esto así, el determinismo no existe.

Así pues, en el otro plano nadie te juzga, pero tú mismo puedes decidir volver a tener las experiencias que no has vivido como hay que vivirlas: desde la consciencia. En el lenguaje oriental se habla de la cadena de reencarnaciones, del *samsara*, que tiene que ver con muchas cosas, pero también con los dones y talentos no expresados.

No vivir según los propios dones y talentos es significativo *ahora*. Cuando se quedan guardados en un cajón, la vida se convierte en un hacer haciendo en que todas las actividades no tienen que ver con el auténtico ser de la persona, con sus capacidades. Entonces la vida es cuesta arriba; viene marcada por el esfuerzo, el trabajo, el sacrificio... Cuando uno vive sin ejercer su don y su talento, se está provocando a sí mismo una vida de angustia y sufrimiento, en lugar de sacar a flote la felicidad que es su estado natural. Esto convierte la vida en un acto de supervivencia.

Cuando se ejercen los dones y talentos, sea o no como profesión, el entusiasmo y el enamoramiento que eso genera por la vida, y la felicidad natural que brota al hacerlo, «contaminan» todos los otros aspectos de la vida; lo llenan todo. En este sentido, ocurre algo semejante a cuando se está enamorado de una persona. Yo disfruto mucho desarrollando mi don y mi talento, que entiendo que es la introspección-comunicación. Es cierto que realizo mucha actividad, pero vivo en un hacer no haciendo. «Hago» muchas cosas, pero no por obligación, carga o deber, sino porque ello fluye como energía de mi interior. Y me he dado cuenta de que este hacer no haciendo afecta a otras muchas áreas de mi vida. Yo tengo una actividad laboral de siete horas y media al día, en que a veces hago cosas que tienen que ver con mis dones, y a veces no. Pero no me importa, porque el enamoramiento que se desprende del ejercicio de mis dones y talentos lo llena todo de entusiasmo. Así pues, no lo dudes: permítete enamorarte de tu don.

PARA RESUMIR...

- Como todo el mundo, viniste aquí con unos dones y talentos, que elegiste antes de nacer.
- No existen jerarquías entre los distintos dones. Son muy variados, pero todos son igual de valiosos.
- Los dones y talentos no se ejercen buscando contrapartidas. Su ejercicio está íntimamente conectado con el gozo de vivir.
- Los dones y talentos se ejercen sin esfuerzo, con entusiasmo y sin apenas la sensación de que pase el tiempo.
- El ejercicio de los dones y talentos puede imbuir de plenitud las otras áreas de tu vida que no tienen que ver con ellos.
- Tus dones y talentos constituyen la expresión más acabada de tu divinidad y capacidad creadora, y te han sido dados para que los compartas.
- Tus dones y talentos se desvirtúan si crees que debes ser perfecto; o si los vinculas con un sentimiento de misión, de sacrificio o ayuda a los demás; o si persigues algún tipo de reconocimiento. El gozo es su único origen y su único fin.
- Si no ejerces tus dones y talentos en tu vida, esta se te pone cuesta arriba, pero no esperes un castigo «en la otra vida». Tendrás la oportunidad de decidir si regresar para ejercerlos o bien pasar página.
- Si no sabes cuáles son tus dones y talentos, interiorízate para hacerte consciente de ellos. También puedes preguntar a personas de confianza para obtener pistas.
- La jubilación es una etapa especialmente buena para ejercer los dones y talentos ya reconocidos o para descubrir otros nuevos.

PARTE III

LA ECONOMÍA DE LOS DONES Y TALENTOS (ECODON)

Sobre las premisas anteriores, de la práctica libre y natural de los dones y talentos por parte de los seres humanos surge una nueva economía. Tan nueva que más que «eco-no-mía» debería ser denominada «eco-sí-nuestra». De sus contenidos hay que subrayar los cuatro aspectos siguientes: compartir, a cada cual según sus necesidades; proyectos emprendedores, y la función del dinero.

COMPARTIR: CUANTO MÁS TENGAS, MÁS TE SERÁ DADO

Compartir es vivir; retener, sobrevivir. Compartir es gozar la vida; retener, encarcelarla entre los barrotes de la ansiedad y la inquietud del ego.

La vida es un profundo equilibrio entre echar fuera e invitar dentro. El armónico fluir de esta potente dinámica tiene su clave en el compartir: da y se te dará más. Por ejemplo, en la respiración, cuanto más aire expeles, más inspiras. Si exhalas más aire, se crea un mayor vacío dentro, y puede entrar más. Fíjate en que no es preciso que pienses en inspirar: saca todo el aire que puedas y todo tu ser inspirará.

De idéntico modo, ama más y tu cuerpo recogerá energía de todo el cosmos. Crea el vacío y la energía vendrá. Y lo mismo sucede con todos los procesos de la vida. Así pues, ¡comparte! Da y la vida te dará más, sea lo que sea...

Este es el significado profundo del compartir: dar tu energía, en la forma y modalidad que sea, es un regalo; y, a cambio, se te da más. Por tanto, no lo dudes: comparte tus dones y talentos y hazlo con consciencia y desde tu esencia, sin buscar resultados ni contrapartidas. Y la vida, mágicamente, armónicamente, te dará más. No te dará más solo de formas materiales; sobre todo te hará regalos que fomenten tu proceso consciencial y evolutivo y tu crecimiento en consciencia (las mortajas no tienen bolsillos pero esto sí que te lo llevas, una vez que desencarnas y abandonas este plano).

Cristo Jesús afirmó algo paradójico: «Porque a todo el que tiene, se le dará y le sobrará; pero al que no tiene, aun lo que tiene se le quitará» (Evangelio de Mateo, 25, 29). ¿Qué quiso expresar con esto? Que si compartes lo que tienes, incluidos los dones y talentos de los que aquí estamos hablando, la vida, de manera natural, te dará más; pero si, en vez de compartir, acumulas y retienes, lo que tienes te lo quitará la vida, también de forma natural. La vida crece en el gozo. Aquellos que comparten obtendrán más, porque cuanto más disfrutan más crecen... El que no esté agradecido perderá lo que tiene; en cambio, a quien está agradecido, la existencia entera le ayuda a tener más, porque se da cuenta de lo que ha recibido... Sé más amoroso y recibirás más amor. Da más y tendrás más para dar. Comparte sin esperar nada a cambio y tu ser aumentará...

Compartir forma parte intrínseca del milagro que es la vida. En el llamado milagro de los panes y los peces, la clave es compartir. Bajo la influencia de la percepción productivista y economicista todavía vigente, se lo conoce como el *milagro de la multiplicación*, pero en los Evangelios no se indica que Cristo Jesús «multiplicara» los alimentos. Sencillamente, invitó a compartir lo que se tenía (cinco panes y dos peces) y fue así como hubo para todos (miles de personas). El milagro no es la multiplicación, sino el compartir... Comparte tus dones y talentos, comparte tu energía, comparte tu divinidad, en cualquiera de sus manifestaciones.

A CADA CUAL SEGÚN SUS NECESIDADES

No todos los seres humanos necesitan lo mismo; los hay que por su estado de consciencia, estado físico o edad necesitan más, y esto hay que respetarlo. En el milagro de los panes y los peces, cada uno pone la mano en el cesto y toma en función de sus necesidades.

El sistema socioeconómico vigente, construido sobre los cimientos de una consciencia egocéntrica, actúa y concibe la vida desde la escasez (de recursos, de bienes, de energía, de amor...) y distribuye lo escaso según las «capacidades». Esta es la ley del más «fuerte». Frente a estos paradigmas y esta visión de la vida y las cosas propios del sistema imperante, el ejercicio de los dones y talentos opera en la dinámica *fluir-recibir-fluir*. El misterio de la vida se desvela de par en par: se trata de *Vivir Viviendo*. Se trata de vivir fluyendo para recibir (¡sin miedos!) de la Creación. La Creación es una naturaleza viva y divina de abundancia infinita donde la gracia y la riqueza se distribuyen entre todos los componentes que la configuran. Y esta distribución no se hace según la «capacidad» de cada miembro, pues no hay niveles conscienciales (ni dones y talentos) mejores o peores. En lugar de ello, la abundancia de la Creación se distribuye según la necesidad derivada del momento biológico concreto y del proceso evolutivo que cada uno de sus componentes esté experienciando. Y nadie juzga lo que recibe el otro. Así de simple y maravilloso.

Esto lo han percibido a lo largo de la historia bastantes hombres y mujeres, que han vivido en consonancia con esa visión no egocéntrica o han propuesto modelos sociales y económicos para superar los vigentes. Un modelo social lo ofrecieron, por ejemplo, los colectivos cristianos primitivos. Así se describe en los Hechos de los Apóstoles (4, 32-35) el modo de vida de la comunidad:

> La multitud de los creyentes no tenía sino un solo corazón y una sola alma. Nadie llamaba suyos a sus bienes, sino que todo era en común entre ellos [...] No había ningún necesitado, porque todos los que poseían campos o casas los vendían, traían el importe de la venta y lo ponían a los pies de los apóstoles, y se repartía a cada cual según sus necesidades.

En cuanto a la formulación de modelos socioeconómicos fundamentados en ese reparto según las necesidades, valga como botón de muestra la propuesta sintetizada por Karl Marx en su *Crítica del programa de Gotha* (I, 3):

> En la fase superior de la sociedad comunista [...] solo entonces la sociedad podrá escribir en su bandera: ¡de cada cual según su capacidad; a cada cual según sus necesidades!

En esta línea, la economía de los dones (ECODON) se basa en los tres elementos siguientes:

1. El disfrute de la abundancia que caracteriza a la Madre Tierra, al cosmos y a la Creación (sin que nadie ni nada la limite ficticiamente por intereses egoicos o deseos de apropiación y acumulación).
2. El gozo al practicar y compartir libre y naturalmente los dones y talentos de cada persona (cada cual los suyos y todos igualmente valiosos, sin establecer jerarquías o prioridades entre ellos).
3. La distribución de los frutos de esos dones y de los bienes obtenidos en «común-unión» con la naturaleza no en función de la

capacidad de cada uno (esto situaría unos dones por encima de otros a partir de falaces criterios economicistas y productivistas), sino según las necesidades de cada cual. Estas necesidades se derivan de los procesos tanto biológicos como conscienciales de cada ser humano.

PROYECTOS EMPRENDEDORES

En este escenario, el impulso y la realización de los proyectos emprendedores que las personas sientan desde su interior serán expresión del despliegue de sus respectivos dones y talentos. Y no buscarán el enriquecimiento o beneficio propio, sino solamente el gozo de realizar ese emprendimiento. Haciéndolo así contribuirán, incluso sin pretenderlo, a la mejora de las condiciones de vida o al avance tecnológico y espiritual de la humanidad en su conjunto y sin excepciones, en simbiosis y armonía con la naturaleza y la Madre Tierra. Todo esto es precisamente lo que muchos emprendedores están ya percibiendo en su interior y desarrollando desde el corazón. Sobre estos nuevos paradigmas y pilares, la humanidad se transformará a sí misma en una espléndida red sostenible y creativa que gozará la vida. (Recuerda que gozar la vida es el único motivo de la existencia, en cualquier plano y dimensión).

Una forma radical de proyecto emprendedor, integrador, consiste en vivir en una ecoaldea. Ahí, las personas viven de forma autogestionada y autosuficiente. Ciertamente, no es algo a lo que nos sintamos llamados la mayoría, pero constituye uno de los ejemplos más cabales e integradores de lo que se puede hacer.

LA FUNCIÓN DEL DINERO

Actualmente, el dinero es la base de la economía. Con relación a él es importante tener en cuenta cinco principios fundamentales:

1. No hay que confundir valor y precio. Las cosas realmente valiosas de la vida no pueden medirse en euros, comprarse ni venderse.

2. Aquello que tiene precio no es tan necesario como los hábitos sociales y los paradigmas y pautas economicistas nos han hecho creer. Realmente, para vivir se necesitan muchos menos productos ponderables en euros de lo que el sistema y modelo de vida aún mayoritario indican. Dicho sistema ha impulsado un estilo de vida basado en el consumismo y un ritmo de vida en el que se derrochan ingentes cantidades de energía en actividades carentes de sentido.

3. El dinero, como todo lo que el ser humano enfoca y toca, es energía. Y no es una energía escasa, sino abundante. Hay que eliminar la concepción del dinero como un bien u objeto material y escaso y percibir que se trata de una energía profusa.

4. Como cualquier otra energía, el dinero fluye (entra y sale) en nuestra vida cotidiana en la forma y cuantía ajustadas a nuestro propio proceso consciencial y sus requerimientos. Es nuestro estado consciencial el que atrae a nuestra vida la cuantía de dinero pertinente para que podamos desarrollar las experiencias que en ese estado nos corresponde vivir.

5. Como cualquier energía, el dinero se expande al compartirlo; no cuando se enfoca desde el deseo de acumulación y retención.

Te invito a iniciar una nueva relación con el dinero desde la perspectiva de estos cinco principios básicos y desde la absoluta confianza de que llegará a ti en la cuantía precisa según tu momento consciencial y evolutivo. Y si tu actividad laboral es ya la puesta en práctica de tus dones y talentos, no tengas problemas en ponerle un precio a su fruto. Eso sí, que el precio lo decida tu corazón. Obtén unos ingresos que te permitan vivir con dignidad y, a la par, gozar del compartir con los demás el resultado de tus dones.

En relación con esto, el maestro de cada uno es uno mismo. En mi caso, llevo años desarrollando el talento de la introspección-comunicación, lo cual me permitiría obtener bastantes ingresos. Pero tal como percibo mi don y mi talento, para que sea completo siento que debo ofrecerlo gratuitamente. Esto no impide que otra persona ponga un precio a su don y su talento al compartirlo. Así pues, no me estoy poniendo como ejemplo para nadie. Por otra parte, hay personas que crean el escenario para el desarrollo de sus dones y talentos fuera del horario laboral (de hecho, este es mi propio caso).

En conexión con la nueva consciencia relativa al dinero, están ya en marcha iniciativas interesantes, como los bancos de tiempo. También existe, como alternativa a la banca convencional, la banca cívica (o «ética»). A veces me preguntan qué pienso de ella... Estoy convencido de que a la banca cívica, y a las personas que hay tras ella, las anima una nueva consciencia. Por ejemplo, la banca cívica garantiza que los proyectos que financia tienen que ver con actividades lícitas. Es decir, no están relacionados con el tráfico de drogas, de blancas, de armas..., algo que sí financia la banca que todos conocemos. Recuerda que esos mismos bancos que están operando en cualquier gran ciudad son los mismos que están operando en los paraísos fiscales; el mismo banco donde te domicilian la nómina se dedica a blanquear los capitales procedentes de esos tráficos. En este entramado, la banca cívica intenta hacer las cosas de forma distinta, y desde ahí solamente puedo darle un abrazo. Ahora bien, la banca siempre es banca, y el mundo de la deuda es siempre el mundo de la deuda. Por mucho corazón que le pongamos, vayamos con cuidado para no contribuir a engrosar la raza de deudores. Quizá sea mejor buscar mecanismos, procedimientos distintos. Más que la banca, recomendaría explorar las cooperativas de crédito, que están formadas por gente normal y corriente que se pone de acuerdo entre sí para realizarse préstamos a bajo interés o sin interés, con el espíritu solidario de hoy por ti y mañana por mí.

EL SALTO A LA ECONOMÍA DE LOS DONES

Cuando uno sube por primera vez a un avión para tirarse en paracaídas, es casi imposible que no tenga miedo. Y ¿cómo se vence ese miedo? Saltando. Puede ser que saltes mil veces y que mil veces tengas miedo, pero sabes que ese miedo se vence saltando. En una de las películas de Indiana Jones, está frente a un abismo tan profundo que no se oye el ruido de una piedra al llegar al fondo. Necesita un puente para cruzarlo, y la forma de que aparezca el puente es dar un paso hacia el vacío. Cuando lo hace, aparece justo el trozo de puente necesario para que pueda apoyar el pie. Y al lanzar al vacío la siguiente pierna se extiende un poco más el puente. Así es como se vence el miedo: confiando en la vida.

Cuando uno siente que su actividad laboral ya no está alineada con su corazón, con su consciencia, tiene que atreverse a dar el salto. Muchas veces atreverse a cambiar no es andar como desesperado buscando el cambio, sino abrirse a este, a la posibilidad, y abrirse a todo aquello que puede conllevar el cambio de actividad laboral (por ejemplo, cambios geográficos). Una vez que estás sintiendo que te conviene cambiar de trabajo, deja que la vida fluya. Confía en la vida estando atento a sus señales, y me atrevería a afirmar que va a empujarte a ese cambio de actividad laboral que estás anhelando en el corazón. Abrirte a cambiar de trabajo no consiste tanto en mirar anuncios en periódicos o enviar currículums, que no digo que no lo hagas, como en estar abierto y dispuesto a fluir. Y no presupongas un formato determinado. Porque puede ser que la nueva actividad laboral tenga que ver con lo que estás haciendo ahora o puede ser que no. A lo mejor tiene que ver con dones y talentos que tenías olvidados y que ahora se van a poner de manifiesto.

Debes confiar en la vida. La vida te va a dar lo que necesites para vivir. Ahora bien, lo que necesitas para vivir no es lo que el sistema te dice que necesitas para vivir. El sistema te lleva a pensar que tienes unas necesidades básicas que requieren que derroches, no que seas austero. Sin embargo, muchas de estas necesidades son falsas, puramente artificiales. La vida en consciencia te va a impulsar a que necesites poco y, por tanto, a que puedas sufragarlo a partir de la austeridad.

En otro nivel, enamórate de la vida. En lugar de centrarte tanto en el trabajo, déjalo de lado por un momento y siente tu vida; siente lo que debería haber en ella, qué ingredientes le tendrías que incluir para que te enamorases de ella. Al estar enamorado, todo parece divino, porque se está lleno de amor. En mi caso vi con claridad lo que tenía que añadir a mi vida: la introspección-comunicación. Y gozo haciéndolo. La gente me da las gracias, pero el agradecido soy yo. Al sentir este gozo, estoy enamorado de la vida.

LA TRAMPA DEL MAÑANA

El *mañana* es una especie de droga que la gente utiliza para no hacer ahora lo que de corazón siente. Hay infinidad de seres humanos que están dándose cuenta de que la vida que despliegan cotidianamente no es coherente con lo que sienten, y se inventan la excusa del mañana: «Ya lo haré mañana», «Ya lo haré cuando...». Ese *cuando* es «cuando encuentre una pareja», «cuando encuentre un trabajo», «cuando me toque la lotería», «cuando me pase esto», «cuando me pase aquello»... Todo esto son falsedades, mentiras. La única realidad es que en el aquí-ahora tú no eres capaz de llevar a cabo aquello que estás sintiendo. No ocurre nada por tener miedo, forma parte de la experiencia humana, pero reconócelo: si tienes miedo a algo (a perder unos ingresos, a perder una situación, a perder una pareja...), reconoce ese miedo. Y acéptalo; también tiene su porqué y su para qué en tu vida. Cuando lo observas y lo aceptas, se diluye. Cuando nunca se va a diluir el miedo es si te empeñas en ocultarlo.

NO LUCHES CONTRA LO VIEJO; CREA LO NUEVO

Hay personas que, en su evolución personal, han salido de la consciencia egocéntrica. Pero no dejes que el hecho de que hayas salido de la consciencia egocéntrica y estés en otra clave te lleve a la confrontación, a intentar convencer... No; deja que el sistema siga su dinámica. Tú limítate a desconectar, a empezar a vivir de una forma distinta. ¡No luches! ¡No destines ni un gramo de tu energía a pelear contra lo viejo! Lo que tienes que hacer es crear lo nuevo. Esto es crucial. El vino nuevo tiene que meterse en odres nuevos.

Desvincúlate pues del sistema, pero desde el amor. No desde la ira, no desde el resentimiento, no desde la lucha. No caigas en la resistencia; porque si lo haces, te vuelven a apresar. Luchar contra el sistema no sirve de nada. Tampoco acudas a los medios que ponen a nuestra disposición para cambiar el sistema, pues en realidad no sirven para ello (si no, no los pondrían a nuestra disposición). Me he dado cuenta de que la política no sirve de nada; es un ardid ideado por las élites. La política jamás ha cambiado ni cambiará nada, aunque temporalmente pueda parecer que lo haga.

El sistema ha logrado que cualquier lucha contra él represente sumarle energía. De hecho, el sistema promueve los movimientos alternativos, las oposiciones a él mismo. Por ejemplo, desde que Podemos está en el Parlamento español, han disminuido radicalmente los movimientos sociales en el país. El sistema financia y da publicidad a esos movimientos de oposición para que se institucionalicen. Esta es la forma de que los pocos que puedan estar por fuera pasen a formar parte también de su engranaje. Esto el sistema lo sabe hacer maravillosamente bien.

¿Cuántas revoluciones ha habido en la historia de la humanidad en nombre de la justicia social? ¿Cuántos hombres y mujeres han dado la vida por ello? Posiblemente nosotros, en anteriores encarnaciones, hemos dado la vida por esos valores. Pero podemos constatar que el cambio nunca ha llegado. La humanidad ha variado en lo tecnológico, en las formas, pero en lo que son los componentes fundamentales de la sociedad, los valores sociales, los valores del mundo en que hemos vivido, no ha habido cambios sustantivos. Esos movimientos no dieron fruto (no sirvieron para cambiar el mundo), pero sí tuvieron una consecuencia muy importante: sirvieron para impulsar los procesos conscienciales de las personas que participaron en ellos dando lo mejor de sí. Esas almas pueden estar encarnadas ahora, desarrollando una serie de actividades, viviendo de una determinada manera, como consecuencia del impulso que recibió su proceso evolutivo y consciencial a raíz de la forma en que vivieron entonces. Por tanto, cuando uno da lo mejor de sí, porque así lo entiende desde el corazón, para producir una transformación en el mundo exterior desde el exterior, esto tiene un impacto enorme en el interior de esa persona. Ahora bien, el mundo exterior no ha cambiado porque no puede cambiarse desde el exterior. El mundo es una matriz holográfica y la única forma de cambiarlo es generando cada uno desde dentro un holograma distinto. Cada uno, en su vida cotidiana, tiene que generar un holograma en coherencia con esos valores de los que estamos hablando. A partir de ahí, a partir de la interacción de muchos hologramas con una frecuencia vibratoria distinta, iremos conformando un nuevo mundo, una nueva realidad. Ya lo estamos haciendo.

Sí, hay otra vida posible. Pero la forjo yo con mi día a día. No lo puede hacer nadie por mí. Y no lo puede hacer nadie por ti. Depende exclusivamente de ti que tu energía, tu fuerza, tu atención, tu corazón, tu consciencia vayan dirigidos a crear eso nuevo en tu vida cotidiana. En la Biblia se nos cuenta que hay personas que optan por una vida distinta, y que se van de esas ciudades que se llamaban Sodoma y Gomorra, que, por decirlo de alguna manera, vendrían a significar el desbarajuste tremendo al que hacía referencia (en los primeros capítulos) acerca de cómo funciona el sistema y la élite. En la Biblia se nos habla de la familia de Lot, que sigue a Abraham y se va a una nueva vida. Eso sí, cuando alguien, si quiere vivir una nueva vida, vuelve la vista atrás y sigue mirando a la vida anterior, le sucede lo que a la mujer de Lot, que se convirtió en estatua de sal. Es decir, uno se estanca. El quid de la cuestión estriba en decir, con plena consciencia, que se acabó. Y en darnos cuenta de que todos los círculos de élites y subélites nos están posibilitando el gran avance en consciencia, sin precedentes en tu vida y en la mía, en esta o en otras encarnaciones, de que surja el amor, incluso en este contexto. Cuando el amor y la comprensión se dan en este escenario, ello significa que van a llenar ya todos los escenarios posibles.

PARA RESUMIR...

- ECODON es la economía de los dones y talentos. La obtenemos cuando todos nosotros nos dedicamos a compartir nuestros respectivos dones y talentos.
- En la economía del compartir no es necesario acumular; ni tan siquiera ahorrar. La abundancia rige en el cosmos, y más se manifiesta cuanto más se comparte desde el corazón.
- En la economía de los dones, cada cual da según sus capacidades y obtiene según sus necesidades.
- Los emprendimientos son la expresión gozosa de los dones y talentos de quien los lleva a cabo.
- Se valoran más los intangibles de la vida y las necesidades pueden cubrirse con mayor austeridad.

- Es lícito obtener ingresos a partir del ejercicio de los propios dones y talentos, y lo es también no recibir compensación económica por ellos. Cada cual debe actuar según su sentir.
- Existen iniciativas interesantes encaminadas hacia una nueva forma de vivir. Los bancos de tiempo, la banca cívica, las cooperativas de crédito y las ecoaldeas constituyen exponentes de ello.
- ¡Atrévete a dar el salto a la economía de los dones! No hace falta que seas temerario; lanza las semillas que consideres oportuno y pide, desde el corazón, que cambie la dinámica económica de tu vida. Ábrete a las nuevas oportunidades que van a surgir. Acepta tus miedos.
- Empieza a vivir de una forma distinta, pero no destines nada de tu tiempo y energía a luchar contra lo viejo. Lo viejo sucumbirá a su debido tiempo, cuando suficientes personas estén implicadas con lo nuevo.

8

CONSCIENCIA Y ENFERMEDAD

La enfermedad y su significado consciencial

LA FALACIA DE LA ENFERMEDAD Y DE LA MUERTE

Tu yo físico, mental y emocional (el coche en el que estás) es tan divino como todo lo es, sin excepciones, en la Creación. Sin embargo, tiene fecha de caducidad; no es eterno, como sí lo eres tú (el Conductor). Y llegado un momento concreto de tu experiencia humana, lo abandonarás. El tránsito que la humanidad llama muerte es el criterio que permite distinguir entre el Conductor y el coche: lo que no sobrevive a la muerte y se descompone y transfigura con ella es el coche; y «eso» (espíritu, luz, energía, consciencia..., el nombre es lo de menos) que sigue vivo tras la muerte es el Conductor.

Teniendo en cuenta lo precedente, cuando te digan que alguien ha muerto, o cuando haga el tránsito un ser querido, no olvides que es mentira, que sigue muy vivo. La muerte no tiene el sentido que la mayoría de la humanidad todavía le otorga. La muerte forma parte de la vida y constituye un renacimiento, una puerta que se abre para pasar de una habitación de la vida a otra (del «plano físico» al «plano de luz»).

Por la misma regla de tres, si el médico te dice que tienes una enfermedad, ten presente que es falso, porque es imposible que tú, el Conductor, enfermes: sencillamente, el coche se ha averiado. Aún más, es el Conductor que eres el que genera la enfermedad en el coche en pro de tu desarrollo consciencial y evolutivo: ninguna enfermedad es fruto del azar. Todas tienen su origen y razón de ser en los procesos conscienciales, que son interiores, no exteriores. Lo cierto es que la enfermedad, tal como es concebida por tanta gente, no existe. Las enfermedades son la manifestación exterior (en el coche) de procesos de sanación, de limpieza, de encuentro, de recuerdo; son impulsos de nuestro proceso consciencial y evolutivo.

¿No terminas de entenderlo? Hablemos de los icebergs...

Los icebergs y los síntomas

Trae a tu memoria uno de esos enormes icebergs que, tras desprenderse de un glaciar o de una plataforma de hielo, surcan flotando las aguas oceánicas arrastrados por las corrientes marinas. Del iceberg sobresale del agua solamente una octava parte de su volumen total, la porción que puedes ver con tus ojos, mientras que más del 85% se mantiene por debajo de la superficie, invisible para tu mirada.

Cuando un iceberg penetra en aguas más cálidas, comienza a derretirse. Podrás detectar esto porque su parte exterior, la que emerge por encima del agua, empezará a deshelarse y menguará. Si atiendes a la temperatura exterior del aire, lo que está ocurriendo puede no tener sentido, porque acaso esa temperatura sea de varios grados bajo cero; pero no es la temperatura ambiente lo que está provocando el deshielo. La razón de ser de la licuación se halla en la parte del iceberg que permanece en el interior del océano, por debajo de la superficie, pues es la que se encuentra en contacto directo con las aguas templadas que provocan la descongelación y la reducción del tamaño de la masa de hielo.

Así que la causa del deshielo de la punta no está en la punta. Esta solamente manifiesta el *síntoma* de lo que está ocurriendo en el interior, en la parte del iceberg que no vemos.

Pues bien, este es el hilo conductor de nuestras vidas. Es como si hubiésemos olvidado que somos un iceberg que tiene una parte exterior (el coche) y una parte interior (el Conductor, la consciencia, los procesos conscienciales). Hemos olvidado la costumbre de mirar la parte de dentro. Es así como miramos a cualquier persona y solo vemos una parte de ella, la física.

Como en el caso de los icebergs, lo que sucede a cada uno y en la vida de cada uno tiene su causa y su origen dentro. Ocurre exactamente lo mismo con lo que acontece en el mundo. Desde el aferramiento al coche, la gente suele creer y pensar que lo que sucede en el exterior (en el yo físico, mental y emocional) tiene su origen y causa en ese exterior. Por ejemplo, en el caso de una enfermedad, se reconoce, se interpreta y se intenta curar a partir de su manifestación exterior, esto es, por sus síntomas y sus efectos en el cuerpo físico o en la mente. Sin embargo, la realidad es otra muy distinta: la causa y origen de lo que sucede en el exterior (incluidas las enfermedades) se halla siempre en el interior y se relaciona con el impulso y la evolución del estado de consciencia, como ya indiqué.

El hecho de que el abordaje de la medicina convencional sea eminentemente sintomatológico no quiere decir que no debas ir al médico o someterte a tratamiento médico cuando tengas una enfermedad, faltaría más. Que cada uno haga lo que considere oportuno. Mi aportación es que no te quedes solamente con lo que te diga el médico; no te quedes en el análisis del síntoma, la medicación y el tratamiento. En lugar de ello, mira lo que eres; siéntate en silencio y busca la respuesta dentro de ti: «¿Por qué estoy generando esto que desde el punto de vista del síntoma es una enfermedad?». Esto vale para una gripe, para una lesión muscular, para una rotura de huesos, para un tumor o para la diabetes, e incluso para las enfermedades psíquicas, como el trastorno bipolar, la esquizofrenia, etc.

Con este telón de fondo, la totalidad de las denominadas enfermedades pueden ser clasificadas en dos grandes tipos: tipo 1 y tipo 2. Todas tienen el origen en el interior y su finalidad es la de proporcionar un impulso consciencial.

LAS ENFERMEDADES DE TIPO 1 Y TIPO 2

Tipo 1: Las enfermedades terminales

Las enfermedades o «averías» de tipo 1 son aquellas cuya razón de ser es que el Conductor abandone el coche que ha venido utilizando durante la vida física actual, para ponerle fin. Son, por tanto, enfermedades terminales, que llevan al tránsito. ¿Cuándo acontecen? Hay dos posibilidades:

Por un lado, cuando se han vivido las experiencias por las que se produjo la encarnación en esa vida concreta. Tras haberlas experimentado, ya no tiene sentido alguno seguir en el coche; por ello, desde el Conductor se crea y provoca en el coche la enfermedad terminal. Lo importante no es la edad que tenga el cuerpo, sino que el Conductor haya vivido las experiencias que motivaron su encarnación. Puede darse el caso de que las experiencias por las que encarnó ese Conductor se hallen asociadas al apoyo al proceso consciencial de otras personas (por ejemplo, los seres queridos). En este supuesto, la enfermedad terminal acontece para impulsar, mediante el impacto que provoca en el entorno, la evolución consciencial de esas personas.

Por otro lado, como el libre albedrío es la regla, la enfermedad terminal puede sobrevenir cuando la vida de esa persona ha ido por unos derroteros que ya hacen imposible que vivencie las experiencias por las que ese Conductor encarnó. Así, siguiendo con el símil del vehículo, supón que alguien encarnó en esta vida física para vivir la experiencia de viajar en coche de París a Sevilla; pero en libre albedrío, una vez encarnado, el coche no se ha dirigido hacia el sur, sino que ha ido en dirección contraria y circula ya cerca del Polo Norte. Las experiencias que motivaron la encarnación ya no podrán ser vivenciadas en esta vida física y el Conductor, consciente de ello, genera una enfermedad que pone fin a esa vida.

El Conductor decide cuándo y cómo realizar el tránsito. Los seres humanos podrían transitar al otro plano con plena consciencia sin necesidad de las enfermedades terminales, si fuesen conscientes. Un ser consciente siente con claridad en su interior la cercanía del tránsito; esto le permite, de forma abierta, comunicar a sus seres queridos que su encarnación en este plano físico ha concluido, puesto que ya vivió las experiencias para las que encarnó. (Puedes ver más al respecto en el próximo capítulo).

Tipo 2: Las enfermedades no terminales

En cuanto a las enfermedades o «averías» de tipo 2, las no terminales, no se dirigen por supuesto a acabar con la actual vida física. Su porqué y su para qué radican en plasmar unas vivencias que permitan recordar y retomar el rumbo cuando se ha perdido y el coche se desplaza en una dirección distinta a la que motivó la encarnación.

Retomando el símil anterior, cuando el coche que debía ir de París a Sevilla está yendo hacia el norte en lugar de ir hacia el sur, el Conductor genera una enfermedad en él que le fuerce a pararse (a respirar, a recapacitar), con el objetivo de intentar recuperar la dirección perdida en términos conscienciales. La gravedad de la enfermedad dependerá de lo poco o mucho que se haya desviado el coche del itinerario. Si el desvío no es excesivo, la enfermedad puede ser de poca importancia; tal vez contraigas, por ejemplo, una gripe, que te invite a detenerte, guardar silencio y escucharte. Ahora bien, lo habitual en el ser humano es que considere que ha contraído el virus por azar; en lugar de prestar atención a lo que está ocurriendo, se conforma con ir al médico para que le recete algo. La persona sigue desviada y cada vez se desvía más, con lo cual la voz de la enfermedad se hace más fuerte (acude una experiencia de enfermedad más potente).

Las enfermedades no terminales y las terminales, y también los accidentes, a veces están ligadas al proceso consciencial de otras personas, más que al propio. Cuando este es el caso, la enfermedad o muerte tiene lugar para apoyar la evolución consciencial de los seres queridos, a partir del impacto o las repercusiones que de algún modo les genere esa enfermedad o muerte. Este es especialmente el caso cuando sufre una enfermedad grave, o muere, un niño, adolescente o persona joven. Como los procesos conscienciales no son solo individuales sino también colectivos, es habitual que en el otro plano hagamos pactos de amor con otros Conductores, que se plasman aquí de muy diversas formas. Una de estas formas son las enfermedades, que pueden motivar que los seres queridos se hagan preguntas que de otro modo nunca se harían. (Puedes ver más al respecto en el próximo capítulo).

LAS DENOMINADAS «ENFERMEDADES MENTALES»

La mente, en su funcionamiento dual, ha establecido dos grandes categorías de enfermedades: las físicas y las mentales. A partir de ahí, las enfermedades físicas son confesables. Una persona no tiene problema en decir que tiene diabetes, o en salir a la calle con la pierna rota, etc. Pero en el ámbito de las enfermedades mentales ocurre todo lo contrario. Hay una necesidad de ocultar la enfermedad mental, como si el hecho de sufrirla lo degradara a uno, lo bajara de nivel. Por ejemplo, mucha gente que tiene depresión no quiere que los demás se enteren.

La realidad es que no existen estas dos categorías de enfermedades. Hay un único fenómeno que es la enfermedad; las distinciones solamente aplican al ámbito del coche. Así que no hay que ocultar la enfermedad psíquica, diferenciándola de la física. En todos los casos son manifestaciones de procesos conscienciales (en aras de uno mismo o de sus seres queridos). Así pues, no hay que sentir vergüenza en presencia de la enfermedad mental, o querer ocultarla.

Además, las «enfermedades mentales» no siempre son tales. Por ejemplo, hay personas que oyen voces de seres, y esto no es necesariamente el síntoma de una enfermedad mental; estas voces pueden pertenecer a seres que están en otros planos. Y a veces se llama enfermedad a algo que es un don, un talento o una bendición de la vida. Esto incluye el presunto trastorno por déficit de atención con hiperactividad, en que el niño ha desconectado porque se enteró de lo que dijo el profesor a la primera.

Y hay anomalías psíquicas que tienen que ver con experiencias conscienciales que son una auténtica belleza. Habría que hablar mucho por ejemplo del autismo, que tiene muchas manifestaciones posibles, una de las cuales tiene que ver con un estado de consciencia muy despierto, en que el Conductor está desplegando experiencias de amor inmensas hacia su entorno. Ese Conductor ha encarnado con el único fin de ser amor para los seres queridos que tiene alrededor. Como padre o madre, ama a ese ser como él te ama y disfruta de la experiencia.

La enfermedad bipolar es otra bendición, porque la persona que presenta este trastorno tiene la capacidad de percibir cosas que están más allá de la banda de la percepción ordinaria del ser humano. El único quid de la cuestión es que aprenda a mantenerse dentro de la banda que aquí llamamos normal, porque es verdad que cuando sale de la banda esto origina en ella unas distorsiones que afectan a su vida personal, familiar y social.

LAS «ENFERMEDADES KÁRMICAS»

Las enfermedades tienen siempre su origen en procesos conscienciales. Estos los estamos viviendo en esta vida, pero no tienen todo su origen en esta vida. Desde este punto de vista puede decirse que, a veces, hay una conexión entre la enfermedad de la persona y su karma. De todos modos, como el único que enferma es el coche, puedes identificarte con el Conductor y dejar de preocuparte por el lastre de los karmas. Me explico.

Para comprender qué es el karma, imagina que mañana tienes que ir a trabajar pero que hoy te dejas convencer por unos amigos para ir de copas, de modo que te acuestas de madrugada. Te levantarás con resaca, y como estás en la misma vida física, sabrás perfectamente cuál es la causa de tu mal cuerpo. Pero entre vidas físicas, la mente que guarda la memoria es distinta, porque el coche es distinto, de modo que no recuerda lo vivido en anteriores vidas físicas. La «resaca» procedente de otras vidas es el karma, el cual no solamente hace referencia a circunstancias «negativas», sino también a las que la mente calificaría de «positivas». Todas las experiencias que has vivido en tu proceso consciencial y evolutivo en otros cuerpos están también presentes ahora, aunque no lo recuerdes. De hecho, tampoco hace falta que recuerdes todo lo que has vivido en tu vida física actual para seguir operando; llevas todas esas experiencias contigo de cualquier modo. Muchas veces, esa «resaca» te lleva a tener experiencias que son derivaciones de lo vivido en vidas pasadas y que has ido generando desde la identificación con el coche. En esos casos consideras que estás viviendo los efectos de tu karma.

Dicho esto, estamos en condiciones de decir adiós a los karmas, tras haberles agradecido el servicio prestado. Hace un tiempo yo decidí borrarlos, al dejar de identificarme con el coche. En la consciencia de mi divinidad, infinitud y eternidad, tengo el poder suficiente para asegurar que todas esas experiencias y cadenas de karmas han llegado a su fin. Porque surgieron en un devenir de mi proceso consciencial en que estaba identificado con el coche, y ahora ya no lo estoy. Cristo Jesús denominó «nacer de nuevo» a la toma de consciencia de que no somos el coche; es como resucitar en vida. Así pues, está en nuestras manos decir adiós a todas las culpas, los lastres, las cargas y los karmas.

No es necesario tener recuerdos de vidas pasadas, aunque quien sienta que sí podrá encontrar a algún terapeuta que le ayude a ello. Lo importante es que lo que has vivido lo llevas en ti; está incorporado en tu consciencia. Si te metes en alguna regresión, no pierdas nunca la consciencia de que lo importante es el aquí-ahora. Con mi mente puedo situarme en el recuerdo de experiencias de años atrás, pero lo importante es que todo lo que viví con quince, con veinticinco, con treinta y cinco o con cuarenta y siete años está en mí ahora. Todo lo que soy ahora, todo lo que siento, todo lo que percibo, mi estado de consciencia, está íntimamente relacionado y es consecuencia de las relaciones de causa-efecto y de la acumulación de todo lo que he vivido a lo largo de mi vida física. Y exactamente igual sucede en relación con las vidas anteriores. Si haces regresiones inducidas, es muy posible que las tengas también espontáneas, las cuales te van a aportar datos sobre tu caja de herramientas (tu sistema familiar, tus relaciones interpersonales...). Pero no olvides nunca que lo importante es el aquí-ahora.

LO TRANSCENDENTE NO ES LA ENFERMEDAD, SINO CÓMO SE AFRONTA

Todo lo hasta aquí compartido conduce a una última conclusión, válida para las enfermedades y para todas las experiencias de la vida (enamorarte, una experiencia de alegría, una experiencia de tristeza;

lo que sea): el coche siempre se centra en el «qué»; sin embargo, el quid de la cuestión no está en el «qué» (qué pasa o qué deja de pasar, qué hago o qué dejo de hacer, qué debo hacer...) sino en cómo se vive el «qué». Ya me he referido a ello en el capítulo «Consciencia y vida cotidiana», y a él te remito.

Recuerda que puedes olvidarte del «qué» porque todas las experiencias que vives son creadas, atraídas y generadas desde tu interior para impulsar tu estado consciencial. Así pues, centra tu atención en el «cómo» para insuflar con la frecuencia del amor todos los hechos, situaciones y circunstancias que la vida te pone por delante, de instante en instante. Haz esto sea cual sea el color de la experiencia: «buena» o «mala», «positiva» o «negativa», «agradable» o «desagradable», «placentera» o «dolorosa»... Tú limítate a Vivir Viviendo y a llenar de amor todas las experiencias. Obviamente, imbuye también de amor la experiencia de la enfermedad.

Por ejemplo, hablé con un enfermo terminal de cáncer que encontraba pleno sentido a su larga enfermedad y estaba muy agradecido por ella, pues le permitió tener otra postura ante la vida. Entre otras cosas, restableció la relación con sus hijos y su mujer, relación que adquirió además una gran profundidad, y recuperó su buen humor. Estaba convencido de que iba a desencarnar en paz. Este fue para él el sentido de llegar al tránsito tras una larga enfermedad; si en lugar de haber ido así las cosas hubiese hecho el tránsito un año antes de forma súbita, habría desencarnado en desarmonía, con muchos frentes abiertos en su vida.

Cuando en tu vida aparezca la enfermedad, física o psíquica, es un gran momento para que dejes de lado el «qué» y te centres en el «cómo». Mira dentro de ti y explora. Entre otras cosas, dilucida qué dones y talentos tuyos tienen que ver con eso. Seguro que has conocido a personas, o que has oído hablar de personas, que viven su enfermedad de forma maravillosa. Estoy hablando de enfermedades largas, dolorosas, incluso terminales. Al poner la atención en el «cómo», te das cuenta de que incluso en ese estadio de la vida se te está dando la oportunidad de que descubras partes de ti, de lo que eres realmente, genuinamente, que hasta entonces habías olvidado. Cuando pones tu atención en el «cómo», puedes incluso aportar cosas a los demás que antes te parecían inimaginables.

PREGUNTAS Y RESPUESTAS

A continuación, comparto contigo mi sentir respecto a distintas cuestiones relacionadas con la enfermedad que me plantean a veces los asistentes a mis charlas.

¿Donar o no donar?

La mente limita al ser humano; tiende a sobrecargarlo con preocupaciones innecesarias. Una de ellas es las repercusiones que puede tener sobre la consciencia el hecho de donar o recibir un órgano... La consciencia, en virtud de su naturaleza, no participa de estos dilemas. Por supuesto, un órgano es algo vivo, formado por células que tienen asimismo consciencia; pero la consciencia del Conductor está mucho más allá de la consciencia que puede haber en los órganos que son objeto de trasplante o donación. Así pues, a la hora de donar o recibir un órgano haz lo que sientas de corazón; no le hagas caso a la mente. Hazlo siempre en amor, en paz, en armonía; a partir de ahí, todo lo que vas a recibir y a dar será siempre amor, paz y armonía.

¿Vacunarse de la gripe?

Es cierto que en invierno hay virus que están más activos, pero cuando enfermas de gripe es porque hay un proceso consciencial en ti que te llama a incorporar ese virus; eres tú quien lo invita. Por supuesto, la medicina convencional nos apremia a vacunarnos para que no nos ataque el virus. Pero puedes vacunarte contra la gripe y tenerla todos los años si por tu proceso consciencial necesitas vivir una enfermedad que te pare durante unos cuantos días y te ayude a estar más tranquilo, más en silencio. Y puede ser que no te pongas ninguna vacuna de la gripe y no enfermes jamás si en ti no hay un proceso consciencial que lo requiera.

Recuérdalo siempre: la causa y el origen de todo están siempre en el interior. Aplica este conocimiento a tu vida, a la de los demás, al mundo.

¿Tiene cada enfermedad un tipo de significado?

Hay quienes han hecho listas en que se relacionan distintos tipos de enfermedad con determinados mensajes conscienciales. Personalmente, no siento que esto funcione así; siento más que uno busque dentro de sí, y no que alguien le dé la interpretación de lo que le sucede. Por supuesto, digo esto desde el profundo respeto por quienes han sentido compartir con los demás esta especie de catálogos.

Si tienes una enfermedad, para empezar no la rechaces. Acéptala; y a partir de la aceptación, actúa conforme sientas. Sigue el tratamiento que consideres oportuno, pero además de esto siéntate, guarda silencio y bucea dentro de ti. Porque eso que te ocurre tiene que ver contigo; te está diciendo algo. Recuerda siempre que la enfermedad es en todo momento un proceso de sanación; aparece en tu vida para sanar algo que tiene que ver contigo, con tus procesos conscienciales.

¿Puede uno sanar solo con tomar consciencia?

Cuando estás contigo con la enfermedad, si en ese mirar hacia dentro, en ese percibir lo que está aconteciendo dentro de ti, percibes cuál es la causa y el origen de la enfermedad, has abierto la puerta a la sanación. En el mismo instante en que te das cuenta de por qué has provocado esa enfermedad en tu vida has puesto los pilares para que desaparezca. Esto ha ocurrido y ocurre con mucha frecuencia. Los médicos saben mucho de esto, de curaciones que aparentemente son milagrosas. Cada vez hay más gente que empieza a influir en su enfermedad.

Para mirarte, para detectar esa causa y ese origen, no puedes rechazar la enfermedad. Si la rechazas, no vas a conectar con ella nunca. Tienes que aceptarla y no centrarte en el «qué», sino en el «cómo». Acepta vivir la enfermedad. Al aceptarla y mirar dentro, detectas su origen y su causa, lo cual abre la puerta a que la sanación se produzca.

Ha habido cánceres calificados como muy graves que se han curado de forma «milagrosa» cuando la persona ha percibido su razón y su origen profundo. Hay gente que sabe mucho más que yo al respecto que afirma que, en el cáncer, los procesos de sanación se han puesto ya en marcha en el interior cuando aparece la enfermedad en el exterior, y que en ocasiones lo único que tenemos que hacer es permitir que la enfermedad siga su curso sin hacerle demasiado caso, porque el proceso de sanación ya está en marcha. Yo no estoy en condiciones de suscribir plenamente esto; pero sí comparto, a partir de mi experiencia, que es posible la autosanación a través de la consciencia, a través del discernimiento profundo de por qué llegó esa enfermedad a la vida de uno.

¿Qué hacer ante el miedo?

Si sientes miedo en relación con tu enfermedad o la de un ser querido, o en relación con la muerte, no intentes controlarlo. Controlar el miedo significa que quieres evitarlo. Lo conveniente es no rechazar nada. Acepta el miedo. Date cuenta de que dicho miedo forma parte del coche, del mundo físico, mental y emocional. Es normal que la mente y su mundo de emociones generen ese miedo. Te garantizo, por experiencia propia y por la compartida con mucha gente, que cuando un miedo se acepta se están poniendo las bases para que se diluya.

¿Se puede vivir sin enfermar?

Efectivamente, se puede vivir con una salud constante. En la medida en que una persona es consciente (de que es Conductor y no coche, de las experiencias que quiere desplegar en esta vida humana) la enfermedad no aparece, porque no hay ninguna razón profunda para ello. Cuando uno está viviendo en consciencia, esto genera una armonía, una paz y un equilibrio consciencial que interacciona con el coche (con el yo físico, mental y emocional).

Hay hospitales en los cuales, cuando entra un paciente en Urgencias, no solo le hacen un análisis de sangre al uso, sino también de su sistema inmunitario. En muchos ambientes científicos existe ya el convencimiento de que este es clave para la salud del cuerpo. Cuando el sistema inmunitario se viene abajo, hay una propensión física a la enfermedad, y viceversa. A la hora de aplicar o no un determinado tratamiento en Urgencias, el criterio fundamental que se ha utilizado es la edad de la persona, pero en estos hospitales se atiende mucho más a las características que revela el análisis del sistema inmunitario, cuyo estado viene a indicar cuál es la edad biológica, que no tiene por qué coincidir con la edad cronológica. Así como la edad cronológica es fija, la otra varía, en función de cómo esté el sistema inmunitario. Y la pregunta del millón es: ¿por qué varía el sistema inmunitario; qué es lo que hace que esté más fuerte o más débil? La respuesta que me dio una doctora es que esto no se sabe, pero que algunos médicos percibían que tenía que ver con la consciencia. Yo también lo siento así: siento que cuando vivimos en consciencia todo está alineado, en armonía, incluido el sistema inmunológico. Así pues, por supuesto que es posible la salud sostenida si se vive en consciencia. Vivir en consciencia también permite llegar al momento del tránsito sin haber enfermado.

¿Por qué vivimos más que antes?

«Si el origen está siempre en el interior y cada cual es cada cual, ¿por qué hay hoy más recursos contra las enfermedades, por qué la gente vive más que hace unas décadas?», puedes preguntarte.

Debemos tener en cuenta que existe una interrelación entre el proceso consciencial del individuo y el de la humanidad. No solo los individuos están evolucionando en consciencia; la humanidad también lo está haciendo. Y los descubrimientos tienen que ver con el proceso consciencial de la humanidad. No es casualidad que en nuestro proceso consciencial y evolutivo hayamos llegado a un punto en que estemos generando un conocimiento científico, médico y tecnológico que esté sirviendo para que el coche viva más años. Aunque esto afecte al coche, en realidad tiene que ver con los procesos conscienciales del Conductor.

¿Te has preguntado por qué tenemos que estar encarnando y desencarnando? Hay otros mundos donde se encarna una vez y se vive muchísimo tiempo. En esos mundos un individuo puede vivir mil, diez mil, cien mil, quinientos mil años (según el cómputo terrestre del tiempo), y cuando desencarna es para no volver. Compartiendo con seres de esos mundos, se muestran sorprendidos por la singularidad del plano humano. Aquí, con el «trabajo» que le cuesta al Conductor hacerse con el coche, cuando ya lo va controlando desencarna…, para volver a tomar un coche nuevo y empezar desde cero otra vez. Sin embargo, la riqueza de experiencias que desarrolla el individuo en el plano humano, y la rapidez con que las desarrolla, es mucho mayor con el proceso de la encarnación y desencarnación frecuentes que con el sistema de la encarnación única. Los «coches» y las características asociadas a ellos pueden variar mucho de una vida a otra, lo cual permite una diversidad experiencial que no sería posible viviendo una única vida unilineal.

Eso sí, consciencialmente, necesitamos que nuestra vida sea ya un poco más larga. Muchos de nosotros precisamos un tiempo para desarrollar y manifestar nuestro bagaje experiencial, que incluye lo que hemos venido aprendiendo en muchas vidas físicas. Es verdad que hay muchos niños que vienen ya con la consciencia muy abierta, pero aún somos muchos los que hemos necesitado años para que ese bagaje consciencial emergiera. Es como si en esta vida física tuviésemos que vivir aún, durante un tiempo, unas experiencias todavía ligadas al mundo de lo material, al mundo de los sistemas de creencias, al mundo de la mente, antes de acceder al recuerdo de lo que somos. Muchas personas llegan ahí en la cuarentena, en la cincuentena e incluso más tarde. Se necesitan más años para que la consciencia se plasme en esta vida física.

¿Es necesario velar por la salud?

Por otra parte, si todo se origina desde el interior, ¿se puede desconectar la mente de la atención a los comportamientos y hábitos saludables? La enfermedad se origina dentro, pero una cosa es la enfermedad y otra la salud. Vivir en salud significa la ausencia de enfermedad, pero es mucho más que eso. Vivir en salud significa que vives con energía, que te levantas cada mañana sintiendo que tu coche está en condiciones de vivir las experiencias que quieres desarrollar. Hay personas que no están enfermas, pero cuyo coche tiene un estado de salud bastante «lamentable»: están faltas de energía, apocadas... Para que el coche esté en condiciones, hay que atender esa salud que es mucho más que no sufrir ninguna enfermedad. Esto se logra con comportamientos y hábitos saludables: una buena alimentación, hacer ejercicio físico, escuchar al cuerpo, vivir la sexualidad que sea coherente con la propia energía vital, etc. Por supuesto, es nuestra responsabilidad atender esto. Yo mismo he introducido en mi vida dinámicas, hábitos y comportamientos que, bajo mi responsabilidad, me conviene atender para que mi coche esté en buenas condiciones. Así como la gente cuida de su coche (el de verdad) y lo lleva a pasar revisiones, es responsabilidad del Conductor que somos que nuestro yo-coche tenga un funcionamiento saludable.

PARA RESUMIR...

- La enfermedad no existe tal como la concibes. No es más que el reflejo de un proceso consciencial, y es inducida por el Conductor que eres.
- La medicina convencional solo analiza y trata los síntomas. Te corresponde a ti interiorizarte y descubrir el porqué de esa «enfermedad».
- Las enfermedades terminales sobrevienen cuando, incapaz la persona de morir en consciencia, el Conductor decide poner fin a esa vida física. Ello puede obedecer a dos motivos: a que la persona ya vivenció las experiencias para las que encarnó o a que ya no le será posible vivenciarlas.
- Las enfermedades no terminales tienen por objeto hacerte tomar consciencia de que te has desviado del rumbo que planificaste antes del nacimiento. Si persistes en no escuchar estas señales, te sobrevendrán enfermedades más graves.
- Hay enfermedades, tanto terminales como no terminales, cuyo principal objetivo es provocar un cambio consciencial en los seres queridos.
- Las denominadas «enfermedades mentales» no son distintas de las otras. Además, hay anomalías psíquicas que no deberían considerarse enfermedades; a menudo ocultan un don.
- No te preocupes por el posible origen «kármico» de una enfermedad. Recuerda el Conductor que eres y céntrate en vivir en el aquí-ahora.

- No te cuestiones el tipo de enfermedad que tienes; céntrate en cómo la vives: ¿te abre a nuevos espacios de consciencia o a nuevas posibilidades en tus relaciones? ¿Te permite ser consciente de un nuevo don o talento?...
- No te enredes mentalmente en temas como la donación o la vacunación. Haz lo que sientas.
- Si tu proceso consciencial no requiere de la enfermedad, puedes vivir sin enfermar. También es posible «curarse» a partir de una mera toma de consciencia; las «curaciones milagrosas» son una realidad.
- Recuerda que la salud es más que no enfermar. Vela por el buen estado de forma de tu «coche».

9

CONSCIENCIA Y MUERTE
¿Qué te espera cuando vivas eso que llamas muerte?

A partir de la confianza en la vida viene la aceptación de todo cuanto sucede. Se trata de una aceptación que no es resignación, sino que brota de la confianza y del discernimiento de que todo tiene su sentido profundo en clave del proceso consciencial de cada uno y de la humanidad. Esto me lleva a compartir a menudo, en mis charlas, sobre el gozo de la vida. Y también estoy compartiendo, últimamente, sobre la muerte, lo cual parece contradictorio. Pero el discernimiento de la muerte es clave para gozar la vida. Gozar plenamente la vida pasa por perderle el miedo a la muerte; si no, ese gozo está como lastrado.

Ahora bien, ¿qué sabemos del más allá y del proceso del tránsito? Normalmente se dice que nadie ha regresado para contarlo, pero esto no es verdad. Mucha gente ha vuelto para contarlo.

DE UNA HABITACIÓN DE LA VIDA A OTRA

El Instituto Gallup es una corporación demoscópica que decidió realizar un estudio sobre las experiencias cercanas a la muerte (ECM) en Estados Unidos. Es decir, parece que la persona está muerta, pero finalmente no muere; y en el lapso de esa «no muerte» tiene unas experiencias muy significativas. La primera sorpresa es el número tan elevado de gente que ha tenido estas experiencias en Estados Unidos:

cinco millones. Es una cantidad suficiente de personas como para que, escuchando lo que cuentan, se puedan sacar algunas conclusiones. El Instituto extrajo una muestra bastante representativa de individuos y los encuestó, con el fin de obtener unos resultados concluyentes.

Gracias a los avances tecnológicos y científicos en el tratamiento de las enfermedades, está creciendo enormemente el número de personas que no llegan a morir y que regresan tras haber experimentado una ECM. Y puede parecer sorprendente que casi todos quienes pasan por estas experiencias digan lo mismo. Un médico amigo mío, Enrique Vila, ya fallecido, que trabajó en un hospital de Sevilla, se interesó por las ECM fruto de sus experiencias con muchos pacientes y estudió más de setecientos casos, de pacientes de distintos lugares de España. Finalmente publicó un libro, *Más allá de la luz*, con los sesenta y dos casos que él consideró que eran los más prototípicos de lo que ocurre cuando desencarnamos.

Hay muchos más autores que en los últimos años han ido publicando obras en un sentido similar. Los casos de ECM constituyen una fuente de información muy importante. Entre estos casos, muy modestamente, me incluyo yo, en cuanto que el 29 de noviembre de 2010 tuve una ECM (hablo de ella en el libro *El tránsito*). Y hay otras fuentes que comparten cuestiones que tienen que ver con estas experiencias, como el mal traducido como *Libro tibetano de los muertos*, obra de referencia para estos temas. La traducción literal del título sería *Libro del estado intermedio*. El estado intermedio es el bardo, y el bardo es el tránsito. Este y otros libros narran, y las ECM confirman, que cuando desencarnamos no vamos directamente al plano de luz, sino que pasamos por un estado intermedio.

Podemos ver la vida física como una habitación y el plano de luz (la vida más allá de la vida) como otra habitación. La denominada muerte no es sino una puerta que se abre para pasar de una habitación a otra de la vida, de un plano físico a otro que no es físico, que tiene otras características y que coloquialmente se denomina plano de luz. Nada termina y nada empieza; la vida es una. Entre habitación y habitación diríamos que hay otra habitación, como un vestíbulo que separa el plano físico del plano de luz, por la que hay que pasar. Cuando desencarnamos entramos en ese vestíbulo, que es el estado intermedio, el tránsito.

Y, finalmente, contamos con una fuente muy potente de información en relación con la inexistencia de la muerte, que el ser humano no usa a menudo: la introspección, el encuentro con uno mismo. Tenemos el conocimiento interior, la sabiduría, de todo. Y mirando hacia dentro en la meditación, en el silencio, en el reconocimiento de uno mismo, en lo que san Juan de la Cruz denominaba «el subido sentir de la divinal esencia», que todos tenemos, ahí también se pueden vislumbrar, ver, percibir las experiencias que se viven cuando se desencarna. En corrientes espirituales antiguas había una práctica que consistía en vivir la muerte. Incluso en algunas culturas iniciáticas las personas se metían en ataúdes (sin ser enterradas) con el fin de que pudiesen centrarse mejor en esa experiencia.

La conclusión que se extrae de estas interiorizaciones, de estas ECM, de estos libros y estudios, es que LA MUERTE NO EXISTE; ES UN IMPOSIBLE, UN FANTASMA DE LA IMAGINACIÓN HUMANA. Cuando te das cuenta de ello es cuando de verdad puedes gozar la vida. No has nacido y nunca morirás. Ahora bien, tu mente sí va a morir, porque pertenece al yo físico, mental y emocional, el cual no trasciende el tránsito; de ahí que te dé el mensaje de que debes temer la muerte. Lo que hemos venido llamando «el coche» no pasa de la primera habitación de la Vida, pero el Conductor sí lo hace.

En el momento de la mal denominada muerte verás muy clara la diferencia entre el coche que tenías y el Conductor que eres. Sin embargo, esta distinción no será importante solamente en ese momento; es relevante en el curso de esta misma vida, como pilar del autoconocimiento. Cuando hablamos del tránsito no estamos hablando del futuro, sino de algo que es muy importante ahora. Reflexionar sobre la muerte y el tránsito no es otra de las muchas distracciones y obsesiones del intelecto y de la mente con relación al futuro, sino algo imprescindible para perder tanto el miedo a la muerte como el miedo a la vida. Tomar consciencia del significado y los contenidos del tránsito permite vivir el aquí-ahora en libertad (es decir, sin miedos).

EL PRETRÁNSITO

La forma de desencarnar

Ten presente que la muerte no le sobreviene por casualidad al coche. El Conductor decide cuándo y cómo va a tener lugar. Cuando ya vivió las experiencias para las que encarnó en ese vehículo físico, o cuando ya no es posible que las viva, decide salir del coche. La muerte es como parar el coche para que el Conductor pueda bajarse. Como ocurre en el caso de nuestros utilitarios, somos nosotros quienes paramos el coche.

Una vez que decides bajarte del coche, tú, como Conductor, eliges cómo hacerlo. Eliges si vas a desencarnar por medio de una enfermedad, un accidente, etc. La forma de desencarnar no es casual; tiene que ver con la evolución del proceso consciencial del ser que desencarna. Pero aunque es el Conductor el que decide esto, la mayoría de la gente no se apercibe de ello, porque no tiene la mente sintonizada de forma consciente con el Conductor.

Hay contextos en los que puede ser especialmente tentador creer que es el azar el que rige en la desencarnación. Esto es así cuando se dan muertes en masa, a causa de accidentes, guerras, atentados terroristas o desastres naturales. Pues bien, en estos casos tampoco rige el azar, sino una perfecta sincronía. Si dudas de que esto sea posible, contempla el cosmos, con sus miles de millones de estrellas y galaxias, todo conviviendo y moviéndose en perfecta armonía. Las sincronías implícitas en las «muertes» en masa son «pan comido» en comparación.

Obviamente, hay una razón por la cual las cosas ocurren de esta manera. Puedo hablar, a modo de ejemplo, de la conexión que establecimos un grupo de personas, en meditación, con los centenares de miles de almas que desencarnaron a raíz del terremoto de Haití de 2010. Los sistemas de creencias podían indicarnos que íbamos a encontrarnos con almas atormentadas por la forma en que habían muerto, pero vimos y vivimos que habían desencarnado en un gozo completo. Habían establecido el acuerdo de desencarnar de esa manera. ¿Con qué fin? Con el fin de ejercer un impacto sobre la consciencia colectiva. Cuando se produce un número elevado de fallecimientos a raíz de este tipo de acontecimientos (desastres naturales, atentados terroristas...), la gente recibe un tipo de impacto. Los Conductores que desencarnan de estas maneras dan la posibilidad de que la gente se pare, respire y sienta.

Si ha habido un atentado terrorista, no contemples ese acto como una amenaza, sino como una oportunidad consciencial de detenerte, reposar y sentir, como un modo de que el amor y la compasión salgan de ti. Cuando sientas esto, no vuelvas después a los sistemas de creencias. No caigas en la tentación de distinguir entre los buenos y los malos, pues esta no es una dinámica de buenos y malos, sino una dinámica consciencial. Date cuenta de que la compasión no tiene rangos: por ejemplo, yo no puedo compadecerme por las víctimas del atentado de París y no hacerlo por las personas que mueren por la violencia en Siria o en Iraq. La compasión y el amor, y el llanto que surge de ellos, no hacen estas distinciones.

En el ámbito individual, las formas de desencarnar también tienen su sentido, como he indicado (a modo de ejemplo, recuerda el caso del enfermo terminal de cáncer que veíamos en el capítulo anterior).

Las señales

Desde el Conductor que eres generarás señales y percepciones en tu vida cotidiana para que desde el coche y la mente puedas darte cuenta de que el momento del tránsito se aproxima. Cosa distinta es que no te percates de esas señales dado el trasiego, el ritmo incesante y el culto a la velocidad que marcan tu vida.

Por ejemplo, en agosto de 2010 yo supe que iba a tener un accidente mortal, el cual aconteció en noviembre de ese año. Tuve señales suficientes en mi vida para percibir que esto se acababa, y que de hecho había vivido las experiencias para las que había encarnado. Hice el tránsito e incluso estuve en el túnel de luz. Y volví, para hacer precisamente lo que estoy haciendo: compartir en consciencia.

En la vida se presentan señales para que incluso desde la mente nos demos cuenta de que se aproxima nuestra hora. Lo que tenemos que hacer es ir con más sosiego por la vida. De vez en cuando, no digo todos los días, se trata de que te sientes y pasees por un sitio donde estés en armonía. Esto es suficiente para que tu ritmo vaya entrando en una dinámica distinta. Y no eludas el pensamiento de la «muerte». Se estima que Bután es el país más feliz del mundo porque la gente tiene la instrucción de pensar en la muerte varias veces al día. Dedicar unos minutos al día a pensar en la muerte, que no es tal, hará que te vayas quitando de encima muchos miedos y muchas cargas. Esto te permitirá vivir más feliz.

La buena muerte

La sociedad actual intenta esconder y disfrazar el hecho ineludible de que todos vamos a transitar. A los moribundos se les oculta el momento estimado de su tránsito y se les intenta consolar absurdamente con palabras de ánimo, como si todo lo que tuvieran es una enfermedad pasajera de la que pronto se van a recuperar. Esto es un disparate. Cualquier persona tiene todo el derecho del mundo a saber que sufre una enfermedad terminal. Si no se le da esta información, se le está quitando la oportunidad de gestionar el tránsito. El tiempo que le queda, sean unos días o unas semanas o unos meses, puede ser vital para que pueda cerrar círculos, de modo que esto le permita realizar el tránsito en paz y armonía, tener una «buena muerte».

Así pues, es muy importante que haya una comunicación sincera, que la familia no disimule. Esos son días que se pueden aprovechar mucho; se pueden decir y compartir cosas que en el día a día no se dicen ni se comparten. Es el momento de manifestar aquello que llevamos en el corazón pero que siempre nos olvidamos de expresar, como un «te quiero». Las muertes que no son instantáneas nos dan esta oportunidad.

La salida

Llegado el momento, el Conductor que eres abandona el coche antes de que este fallezca (esto es lo que posibilita que acontezcan las experiencias cercanas a la muerte). Por tanto, nadie vivencia el estertor de la muerte física; antes de que esta se produzca, el Conductor ya está fuera del coche que le ha permitido experienciar esa encarnación. De ahí también que cuando estemos junto a un ser querido que se halla a punto de realizar el tránsito no dejemos para el final el comunicarnos con él.

EL TRÁNSITO

El estado de consciencia al desencarnar

Cuando se abandona el cuerpo físico y se inicia el tránsito, el estado de consciencia es exactamente el mismo que se tenía en los instantes previos a desencarnar. El hecho de dejar el coche no hace que cambie el estado de consciencia que se tenía encarnado en él. Esto subraya la importancia de vivir en consciencia el período de la vida física previo al tránsito. Si has estado viviendo con mucho apego a lo físico y material, si jamás te has planteado el tema de la muerte, si nunca te has hecho preguntas sobre temas trascendentes y en el caso de que te hayas hecho te las has quitado pronto de encima, y llegas al tránsito en este estado de consciencia, dicho estado de consciencia va a seguir siendo el mismo.

Si el estado de consciencia con el que hacemos el tránsito es tan importante, ¿qué ocurre si no podemos hacerlo conscientemente, por estar en coma o sedados? No debemos preocuparnos por esto. Cuando el moribundo es sedado, sale del cuerpo en ese mismo momento. Cuando permanecemos en estado de coma estamos también fuera del cuerpo, tanto si después regresamos a él como si no. Todo es perfecto en la Creación; hay que confiar en la vida. Nadie se convierte en un prisionero de su propio cuerpo en estado de coma. Una amiga mía que estuvo quince días en coma a causa de un virus pulmonar contó que había estado plenamente consciente y se había paseado por toda el ala del hospital. La prueba de ello fue que vio a pacientes que habían llegado después de que ella hubiera entrado en coma y se fueron antes de que despertara. Sabía sus nombres, dónde vivían, etc., porque había estado con ellos. Asimismo, como he indicado, la sedación no condiciona el estado de consciencia. Tu estado de consciencia es tu visión profunda, y esto se ha gestado durante tu vida por vía de las experiencias que has vivido.

Requisitos para acceder al plano de luz

Una vez que uno ha desencarnado y se halla en la fase del tránsito, el flujo natural de la vida lo lleva a evolucionar en consciencia hacia el plano de luz. No obstante, cada cual vive el tránsito que necesita en función de su estado de consciencia y devenir consciencial.

Efectivamente, durante el tránsito tiene lugar una evolución en consciencia. En ese espacio acontecen experiencias que lo llevan a uno a fluir hacia el túnel de luz (si en libre albedrío se deja llevar), y dicho túnel lo conducirá al plano de luz.

Concretamente, son dos los requisitos conscienciales que permiten acceder desde la fase de tránsito al plano de luz. En primer lugar, uno debe percatarse de que ha muerto físicamente, de que ha abandonado el coche. En segundo lugar, uno debe aceptar ese hecho. Se debe romper conscientemente con todos los vínculos, lazos e inercias que aún se pudieran mantener con relación al «plano material».

Ambos requisitos puede ser que se cumplan inmediatamente, y también puede ser que no se cumplan. Examinemos de cerca lo que ocurre en cualquiera de los casos.

La no consciencia o no aceptación del fallecimiento

Al desencarnar, no todos se dan cuenta de que han muerto físicamente, o no todos lo aceptan.

Aun careciendo de materialidad, no son pocos los que se siguen viendo y sintiendo consciencialmente a sí mismos con corporeidad y se mantienen ligados y apegados a los deseos, emociones, vaivenes, quehaceres, placeres y, muy especialmente, dolores y sufrimientos de lo que fue su vida física, en la que en consciencia creen continuar estando. Esto no es ni bueno ni malo; es la expresión de un determinado estado de consciencia.

La película *El sexto sentido*, dirigida en 1999 por M. Night Shyamalan y protagonizada por Bruce Willis, refleja muy bien esta circunstancia. En esta película se muestra cómo en la fase del tránsito se viven experiencias que posibilitan, al alma que no se ha dado cuenta del fallecimiento, llegar a adquirir esa consciencia y aceptar el hecho. Es precisamente este proceso de evolución consciencial lo que subyace en el concepto de purgatorio, aunque la visión religiosa lo ha cargado de tintes negativos.

Quien ha desencarnado pero cree seguir físicamente vivo genera una especie de «doble corpóreo». Ya no es el coche (el yo físico, mental y emocional) pero sí una estructura más sutil y vital que la física, que le permite recrear las circunstancias del entorno material que ha conocido y actuar en consonancia con dicho entorno: se mueve por su casa, acude a su trabajo, realiza sus quehaceres cotidianos y sigue apegado a los deseos, placeres y sufrimientos de lo que fue su vida física. Se puede llegar a permanecer durante mucho tiempo en esta situación, porque la persona busca explicaciones que le ocultan lo cierto. Por ejemplo, en *El sexto sentido*, la mujer de Bruce Willis no le habla porque está muerto y ella no tiene el don de verlo, pero él interpreta que lo que ocurre es que está muy enfadada con él.

Cuando, fruto de lo que se vive en el tránsito, uno acaba por darse cuenta de su muerte física, pueden pasar dos cosas: que lo acepte o que no lo acepte, como consecuencia de estar muy atado consciencialmente al mundo material y todo lo que conlleva (es decir, como consecuencia de los apegos). Si imaginamos una cometa, los apegos serían la cuerda que ata la cometa. Algo ata a esa alma y hace que no vuele, que no transite hacia el plano de luz. Normalmente esto se produce cuando el estado de consciencia se halla muy apegado a lo físico y a lo material. Y, como indica *El libro tibetano de los muertos*, tenemos que ser muy conscientes de que, tras la desencarnación, las cuerdas de los apegos de placer son más frágiles que las cuerdas de los apegos de sufrimiento. Los sentimientos de haber dejado cosas pendientes, de dolor, de angustia... son más fuertes que los del placer.

En la no aceptación pueden influir, igualmente, los miedos, y por encima de todos el miedo a pasar por el túnel de luz por temor a ser juzgado por alguien o algo. En *El libro tibetano de los muertos* se habla del viejo de la balanza, y la gente no se atreve a entrar en el túnel por miedo a que esté ahí el viejo de la balanza, o san Pedro con su libreta, y le lean la cartilla a uno y lo manden al infierno. Quitémonos este miedo, porque no hay ningún juicio. Esta idea del juicio es un invento de las religiones, pues lo que existe en realidad son estados de consciencia en evolución, en un contexto de libre albedrío. Este libre albedrío es fruto del Amor del que emana la Creación y en el que la Creación se sostiene y expande. Uno vive experiencias acordes con su estado de consciencia, las cuales impulsan dicho estado de consciencia. Ya está; este es todo el castigo y todo el premio. Así pues, cuando te des cuenta de que has desencarnado, acéptalo y pasa por el túnel de luz.

Los Conductores que no pasan

¿Puede ser que un Conductor no llegue a experimentar el plano de luz? Sí, puede ocurrir. En estos casos, puede verse abocado a una nueva encarnación sin haber morado en el plano de luz entre una encarnación y otra.

Lo primero que experimenta un alma en estos casos tras el fallecimiento es una situación de gran desconcierto, confusión y turbación. Sin embargo, estas sensaciones van poco a poco diluyéndose para ser sustituidas por el deseo del fallecido de relacionarse con el mundo físico al que ya no pertenece, pero en el que consciencialmente quiere seguir estando y actuando. Alentado por este deseo, va adquiriendo una serie de «habilidades» para, desde el tránsito, incidir e intervenir en el plano material: aprende a mover y esconder cosas, apagar y encender luces, provocar ruidos e interferir de otras maneras en la vida de las personas. Puede provocar un amplio abanico de situaciones y fenómenos que se suelen estudiar en el ámbito de la parapsicología. Numerosas historias de fantasmas, aparecidos e incluso posesiones tienen que ver con esto. A veces, la proximidad de estas presencias provoca una sensación de frío.

Las religiones están al tanto de estos fenómenos, o al menos lo estaban en su origen; pero lo que ocurre, como con tantas otras cosas, es que teniendo el conocimiento perdieron la sabiduría. De modo que, por ejemplo, la Iglesia católica concibió el purgatorio y lo asoció con los pecados cometidos en vida. Quítate de encima las culpas, la idea del pecado, y recuerda que el tránsito no tiene otro objetivo que el de hacerte evolucionar en consciencia, si es el caso, para que llegues a atravesar el túnel de luz.

(Es importante hacer un inciso para apuntar que el contacto desde el más allá con los seres humanos y el mundo material también puede darse por parte de seres desencarnados que no están en el tránsito. Es decir, hay Conductores que se han percatado de su muerte física, la han aceptado en consciencia y han entrado en el plano de luz y que, desde el amor y con alguna finalidad, establecen la conexión con el plano físico. En estos casos no es, pues, la densidad consciencial —el apego, el sufrimiento...— lo que motiva la conexión desde el más allá).

¿Hasta cuándo puede el fallecido mantenerse en este estado de no aceptación y permanecer en el tránsito? No hay una duración prefijada; todo depende de su evolución consciencial. Al no existir la predeterminación, incluso puede ser que el fallecido se siga negando indefinidamente a la aceptación y se empeñe consciencialmente en seguir interactuando con el mundo físico. Este empeño puede llegar a provocar que vuelva a encarnar en el plano material (en un nuevo cuerpo para desarrollar una nueva vida humana) directamente desde la fase del tránsito. Ese Conductor, por tanto, no habrá entrado en el plano de luz, desde donde las reencarnaciones se producen de manera natural y adecuada. Esto se da muy pocas veces, pero se da. Eso sí, el estado de consciencia con el que arrancará el Conductor en esa nueva vida será sumamente denso.

Aunque la evolución consciencial es la regla y siempre es posible, las personas que han vuelto a encarnar desde la fase del tránsito experiencian un proceso evolutivo muy lento y tienden a desplegar en su nueva vida comportamientos llenos de desasosiego interior y sufrimiento, marcadamente egoicos. Los comportamientos de estas personas pueden llegar a ser extremadamente adictivos y violentos (es el caso, por ejemplo, de muchos de los calificados como psicópatas, que disfrutan haciendo daño a los demás). Es posible que individuos pertenecientes a los círculos superiores de la élite tengan este tipo de estado de consciencia. Es posible que Cristo Jesús se estuviera refiriendo a quienes se hallaban en ese estado de consciencia cuando hizo mención a los muertos que entierran a sus muertos (en Lucas, 9, 60 y Mateo, 8, 22). Se trata de seres humanos vivos pero que realmente, por su densidad consciencial y apego a la materialidad, están muertos en el sentido consciencial del término. En cualquier caso, no ocurre nada; esos seres seguirán encarnando una y otra vez, hasta que en un momento dado sus experiencias posibilitarán que evolucionen y, cuando transiten, sí lleguen al plano de luz.

La encuesta del Instituto Gallup mencionada al principio de este capítulo incluía estas preguntas: «¿Cómo recuerdas ese momento?» y «¿Cómo, a partir de ahí, sientes la muerte?». El 96% recuerdan su ECM como una experiencia de armonía y gozo; y, como ya han muerto, la muerte no les da ningún miedo. El otro 4% experimentaron mucho sufrimiento, mucha tensión, y temen volver a vivir eso. Pero no hay problema con ese 4%; tendrán su proceso y pasarán por el túnel de luz. Es solo una muy pequeña minoría la que vuelve a encarnar desde el mismo tránsito (años, décadas e incluso siglos después de haber experimentado la muerte física).

Los Conductores que pasan

Una vez que un Conductor ha reconocido el fallecimiento del cuerpo físico y lo ha aceptado, se le abren las puertas a una serie de vivencias que le conducen directamente al «túnel de luz» y a entrar, a través de él, en otro plano de vida intangible e inefable.

Ese Conductor experimenta una «visualización» íntegra e instantánea de la vida física que ha dejado atrás; y comprende que no hubo errores en su vida, sino que todo tuvo su porqué y su para qué. Se da cuenta de que aquello que consideró un error le permitió vivir una experiencia que le permitió vivir otra experiencia que le sirvió, al final, para ampliar su estado de consciencia. Así, el Conductor experimenta una gran liberación. Si ya estaba en armonía, ahora goza de una armonía completa. Ve su vida íntegramente y la entiende a la perfección, sin ningún sentimiento de culpa.

Sí, ahí uno ve la totalidad de su vida... en un instante. Sé que es difícil de concebir, pero ten en cuenta que en ese plano no existe el tiempo. Para que pueda comprenderse, es como si te dieran un chip informático, te lo tragaras como quien se toma una pastilla y en un *flash* vieras tu vida entera. Para mí fue una experiencia sublime darme cuenta de que todo lo que había vivido encajaba, que no se habían cometido errores.

Y el Conductor siente, por fin, que está acompañado (en el tránsito uno está muy acompañado, aunque no lo vea). Por una parte, se cuenta con el acompañamiento de seres de luz (Conductores) que en su anterior encarnación humana fueron seres queridos del que ahora transita (y que ahora están en el plano de luz). En mi caso fueron mi padre y mi madre. No los reconocí por su forma física, porque en el plano de luz no existe lo físico; solo hay luz, si es que se puede expresar así. Los reconocí porque esas dos figuras despertaron en mí un aroma por el que supe que habían sido mi padre y mi madre (para comparar la sensación con algo, es como cuando vas por la calle, hueles a lentejas y sabes que alguien las está cocinando, aunque no lo veas). Tuve una comunicación con ellos, y a partir de ahí pude percibir otras figuras de luz. Y es que el Conductor desencarnado no cuenta solamente con el acompañamiento de los que habían sido sus seres queridos, sino también de los seres que consideró, en su vida física, que habían sido sus guías y referentes espirituales. En mi interior sé que el único maestro es uno mismo, pero muchas personas, en su proceso consciencial, tienen el sentimiento de que hay un guía espiritual o maestro acompañándolas. En el caso de quienes tienen esta percepción, estos guías o santos también estarán ahí; los recibirán con jovialidad, les transmitirán paz y confianza y los acompañarán hasta el túnel de luz. Es algo muy hermoso…

EL POSTRÁNSITO

El túnel de luz conduce al otro plano de vida, y la entrada al plano de luz abre dos grandes posibilidades conscienciales: una posibilidad es mantener la percepción del sí mismo. La otra es prescindir de cualquier noción de identidad. Vamos a explorar ambas.

Conservar la identidad álmica

Cuando uno quiere seguir existiendo por sí mismo en el otro plano, con vida y presencia propias, establece una asociación consciencial con algún tipo de identidad, que ya no será física, pero sí de carácter álmico o espiritual. Esta es la opción que la humanidad actual vive aún de manera mayoritaria. Podemos decir, coloquialmente, que uno se ve como un alma, que ha estado en muchas vidas (en la Tierra y en otros mundos y planos) y ha tenido relación con otras almas. Esto conlleva la percepción consciencial de una *historia personal* y, por tanto, una determinada identidad, resultado de la acumulación de experiencias en la cadena de vidas. Esta es la razón por la cual diversas escuelas espirituales, como los rosacruces, se refieren al alma como *alma-personalidad*.

En el plano de luz se entra en conexión con las almas que fueron los seres queridos de uno, a los que se echó tanto de menos cuando se fueron. Son almas afines con las que se establecieron pactos, pues hay grupos álmicos que encarnan colectivamente, y esas almas se apoyan unas a otras, asumiendo distintos roles en las diversas vidas. Cuando se está en el plano de luz pueden volver a establecerse pactos entre esas almas, que volverán a encarnar para seguir viviendo experiencias humanas y para saldar «cuentas pendientes».

Esto es muy bello; es perfecto. Uno puede seguir así indefinidamente. Ahora bien, si una de esas almas ha evolucionado más, puede ser que les diga a las demás: «Vamos a tener unas experiencias que sirvan de revulsivo para que evolucionéis también vosotras». Y esa alma, por ejemplo, encarna junto con otras dos para ser su hijo, que va a morir de un accidente o enfermedad con dos años, con quince o con diecinueve. Eso se pacta ahí con el objetivo de que esa experiencia, que en el plano físico es tremenda, provoque tal terremoto en la vida de los padres que posibilite que se hagan preguntas que no se iban a hacer de otro modo, que se planteen cuestiones de profundo calado. Es verdad que a muchas personas perder un hijo las lleva a experimentar un sinsentido existencial, pero pueden superar eso si se dan cuenta de que su hijo no ha fallecido y de que, además, desde el plano de luz, el que fue su hijo les está mandando mensajes continuamente (no desde la angustia, sino desde el amor). El hijo quiere transmitir a esos padres que está en paz, sereno y feliz, y desea que recuerden el pacto que hicieron. Acaso logre comunicarse con ellos en sueños. Esos padres tienen que dejar de permanecer encerrados en sí mismos y abrirse; tienen que «encender el móvil» y posibilitar la comunicación. Cuando se dan cuenta de que no ha habido azar en la muerte de su hijo, de que eso no ha sido fruto de un accidente o de la casualidad sino que esconde un sentido profundo, y de que este sentido profundo tiene mucho más que ver con ellos que con el hijo fallecido, es un momento inefable para ellos, una experiencia rotunda.

La disolución de cualquier identidad

Anunciaba antes que al entrar en el plano de luz estaba también la opción de prescindir de cualquier identidad. Esta posibilidad consiste en la disipación de toda «historia personal», de cualquier noción de «personalidad» álmica o espiritual. Se trasciende la asociación consciencial con cualquier tipo de identidad, de la clase que sea. Lo que antes se percibía a sí mismo como algo, ya no se percibe de manera alguna. Se ve entonces la Realidad antes de desaparecer en ella: lo que se percibía como «yo», en cualquiera de sus manifestaciones, constituía una falacia consciencial, pues solo existe el todo; y se ve que las individualidades, del tipo que sean, son falsas.

Así pues, el yo no es nada. Y cuando no hay yo y eres nada, eres el todo. En este punto, el viaje consciencial se ha completado: la consciencia que emanó del todo, al todo vuelve. Recordando un símil famoso, la ola toma consciencia de que no es tal; sabe que realmente no existe, sino que solo existe el inmenso océano. Esto es lo Real: eres nadie y eres el todo; la consciencia infinita y eterna que nunca nació y nunca morirá y es tanto la raíz de toda la existencia como su propio florecimiento...

¿Dónde está esa consciencia?, ¿dónde mora? Desde luego, está en ti, es tu verdadero ser, porque esta consciencia se encuentra en todas partes. Mejor expresado: no es que ella esté en todo, sino que todo está en ella. Esta consciencia ha ido más allá del más allá y nada la limita. Por supuesto, está más allá de la mente y el lenguaje. Y también del espacio y el tiempo... Ambos, el tiempo y el espacio, existen en la consciencia; no es la consciencia la que existe en el tiempo y el espacio.

Esta es la consciencia iluminada que constituye tu propia luz. Por eso, la iluminación consiste en ser la luz para ti mismo y «ver» lo que realmente siempre has sido, eres y serás: nada y, por ello, todo. Una vez que acontece la iluminación, todo está en ti porque tú ya no eres nada en particular. Todo empieza a moverse en ti porque tú ya no existes como tal... Los mundos surgen de ti y se disuelven en ti porque tú, lejos de ser tú, lejos de ser algo, eres el todo.

Antes de ser todo eres nada. Cuando eres nada eres el todo. Tienes que vivir la experiencia de la nada para ser el todo: la experiencia de la *nadeidad*, que abre las puertas de la talidad, de la totalidad. Por eso tal experiencia puede ser igualmente denominada *nataldeidad*, término con el que hago referencia a un nuevo nacimiento en la divinidad más pura, genuina e inefable.

Al difuminarse cualquier noción de identidad y experienciar la *nataldeidad*, la reencarnación deja de ser necesaria, pues ya no existe ningún factor de continuidad que vincule una encarnación con otra. Aun así, ¿es posible volver a encarnar en el plano humano? Sí, aunque no por necesidad (para vivir unas experiencias, para desarrollar una serie de pactos con otras almas...), como ocurre cuando uno se identifica con un alma, sino solo por Amor y compasión por la humanidad. Será una encarnación voluntaria y directa desde la Fuente, desde la Consciencia. La tradición hindú se refiere a ello como reencarnación voluntaria o *vyutthana*; el budismo se ha aproximado a lo que estas encarnaciones representan aquí, en el plano material, mediante la figura de los llamados *bodhisattvas*, y las características conscienciales de estos son similares a las de los 144.000 sellados del cristianismo.

LEMURIA, LA ATLÁNTIDA Y LOS 144.000

La humanidad es muy antigua, y antes de esta hubo otras humanidades, en las que muchos de nosotros ya estábamos encarnados. La Atlántida existió antes de esta humanidad actual, y Lemuria, mucho antes de la Atlántida. En el mundo de Lemuria la evolución en consciencia era muy simple: cada uno seguía su camino, y cuando, en consciencia, llegaba al punto de reconocerse como el Todo-Nada, no volvía a encarnar. Esto hizo que en Lemuria se fueran quedando personas rezagadas, aquellas a las que les costaba más trabajo evolucionar, pues no contaban con el acompañamiento de aquellos que habían evolucionado más. Así fue como, poco a poco, fue quedando una masa crítica consciencial no muy evolucionada. De hecho, eso provocó el colapso de Lemuria y que la sucediese la Atlántida. Los atlantes establecimos un pacto entre nosotros, que sigue vigente entre la humanidad actual: el pacto de no ir por libre. Aunque hayamos llegado a la cima de la evolución consciencial humana, regresamos. No para vivir experiencias en este caso, porque ya no lo necesitamos (pues hemos culminado el proceso consciencial), sino que volvemos a encarnar por amor, con el único fin de acompañar.

Es muy probable que los textos cristianos se refieran a esto cuando citan a los 144.000. Concretamente, hablan de un punto culminante en la evolución de la humanidad, la parusía (la presencia crística que nace y florece en todos), la cual se produce en un momento en que hay 144.000 sellados, que el libro de las Revelaciones o Apocalipsis describe como especiales y con una labor específica que desplegar durante los tiempos previos a la parusía y el desarrollo de esta. De hecho, el libro indicado señala que en ese momento cumbre estará la gran muchedumbre (se describe como una masa humana ingente, de muchos millones, vestidos de blanco, para simbolizar que han evolucionado en consciencia) y el pequeño rebaño de los 144.000 sellados (con el nombre del Cordero y el de su Padre escrito en la frente).

MENSAJE FINAL

La vida constituye una aventura preciosa. Vívela en el aquí-ahora, con el convencimiento absoluto de que la muerte es un imposible. Incluso en tu lenguaje, sin obsesionarte, intenta prescindir del término *muerte*. Menganito no ha muerto, sino que ha desencarnado. Aunque no lo digas a quien tienes enfrente, dítelo a ti mismo. Y pon la intención en percibir a los seres queridos que están en la fase del tránsito. La conexión con ellos es posible, y si están ya en el plano de luz, son ellos quienes mantienen la conexión con nosotros.

Este conocimiento está en las religiones, pero ya no conservan la sabiduría al respecto. En la Iglesia católica se celebran, de forma recurrente, misas para los difuntos (después de una semana de la defunción, un mes, seis meses, un año...). Esto va dirigido a que el que está en el tránsito se dé cuenta de que ha fallecido si aún no se ha percatado de ello y a que la familia acepte la realidad de su defunción, de modo que ese Conductor pueda pasar al plano de luz. Este es el único fin de estas misas. Hay familias que mantienen este ritual durante años; quizá lo hacen para no perder el recuerdo, pero la sabiduría que hay detrás es otra.

«Morir» es como volver a casa tras haber asistido a una conferencia (nadie se queda en la sala a pasar la noche). O es como regresar al hogar después de las vacaciones. Si tuviéramos consciencia, el tema de la desencarnación sería algo sencillísimo: percibiríamos las señales que nos manda la vida de que ha llegado el momento y haríamos el tránsito con consciencia. Pero vamos siempre tan deprisa que no vemos las señales.

Hay seres humanos más despiertos que sí las perciben, y actúan en consecuencia. Hay historias muy bellas que nos narran el tránsito consciente de los sufíes, acontecido en plazas de Sevilla, Córdoba o Granada. Cuando el sufí se daba cuenta de que se acercaba el momento de desencarnar, lo decía a sus familiares, a sus amigos y vecinos, y la comunidad dedicaba cuarenta y ocho horas a despedirlo. Normalmente, el primer día se celebraba una fiesta, en la que participaba el sufí que iba a desencarnar. Se compartía comida y bebida, se bailaba, se cantaba... Era un momento de alegría para la comunidad, porque una persona había comunicado conscientemente que había vivido aquello para lo que había encarnado, e iba a desencarnar con toda paz y tranquilidad. En las siguientes veinticuatro horas, esa persona se sentaba en la plaza pública y guardaba silencio rodeada de los suyos. Entraba en meditación profunda y controlaba la respiración, y con ello los latidos del corazón (al hacer más lenta la respiración se atenuaban los latidos). En un momento determinado, transitaba, en paz, en armonía y de manera consciente. Su proceso consciencial y evolutivo recibía un impulso a raíz de su manera de transitar, y se veía también impulsado el proceso consciencial y evolutivo de quienes la rodeaban y observaban.

En el ámbito tibetano, en la película *El pequeño buda* hay un lama que busca a la encarnación de otro lama, hasta que la encuentra: considera que esto es lo último que le quedaba por hacer en esta vida física. Lo comunica a la comunidad y, una mañana, la comunidad de monjes se reúne con él en la sala de meditación. Él adopta la postura de flor de loto y entra en meditación, a través de la cual va controlando la respiración y los latidos del corazón, que se van apaciguando. En un momento concreto, se ve que la cabeza del lama cae: ha transitado, en paz, en armonía y en consciencia.

De hecho, esto está al alcance de cualquiera de nosotros. Si no fuera porque la mente nos plantea un mundo de fantasía y nos ponemos limitaciones mentales, si no fuera porque vamos muy rápido por la vida y no vemos las señales ni nos damos cuenta de nada, cada uno de nosotros desencarnaría de esta manera. Desencarnaríamos «sanos», a través de técnicas como la que acabo de compartir.

¡Menudo contraste con lo que ocurre en nuestra cultura materialista, en que la «muerte» sigue siendo uno de los mayores tabúes, a los enfermos se los lleva a morir al hospital y se despachan entierros exprés! (Funexprés es, por ejemplo, la sincera y aclaratoria razón social de una funeraria radicada en la cacereña ciudad de Plasencia). Pero entre todos podemos irle dando la vuelta. Entre todos podemos sumar consciencia y extender la cultura de la buena muerte.

PARA RESUMIR...

- La vida no cesa con lo que denominamos muerte. De hecho, la muerte no existe, sino que el Conductor que somos pasa de un plano a otro de la vida (del plano material al denominado «plano de luz»). La «muerte» atañe solamente al coche (el yo físico, mental y emocional).

- Hay constancia de millones de casos de experiencias cercanas a la muerte (ECM) que arrojan una idea lo suficientemente clara de lo que ocurre cuando fallece el cuerpo. Yo mismo he vivido una ECM, de modo que puedo hablar con conocimiento de causa.
- El fallecimiento nunca sobreviene por casualidad; el cómo y el momento lo decide el Conductor en función de las experiencias que ha venido a desplegar. Los seres más conscientes saben cuándo les corresponde transitar y se inducen un fallecimiento consciente e indoloro.
- La vida siempre manda señales que anuncian la proximidad del fallecimiento. Todos tenemos la oportunidad de estar atentos a esas señales y prepararnos para el acontecimiento.
- Todo el mundo tiene derecho a saber que su muerte está próxima, para poder prepararse interna y externamente. Es muy importante que la familia mantenga una comunicación sincera con el enfermo al respecto.
- Entre el plano material y el «plano de luz» hay un plano intermedio (el bardo, el plano del tránsito). La función del bardo es que la persona tome consciencia de su fallecimiento y lo acepte.
- Quien toma consciencia del fallecimiento del «coche» y lo acepta visualiza, en un solo *flash*, toda su vida física previa, y descubre que esa vida no contuvo errores. A continuación, seres de luz (entre los que se cuentan familiares anteriormente fallecidos) lo acompañan hasta el túnel de luz.
- Quien no toma consciencia del fallecimiento del «coche», o bien no lo acepta, permanece en el tránsito evolucionando en consciencia, hasta que tiene lugar el reconocimiento y la aceptación. En caso de no llegar a producirse la aceptación, esa alma puede volver a encarnar en un cuerpo físico desde el tránsito mismo. Ya «en vida», exhibirá comportamientos especialmente egoicos.
- Una vez que se ha atravesado el túnel de luz y se ha llegado al otro plano de vida, uno puede seguir existiendo como identidad álmica o bien puede prescindir de cualquier identidad y fundirse con el Todo. Lo habitual en el caso del ser humano actual es lo primero.
- Lo usual es planificar la próxima encarnación en el plano de luz con almas afines con las que se establecen pactos acerca de lo que habrán de vivir, en pro de sus respectivos procesos conscienciales y evolutivos. Estos pactos pueden incluir «muertes prematuras» que ocasionen un gran impacto consciencial en los familiares «vivos».

10

CONSCIENCIA Y CIENCIA
Física de la Deidad (I)

La finalidad básica de lo que se tratará en este capítulo y el próximo es agitar y hacer tambalear tus esquemas mentales para expandir tu consciencia. No se trata solamente de ofrecerte información, sino también de ponerte en la tesitura de que empieces a plantearte nuevos paradigmas.

Se utilizará para ello lo que me gusta llamar *física de la Deidad*. Su temática fundamental versa sobre el discernimiento de Dios y su naturaleza (que, como se verá, es la nuestra), con todo lo que conlleva: lo Inmanifestado o dimensión «subyacente» de la divinidad, lo Manifestado o su dimensión «superficial», el Amor, el Espíritu, el Espíritu Santo, el Verbo, la Creación, la vida y la consciencia, el cosmos y sus dimensiones, el alma, el cuerpo, la encarnación, etc.

Abordaremos todo esto compaginando la introspección interior con las aportaciones científicas más de vanguardia, sobre todo de la física y la astrofísica, desde la comprensión profunda de que, más allá de los dualismos ficticios de la mente, no hay división entre espiritualidad y ciencia.

ESPIRITUALIDAD Y CIENCIA

La letra y la música de una misma canción

Si saliésemos a la calle e hiciésemos una encuesta en que pidiésemos a la gente que dijera una palabra que según ella estuviese asociada con la espiritualidad, seguro que el término que más pronunciarían sería *religión*. Para la mayoría de la gente, la espiritualidad está ligada a lo religioso, y viceversa. Sin embargo, tal como yo lo percibo, esta opinión no es la que más se corresponde con la realidad. No es que la religión no esté vinculada a la espiritualidad; ocurre que se han filtrado demasiados condicionantes. Las religiones son organizaciones humanas (demasiado humanas) que han ido encapsulando el mensaje espiritual dentro de una red de intereses creados, en función de las prioridades de las jerarquías. Las religiones establecen una serie de normas, dogmas, cultos y ritos que tienen como finalidad fundamental la subsistencia de la propia organización. Aun así, es verdad que han conservado la llama de la espiritualidad, al menos en su núcleo más profundo; pero hoy, lo que siento que tiene más conexión con la espiritualidad es la ciencia. Tal vez siempre ha sido así, pero de forma latente; sin embargo, a día de hoy este vínculo se está haciendo manifiesto.

Tal vez suene rara esta afirmación, porque la mente, en el discurrir de la civilización humana, ha enfrentado espiritualidad y ciencia. Se ha hecho mucha referencia a que la ciencia se mueve en el ámbito de lo racional y la espiritualidad en el de lo irracional. Pero hoy son cada vez más los científicos que se están dando cuenta de que la ciencia también se ha manifestado irracional. Porque la ciencia tradicional ha forjado unos sistemas de creencias muy estáticos, que la ciencia actual está desmintiendo.

Se ha visto que los postulados tradicionales de la ciencia en torno a la mecánica clásica no se corresponden con la realidad. Junto con ello, la disociación respecto de la espiritualidad y la consciencia que dicha ciencia propugnaba también ha dejado de ser sostenible. Y es que la ciencia contemporánea está poniendo sobre la mesa nuevos paradigmas, nuevas percepciones y nuevas visiones que llevan directamente a la consciencia.

En realidad, la ciencia y la consciencia son como la letra y la música de una misma canción que armónicamente nos revela que nada está vedado o escondido y que basta con mirar para poder «ver».

El astrofísico Arthur Eddington lo expresó atinadamente al indicar que una misma luz interior es la que impulsa tanto la búsqueda intelectual de la ciencia como la búsqueda mística del Espíritu. Y el discernimiento espiritual aporta un amplio conjunto de saberes con claras y directas implicaciones científicas, del mismo modo que el conocimiento científico posibilita la mejor y más ajustada comprensión de lo espiritual.

De hecho, gracias a las aportaciones científicas más avanzadas y vanguardistas en terrenos como la física y la astrofísica, se multiplican día a día las evidencias de esta íntima conexión entre espiritualidad y ciencia, entre lo trascendente y lo inmanente, entre consciencia y ciencia, que se están dando la mano para aportar una nueva visión de la vida, el mundo y las cosas que va más allá de lo que se puede percibir por medio de los sentidos corpóreo-mentales. Ello conforma una especie de *física de la Deidad*, que compagina y compatibiliza los conocimientos científicos y los saberes espirituales.

Entre los muchos exponentes de este acercamiento entre la espiritualidad y la ciencia, y al hilo de lo que aquí más interesa, pueden subrayarse tres grandes ejes de reflexión:

1. EL CONVENCIMIENTO DE QUE LA REALIDAD EXTERIOR DEPENDE DE LA REALIDAD INTERIOR

La mente, puesto que rompe y fragmenta, entiende que la realidad está ahí y que yo como observador estoy aquí, y que a partir de ahí hay una interacción, pero que ese mundo exterior no depende de mí. Muchas corrientes espirituales nos han dicho todo lo contrario desde hace mucho tiempo; nos han dicho que lo observado depende del observador y que la consciencia, forjada en el interior de cada cual, es decisiva en la conformación del mundo exterior.

2. La necesidad de replantearse y redefinir lo que se entiende y comprende por real

Si lo observado depende del observador, lo que está ahí fuera depende de mí; pero depende también de cada observador. Es decir, lo observado, lo que denominamos realidad, no es algo objetivo y único para todos, sino que es enormemente subjetivo; está en función de cada uno. Para la mente, esto supone una locura; sin embargo, es una locura relativa, porque si has dedicado un poquito de tu tiempo a reflexionar sobre estas cuestiones, habrás percibido que cada uno es cada uno y que ve el mundo como es él, en función de su estado de consciencia. Por ejemplo, yo estoy diciendo todo el rato que todo encaja, que tiene su sentido profundo y su porqué y «para qué», y que por lo tanto tenemos que estar fluyendo relajados y confiando en la vida; y hay otras personas a las que respeto profundamente (yo no estoy en posesión de la verdad) que afirman todo lo contrario.

3. La convicción de que, si bien todo es una suma de partes y está incluido en una suma superior, cada parte es a su vez el todo, pues todo lo que existe pertenece a una misma unidad o totalidad

En relación con este postulado, basta con que nos miremos al espejo. Desde el punto de vista orgánico, somos una suma de partes: unos cien billones de células, que se agrupan en tejidos y órganos y dan lugar al cuerpo humano. Y el cuerpo humano pertenece a una suma superior, que es la humanidad. Y la humanidad es una de las muchas especies del planeta Tierra. Y el planeta Tierra forma parte de un sistema planetario cuya estrella es el Sol, que se integra en un sistema galáctico en el que hay medio billón de estrellas, y la galaxia forma parte de un universo en el que hay siete mil millones de galaxias.

Siendo esto así, cada una de las partes es también el todo. Estamos en una Creación que viene a ser una especie de esfera infinita con muchísimos puntos, y cada punto es a su vez la esfera, legítimamente. Recordando a Willigis Jäger, en concreto su libro *La ola es el mar*, desde tu perspectiva consciencial puedes verte como ola, pero cada ola es el océano, ineludiblemente.

Veamos ahora, en detalle, cada uno de los tres puntos que se han anunciado y resumido.

La realidad exterior depende de la realidad interior

Hay evidencias científicas que muestran que lo exterior a cada uno depende de lo que hay en su interior, y que lo observado se moldea y articula en función del observador: existe una conexión entre lo interior (trascendente) y lo exterior (material), en virtud de la cual lo segundo está animado e inducido desde lo primero. Lo ha expresado muy bien Edgar Mitchell, el que fuera astronauta de la NASA:

> Lo fundamental es la consciencia misma; y la materia/energía es producto de la consciencia. Si cambiamos nuestra opinión sobre quiénes somos, si conseguimos vernos como seres eternos y creadores que creamos experiencia física y si nos unimos todos en ese nivel de existencia que llamamos Consciencia, empezaremos a ver y crear el mundo en que vivimos de una manera muy distinta.

Ciertamente, el mundo que hoy vemos no se caracteriza precisamente por esta unión entre los seres humanos. Pero la afirmación de Mitchell es contundente.

¿Una afirmación sorprendente? No tanto, ya que, desde finales del siglo XIX, las teorías y propuestas lanzadas por numerosos científicos han abierto preguntas y formulado cuestiones que no pueden contestarse desde la perspectiva de la ciencia tradicional y la visión dicotómica «ciencia *versus* espiritualidad». En este marco está adquiriendo peso la idea de que la consciencia sobre lo que somos, sobre lo que cada uno es, crea la realidad que nos rodea y las experiencias de cada cual: el mundo no físico moldea el universo material y la realidad que detectan los sentidos corpóreo-mentales.

Buda enseñó que «la mente es todo; nos convertimos en lo que pensamos». La ciencia comienza a confirmarlo: somos productores natos de realidad y creamos permanentemente la realidad y sus efectos; somos el cien por cien responsables de nuestras vidas (técnicas conscienciales como el Ho'oponopono se fundamentan en ello). Maharishi Yogi lo ha expresado de esta hermosa manera: «El universo entero es expresión de la consciencia. La realidad del universo es un océano ilimitado de consciencia en movimiento».

Para comprender mejor el hecho de que la realidad exterior depende de la realidad interior se puede acudir al ejemplo, utilizado en el capítulo «Consciencia y enfermedad», de uno de esos enormes icebergs que, tras desprenderse de un glaciar o de una plataforma de hielo, surcan flotando las aguas oceánicas arrastrados por las corrientes marinas. Como se compartió en el citado capítulo, el deshielo que vemos en la parte superior del iceberg no tiene su origen en la temperatura ambiental, que puede estar por debajo de los cero grados centígrados, sino en el hecho de que el iceberg ha entrado en contacto con corrientes submarinas de aguas templadas.

Aplicando esto al ser humano, la gente en general cree que lo que ocurre fuera (el deshielo de la punta) tiene su causa y su origen en el exterior (la temperatura ambiental), cuando en realidad se debe a lo que ocurre en la parte del iceberg que no se ve; es decir, la causa y el origen de lo que sucede en el exterior (en tu vida) se halla en la parte de ti que no ves (el Conductor que eres) y se relaciona con el impulso y la evolución de tu estado de consciencia.

El malentendido del iceberg se produce con multitud de hechos y situaciones en la vida. Andas por ahí creyendo, analizando, preocupándote, inquietándote y sufriendo por lo de fuera, sin percibir que las causas de lo de fuera están dentro. Y esto tiene que ver con lo que realmente eres y tus procesos conscienciales; esto es lo que moldea y articula lo exterior que se presenta en tu vida. Por eso lo observado depende del observador. Puede parecer casi mágico, pero hace tiempo que las corrientes espirituales lo percibieron y hoy la ciencia lo está reafirmando.

Ciertamente, las experiencias vitales se despliegan en el mundo exterior, pero son creadas desde dentro. Igualmente, el modo en que cada cual las contempla, vivencia, interpreta y, finalmente, las hace suyas se relaciona con el interior de cada uno: tiene que ver con la resonancia entre la frecuencia vibratoria de la experiencia que sea y la gradación vibratoria del estado de consciencia que tenga la persona en ese momento específico.

Esta es la base de la evolución y expansión de la consciencia, porque así como lo interior moldea lo exterior, la forma en que vivimos lo exterior impulsa a su vez nuestro proceso consciencial, lo cual da lugar a su vez a unas circunstancias externas distintas... Así pues, tiene lugar una especie de relación circular, que se convierte en una espiral evolutiva, a partir de la interacción entre lo interior y lo exterior, lo exterior y lo interior.

Por ejemplo, has generado una enfermedad en tu interior y ahora la vives, en el mundo exterior. Y en función de cómo la vivas resultará impulsado tu proceso consciencial. Una enfermedad puede vivirse de una de estas dos formas: o rechazándola o aceptándola, comprendiendo que tiene un sentido profundo. Si siempre la has rechazado y a partir de ahora la aceptas, tu estado consciencial va a recibir un gran impulso, lo cual tendrá a su vez repercusiones externas.

Inicialmente la idea de que lo interior y lo exterior se retroalimentan puede parecer, en la vida práctica, confusa, pero el planteamiento es muy simple. Eso sí, tienes que eliminar un sistema de creencias, el de que lo exterior es lo exterior y es algo ajeno a ti, y sustituirlo por el sistema de creencias, que están manifestando tanto la espiritualidad como la ciencia, de que las circunstancias externas de tu vida las estás moldeando tú, y a su vez estas repercuten sobre tu estado consciencial. Estos nuevos paradigmas tienen un impacto final: la eliminación del sufrimiento. O, mejor dicho, vivir en felicidad.

Percibe, además, que la felicidad no es lo que la mente ha entendido por ella hasta ahora (si las cosas me van bien, soy feliz, y si no me van bien, no lo soy). La felicidad es comprender lo que realmente somos, cómo funcionan realmente las cosas. Y cuando logramos esa comprensión, lo de que las cosas van bien o mal deja de tener ningún tipo de sentido, porque las cosas son como corresponde que sean según el propio estado de consciencia. Esta percepción de la vida aporta calma, sosiego, discernimiento, paz. La inquietud, la preocupación, etc., se van diluyendo, porque uno se da cuenta de que tiene la llave de su propia vida.

En definitiva, EL (RE)DESCUBRIMIENTO DE QUE LA REALIDAD EXTERIOR (LA PERCIBIDA POR LOS SENTIDOS CORPÓREO-MENTALES) DEPENDE Y ESTÁ EN FUNCIÓN DE LA REALIDAD INTERIOR ES UNO DE LOS HALLAZGOS MÁS IMPORTANTES Y TRASCENDENTES DE LOS LLEVADOS A CABO POR LA HUMANIDAD A LO LARGO DE TODA SU HISTORIA; ES MÁS NOTABLE Y VALIOSO QUE EL DEL FUEGO O LA RUEDA.

Eso sí, vivir de acuerdo con este descubrimiento requiere un cambio de enfoque muy potente en ti; tienes que adquirir «ojos (conscienciales) nuevos» que te permitan ver el mundo de otra forma. Que te permitan ver un mundo mucho más cercano a lo real en que nada es ajeno a ti, donde todo está relacionado contigo, como hemos visto. Cuando esto se percibe ya no desde la mente, sino desde el corazón, la vida es otra.

Ante cualquier cosa que te ocurra, aplica estos nuevos paradigmas. ¿Que alguien te está fastidiando?; no es casual. Esa persona ha aparecido en tu vida porque tú la estás metiendo en tu vida, y te está haciendo un «favor», aunque a tu mente le parezca un disparate. Si te está originando dolor, esto no lo justifica, y tú tienes todo el derecho a defenderte. Lo único que digo es que si esa persona está en tu vida, eso tiene que ver contigo: esa persona te está «diciendo» algo que tiene que ver con tu proceso consciencial; te está aportando pistas para tu desarrollo en consciencia. Para esto está la gente (la que nos parece agradable y la que no) y para esto están las experiencias de la vida.

Por otra parte, aunque íntimamente ligado a lo tratado hasta ahora, hay que resaltar la creciente convicción de que la naturaleza, con sus características y sucesos, no puede examinarse desde fuera, como enseñan los postulados racionalistas clásicos. Entre los científicos que han llegado a esta conclusión destaca el alemán Werner Heisenberg, premio Nobel de Física en 1932, cuyas investigaciones le llevaron a argumentar que «lo que observamos no es la naturaleza misma, sino la naturaleza expuesta a nuestro método inquisitorial [...]; la división común del mundo interno y el mundo externo ha dejado de ser adecuada». De hecho, es la mente, al funcionar basándose en los contrastes y al usarla nosotros para lo que no le corresponde, la que divide y distorsiona la realidad inventando un mundo ficticio lleno de opuestos, de extremos... La ciencia está saltando hoy por encima de ellos y mostrando que la vida es la totalidad, por lo que toda ella merece ser vivida sin rechazar nada, porque la vida nada rechaza: ¿cómo iba a hacerlo si todo forma parte de ella misma y en ella existe y se integra?

Así pues, no te clasifiques, no te limites, no optes por lo exterior o por lo interior. Esas divisiones pertenecen a la mente. El interior y el exterior son uno, pues de la interacción entre ambos surge la espiral evolutiva, como hemos visto. Llevando esto a la práctica de tu vida cotidiana, date cuenta de que si optas por lo exterior notarás que te falta algo, que tu vida no es completa, porque te habrás volcado excesivamente en lo externo y no captarás ni disfrutarás las experiencias interiores. Y si eliges lo interior, percibirás esa misma carencia de algo en tu vida, porque le habrás prestado demasiada atención a lo interno y eso te habrá lastrado y coartado para vivenciar el mundo exterior.

Todo tiene su sitio exacto en la vida (lo interior y lo exterior, lo espiritual y lo mundano...), pero no como vivencias separadas y confrontadas, sino conectadas e interrelacionadas, que están interactuando y retroalimentándose siempre entre sí. Esos hipotéticos opuestos son igual que los dos ojos: si eliges uno serás capaz de ver, pero tu visión perderá profundidad. Asimismo, si tienes las dos piernas capacitadas, utilizas ambas para desplazarte... Igualmente, en la vida, no dividas. La vida es una, tú eres uno. No te vayas a los extremos. De ese modo, los dos extremos se encontrarán, se equilibrarán. Y en ese equilibrio entre ambos, tú trascenderás los dos y ya no serás ni esto ni aquello: ni mundano ni espiritual; ni exterior ni interior. Serás conscientemente el observador y estarás en condiciones de constatar cómo, desde el interior, actúas y modificas lo observado (el exterior), hallándose ambos planos en una dinámica de retroalimentación constante.

Las religiones han influido mucho en la idea de que para avanzar en lo interior hay que rechazar lo exterior, pero esto es una gran tontería. Cuando estés en un escenario favorable a lo mundano, gózalo, disfrútalo (con consciencia de lo que eres), y cuando sea el momento de hacer una práctica espiritual, gózala también. ¡Suelta los sistemas de creencias dicotómicos, autolimitantes! Estos sistemas te han introducido en un mundo de falacias que te han llevado a la inconsciencia y, derivado de ello, al sufrimiento.

En el ámbito de la ciencia, lo que hemos ido comentando afecta, desde luego, a la indagación científica y, lejos de cerrarle puertas, le ha abierto muchas, hasta el punto de que son numerosos los investigadores que piensan que los saberes científicos se hallan en la antesala de una nueva forma de concebir y entender el universo entero (su esencia y sus estructuras) y la realidad cotidiana que nos envuelve y a la que pertenecemos. A este respecto, Ilya Prigogine, premio Nobel de Química en 1977, escribió que «estamos lejos de la visión monolítica de la física clásica y ante nosotros se abre un universo del que apenas comenzamos a entrever las estructuras».

El replanteamiento y la redefinición de lo que se entiende y comprende por real

Nos hallamos pues en un contexto apasionante en el que la ciencia contemporánea ha dado un sensacional salto cognitivo, que constituye el segundo gran eje reflexivo de los antes citados: el replanteamiento de lo que se entiende por real. Dicho replanteamiento enlaza con lo percibido y divulgado por antiguas culturas y tradiciones espirituales, que hacen dos afirmaciones cruciales, que a la mente le parecen extrañas:

- El mundo percibido por los sentidos corpóreo-mentales es pura ilusión (*maya*).
- Por debajo de lo que percibimos hay algo más poderoso y fundamental y, desde luego, más real, aunque sea totalmente intangible.

Analicemos en detalle cada una de estas afirmaciones.

1. EL MUNDO PERCIBIDO POR LOS SENTIDOS CORPÓREO-MENTALES ES PURA ILUSIÓN

En efecto, todo lo que vemos es una ilusión generada por la forma que tienen de ver las cosas nuestros sentidos corpóreo-mentales. Por ejemplo, si te pones unas gafas de rayos infrarrojos, ya no verás los cuerpos como los ven nuestros ojos, sino que verás energías de colores distintos en función de la temperatura que tengan esas energías. Si estás mirando a una persona que tiene los pies al lado de una estufa y la cabeza lejos de dicha estufa, los pies adquirirán un color distinto de la cabeza... Es decir, la realidad se ve en este caso en función de las energías y las partículas caloríficas. Por otra parte, sabemos que hay animales, por ejemplo los insectos, que ven la realidad de forma distinta a nosotros. Y el murciélago está «ciego»; se guía solamente por la emisión de ondas electromagnéticas. ¡Qué forma tan distinta de «ver» la realidad en este caso!

La ciencia está aportando hoy datos e información fundamentales para entender el hecho de que lo que percibimos es una ilusión; muy especialmente, la teoría de cuerdas y la teoría del principio holográfico, ambas en la vanguardia de la física contemporánea.

La teoría de cuerdas explica que la única característica cierta de la materia es su inmaterialidad, y la de la energía, su insustancialidad. ¿Cómo es posible? Porque debido a que, bajo las formas materiales y energéticas, se encuentra presente la vibración (a ella apunta el término *cuerda*, que da nombre a la teoría). En la misma línea, la teoría del principio holográfico parte de las teorías de la gravedad cuántica propuestas por Gerard 't Hooft (premio Nobel de Física en 1999) y Leonard Susskind (considerado precisamente uno de los padres de la teoría de cuerdas) y gira en torno a un postulado central: la entropía de una región del espacio o de una masa ordinaria es directamente proporcional no a su volumen, sino a su área superficial. Por esto, la masa no ocupa un volumen (tal como hasta ahora pensábamos y nuestros sentidos corpóreo-mentales parecen mostrar), sino un área.

Todo ello desemboca en una conclusión tan asombrosa como rompedora de nuestros esquemas mentales: el volumen es, en sí mismo, ilusorio; y el universo es, realmente, un holograma. En suma, la realidad (el mundo y el cosmos en el que el ser humano despliega su experiencia vital y consciencial) es un magno escenario holográfico en el que podemos constatar lo siguiente:

- La masa es solo una «propiedad» que un bosón (vibración del vacío) otorga a las partículas elementales (se volverá sobre esto en las próximas páginas).
- El volumen es, en sí mismo, una ilusión.
- La materia y la energía no son sino pura «apariencia», pues su esencia es vibración y, en última instancia, vacuidad.

Para nuestros sentidos corpóreo-mentales y para nuestra mente es imposible que la característica de la materia sea la inmaterialidad. La ciencia se está introduciendo en terrenos muy «raros»; está abriendo ventanas de comprensión de lo real muy distintas a lo que hasta ahora habíamos entendido. Y esta base es la llave que después nos va a permitir entrar en la nueva comprensión de lo real. No porque desde un sistema de creencias «extraño» queramos entrar ahí, sino porque la propia evolución de la ciencia nos está aportando las pistas necesarias para ello.

2. Por debajo de lo que percibimos hay algo más poderoso y fundamental

En cuanto a este punto, la física está precisamente revelando que por debajo de lo que percibimos hay algo más poderoso y fundamental y, desde luego, más real, aunque sea totalmente intangible. En efecto, en el núcleo del mundo material y de cuanto lo compone hay una realidad no física que puede ser denominada ondas de probabilidad, información, consciencia... En relación con esto, el físico Jeffrey Satinover ha señalado: «La materia, sea lo que fuere, no tiene nada en esencia; es completamente insustancial. Lo más sólido que se puede decir sobre ella es que se parece mucho a un pensamiento; es como una pizca de información concentrada».

Esta es una nueva forma de comprensión de lo real que tuvo a uno de sus más notables pioneros en el filósofo inglés Herbert Spencer, nacido en 1820, quien postuló la existencia de una «energía infinita y eterna de la cual proceden todas las cosas». Esta línea de investigación ha ido evolucionando con aportaciones como las del genial físico, matemático e ingeniero Nikola Tesla o las del antropólogo y lingüista Gregory Bateson. Así, Tesla señaló que en el núcleo de lo material hay una realidad no física que se expresa como vibración y tiene su razón de ser como información, consciencia o pensamiento.

Gracias a científicos como ellos, en el siglo XXI se empieza a describir la realidad sustancial de cuanto existe como energía vibratoria asociada a alguna modalidad de información. La teoría de cuerdas, por ejemplo, sostiene que las partículas fundamentales no son puntos, como ha mantenido la teoría de partículas convencional, sino cuerdas (objetos extensos y vibratorios). Para el físico David Gross, premio Nobel y uno de los máximos expertos en dicha teoría, partículas como el electrón o la radiación electromagnética corresponden sencillamente a las vibraciones de menor energía. En palabras de Fritjof Capra, prestigioso físico fundador del Instituto Elmwood:

No resulta inverosímil pensar que todas las estructuras del universo (desde las partículas subatómicas hasta las galaxias y desde las bacterias hasta los seres humanos) sean manifestaciones de la dinámica autoorganizadora del universo, que hemos identificado como la Mente Cósmica.

Por favor, no entiendas Mente Cósmica como una mente semejante a la nuestra. En los principios herméticos que se divulgan en libros como *El Kybalión* se dice que todo es Mente, que el universo es mental. Esto ha hecho que mucha gente confundiera esa Mente con la nuestra. Pero por *Mente* hay que entender *Consciencia*. El universo es consciencial. Si no se entiende así, la gente cree que puede hacer con la mente unas maravillas que no es el caso. Es desde la consciencia desde donde influimos en la realidad. El observador que moldea lo observado lo hace desde la consciencia. La mente, con sus pensamientos, emociones y vaivenes, pertenece al mundo exterior, al mundo de lo observado; no a la realidad interior.

El todo y las partes

Todo lo anterior conduce a la idea de que hay una única identidad o unidad cosmogónica en la que todo se integra y se sostiene. A esta unidad cosmogónica pertenecen las distintas manifestaciones materiales, inmateriales y espirituales que nos ofrecen el mundo y el universo en su globalidad interdimensional.

En relación con esto podemos afirmar que todo es una suma de partes y se integra en una suma superior, aunque cada parte es a su vez el todo, pues todo lo que existe pertenece a una misma unidad o totalidad. El recuadro siguiente presenta algunos ejemplos de ello.

- Cuando una persona alcanza la edad adulta, su cuerpo se compone de cerca de cien billones de células. Todas ellas constituyen una suma de partes y están compuestas de unos elementos esenciales, como son la membrana envolvente, el citoplasma, un núcleo y una membrana nuclear que envuelve el material genético. El núcleo es el cerebro organizador de la célula y sigue un plan general coordinado, impreso en la especie humana a través de cien mil genes en el núcleo de cada célula, ordenados en veintitrés pares de cromosomas.
- Cada uno de los cien billones de células, siendo una suma de partes, se incluye en una suma superior: los tejidos, que se agrupan y organizan a su vez en órganos. Y estos, a su vez, se organizan en ocho aparatos o sistemas (locomotor –muscular y óseo–, respiratorio, digestivo, excretor, circulatorio, endocrino, nervioso y reproductor), que constituyen y conforman el cuerpo físico de cada individuo.
- La Tierra es un ser vivo. Es una suma de partes (animales, vegetales, minerales, la humanidad, seres intraterrenos...) y está comprendido en un todo superior: el sistema solar. El corazón del ser vivo Tierra se encuentra en su núcleo ardiente, cuyas temperaturas de más de 6.700 °C superan las de la corteza del Sol.
- El sistema solar es un ser vivo. Es una suma de partes (planetas, asteroides, cometas provenientes de la nube de Oort, objetos helados –como Sedna y Quaoar, del cinturón de Kuiper...) y forma parte de un todo superior: la galaxia llamada Vía Láctea. El corazón del sistema solar es el Sol, del que toma el nombre.

- El sistema solar vive en el seno de la Vía Láctea y transita cíclicamente por ella inserto en un clúster sistémico o grupo de sistemas, como Sirio, cuyo centro es, a su vez, el corazón del clúster. De idéntico modo, la Vía Láctea vive dentro del universo y transita cíclicamente por él formando parte de un cúmulo galáctico o grupo local integrado por unas cuarenta galaxias, como Andrómeda, cuyo colosal bulbo central se constituye en el corazón del cúmulo. Y lo enunciado sobre la funcionalidad del clúster sistémico y el cúmulo galáctico es aplicable analógicamente a los cúmulos o grupos de universos, multiversos, omniversos y multiomniversos.

- La Vía Láctea, con un diámetro medio de mil billones de kilómetros (cien mil años luz), es un ser vivo conocido por algunas culturas como Donga, que significa 'agua', por la gran presencia que tiene de oxígeno y, especialmente, hidrógeno en infinidad de combinaciones. La Vía Láctea constituye una suma de partes (medio billón de estrellas, multitud de planetas, sistemas y clústers sistémicos, nubes de hidrógeno ionizado...) y forma parte de un todo superior: el universo. El corazón del ser vivo Vía Láctea se encuentra en su centro, un pseudobulbo contenedor (entre otras cosas) de un gran agujero negro, Sagitario A, de unos dos millones seiscientas mil masas solares.

- Del mismo modo, cada universo, multiverso, omniverso y multiomniverso es un ser vivo. Cada uno constituye una suma de partes y está integrado en un todo superior. Todos cuentan con su corazón. Y todos los corazones, desde el de un ser humano o la Tierra hasta el de cualquiera de los multiomniversos, se hallan absolutamente interconectados e interactúan y fluyen constante y permanentemente entre sí.

- El Unoverso o Verbo es, coloquialmente expresado, el cuerpo de la Creación. Siendo uno y teniendo un corazón central, es una suma de partes, todas las hasta aquí enunciadas, que configuran una *Magna Naturaleza*. Y forma parte de una suma superior en que lo Creado y lo Increado interaccionan en unidad y unicidad: Ser y No-Ser; Todo, Uno y Único; Plenitud y Vacío: Yo Soy.

Debes leer la siguiente progresión de izquierda a derecha:

Ser humano	Humanidad	Planeta: Tierra
Tierra	Planetas	Sistema solar
Sistema solar	Clúster sistémico	Galaxia: Vía Láctea
Vía Láctea	Cúmulo Galáctico o Grupo Local	Universo
Universo	Grupo de universos	Multiverso
Multiverso	Grupo de multiversos	Omniverso
Omniverso	Grupo de omniversos	Multiomniverso
Multiomniverso	Grupo de multiomniversos	Unoverso o Verbo

Albert Einstein ya consideró al ser humano como parte inseparable de una totalidad llamada universo, si bien una parte limitada en el espacio y el tiempo. Destacó que una especie de ilusión es lo que hace que nos experimentemos a nosotros mismos y percibamos nuestros pensamientos como algo separado del resto.

A propósito de esto, Erwin Schrödinger, Nobel de Física en 1933 y otro de los padres de la mecánica cuántica, enfatizó la convicción de que «todos estamos en todo [...] y nuestras vidas no son piezas, sino la totalidad; somos la totalidad del mundo». Entendimiento al que se sumó J. S. Bell, autor en 1964 del teorema que lleva su nombre, considerado como la obra aislada más importante en toda la historia de la física, y que viene a concluir que no existe nada que pueda llamarse verdaderamente parte separada, porque todas las partes del universo están conectadas de manera íntima a un nivel fundamental, trascendiendo del tiempo y el espacio.

Esta es una nueva senda para la ciencia donde brillan las contribuciones del profesor de física teórica David Bohm, que giran alrededor de la unidad esencial del universo: cualquiera de sus elementos se contiene en la totalidad del cosmos, que incluye tanto la materia como la consciencia. Convencido de que existen otros planos de la realidad a los que solo podemos tener acceso a través de estados místicos (éxtasis, elevación del grado de consciencia...), subrayó que la globalidad de la Creación y todos los planos dimensionales están conectados «en un estado de interminable flujo o doblado y desdoblado», siendo la evolución un signo de la inteligencia creadora que explora estructuras diferentes, que van mucho más allá de lo que se precisa para sobrevivir. Para Bohm, existe un orden implicado plegado en la naturaleza que se despliega gradualmente a medida que el cosmos evoluciona. Lo que concibe es parecido a un holograma, aunque prefirió hablar de holomovimiento: forma parte de la realidad que se envuelve y se desenvuelve constantemente, entre el orden latente (no manifestado) y el orden patente (manifestado), a un ritmo tal que el mundo visible aparece como uniforme. (Esto es análogo a lo que ocurre, a otra escala, con la rotación de la Tierra sobre sí misma: a causa de la alta velocidad del giro, dicha rotación no es percibida por los sentidos físicos del ser humano).

En definitiva, lo «real» de la realidad, independientemente de lo que perciban nuestros sentidos físicos, tiene mucho más que ver con un holograma que con algo material, sólido, sustancioso, contundente.

Si todo es una suma de partes y se integra en una suma superior es porque hay algo que todo lo unifica, que todo lo integra; hay algo donde está todo. Es decir, estás tú, y estoy yo, y todos estamos configurando la realidad exterior, pero a su vez estamos todos dentro de lo mismo: hay algo subyacente que lo une todo, que lo unifica. Ese algo no une las partes desde la perspectiva de que cada una de ellas es algo separado y se precisa un agente externo que las una, sino desde el punto de vista de que las partes ya constituyen una unidad, intrínsecamente.

Bohm y otros científicos han llegado al punto, en su investigación, de considerar que hay un orden que, aunque no se manifieste, está ahí. Es como si tuviésemos un ovillo de lana que, aunque esté enrollado, tiene un orden implicado, de manera que si tiramos del ovillo, este, en su discurrir, se va a ir desenvolviendo de una determinada manera. Pues bien, la ciencia empieza a percibir que hay algo subyacente que es el motor, el patrón, el orden con que se despliega la Creación, de tal modo que aunque haya todavía partes de la Creación que no estén creadas, cuando se creen se corresponderán con ese orden implicado.

Así pues, la Creación, o lo Manifestado, no está ahí por casualidad, como consecuencia del azar: las características de lo manifestado están en correspondencia con el patrón implícito en lo no manifestado.

Corolario

La ciencia está, por tanto, preparada para plantearse novedosas preguntas, a las que aún no puede responder, y abrir sus puertas a concepciones hasta hace poco vetadas por el saber académico tradicional. Preguntas que, efectivamente, son nuevas, aunque puede ser que tengan respuestas antiguas. Estas respuestas, con diversas denominaciones (hermetismo, esoterismo, tradición, sabiduría secreta, ciencia oculta...) han llegado hasta nosotros transmitidas de generación en generación fuera de los cauces ortodoxos de aprendizaje. A ellas se acerca la ciencia cada vez con mayor celeridad, gracias especialmente al aire fresco aportado por los últimos avances de la revolución tecnológica y el inmenso mundo de la realidad virtual.

Se concatenan indagaciones y tesis que abogan con contundencia por la existencia de una realidad subyacente, que es la verdadera, aunque los sentidos corpóreo-mentales hagan creer en una realidad aparente, puramente ficticia. El convencimiento de que esta es lo único que existe nos convierte en máquinas y nos coloca al servicio de las máquinas (la película *Matrix* lo pone muy bien de manifiesto). Sin embargo, el conocimiento de nosotros mismos, de lo que genuinamente somos, nos permite tomar consciencia de la existencia de la auténtica realidad, nos libera de las cadenas mecanicistas, nos introduce vertiginosamente en una nueva visión de las cosas, coloca la realidad aparente al servicio de nuestra consciencia interna, transforma nuestra existencia y descubre al auténtico ser que vive en nuestro interior, el que realmente somos y es. A este respecto, conviene rememorar un saber antiguo que Heráclito de Éfeso ya enunció en el siglo VI a. de C. mediante la célebre diferenciación entre aquellos que estando dormidos parecen estar despiertos y los que de verdad están despiertos y pueden comprender.

La nueva visión posibilita, además, que nuestra realidad interior actúe y mande sobre el mundo exterior y virtual que antes creíamos real, siempre que seamos capaces de romper con los apegos que nos atan al mundo de ficción. Igualmente, la nueva visión hace que superemos los dualismos impuestos por la anterior visión: el *yin* y el *yang*, los opuestos, se unen; el bien y el mal se unifican para trascenderse, y la maldad o la bondad pueden surgir en la figura de cualquiera con la finalidad de que la consciencia se expanda.

HOLOGRAMA Y HOLOGRAFÍA

El término *holograma* deriva de *holos* y *grama*, que en griego significan, respectivamente, 'todo' o 'completo' y 'mensaje' o 'cosa escrita'. Por tanto, etimológicamente, un holograma es tanto un medio de transmisión de información (cosa escrita) como la información misma (el contenido del mensaje). Eso sí, la información se caracteriza por ser total y completa.

El vocablo *holístico* comparte la misma raíz: *holos*. Más específicamente, *holístico* viene de *holismo*: «Doctrina que propugna la concepción de cada realidad como un todo distinto de la suma de las partes que lo componen». Y la tan utilizada interjección *hola* está igualmente relacionada con ello, por lo que expresa, aunque en su uso cotidiano no se sea consciente de ello, un saludo «global». Este saludo abarca no solo nuestro componente físico-corpóreo sino todos los que se integran en la experiencia humana, incluida la dimensión espiritual que todos atesoramos.

Con esta base, el *Diccionario de la lengua española* de la RAE otorga al vocablo *holograma* dos posibles acepciones: «Placa fotográfica obtenida mediante holografía» e «Imagen óptica obtenida mediante holografía».

En cuanto a la holografía, el mismo *Diccionario* ofrece esta definición: «Técnica fotográfica que, mediante iluminación por láser, permite obtener imágenes tridimensionales en color». Un rayo láser graba microscópicamente una película fotosensible; esta, al recibir la luz desde la perspectiva adecuada, proyecta una imagen en tres dimensiones. Estas grabaciones reciben el nombre de hologramas.

Los principios teóricos de la holografía fueron desarrollados por el físico británico de origen húngaro Dennis Gabor en 1947, que obtuvo por su trabajo el Premio Nobel de Física en 1971. Originalmente, Gabor solo quería encontrar una manera de mejorar la resolución y definición de las imágenes del microscopio electrónico. Llamó a este proceso *holografía*, ya que los hologramas mostraban un objeto completamente y no solo desde una perspectiva.

Sin embargo, sus hologramas eran demasiado primitivos, a causa de las fuentes de luz muy pobres de las que se disponía. Hubo que esperar años para que la holografía se perfeccionara gracias al desarrollo del láser.

Visto todo esto, se está en condiciones de comprender uno de los grandes principios que rigen la vida, el cosmos y la Creación: «Todo es una suma de partes y está integrado en una suma superior, aunque cada parte es a su vez el Todo». Los hologramas pueden fraccionarse y cada una de las partes resultantes contiene información suficiente para reproducir la imagen completa.

En la fotografía convencional se almacena un registro, punto por punto, de la intensidad y el color de la luz. Si cortamos la fotografía con unas tijeras, la zona descartada se pierde para siempre y ya no la podemos integrar con el resto de la imagen. En un holograma, en cambio, lo que se graba no es solo la intensidad, sino también el patrón de interferencia de la luz incidente en cada punto de la imagen con respecto a un láser de referencia. Para hacerlo se usa un rayo de referencia que es combinado con la luz de la escena. Si ambos rayos provienen del mismo láser, se crea una interferencia óptica debido a la superposición de ondas de luz. Este patrón se almacena en la placa holográfica. Si alguien decide cortar un holograma en trozos, cada uno de ellos seguirá reproduciendo la escena completa, si bien con menor calidad.

Es decir, cualquier parte del holograma, por pequeña que sea, contiene la misma información que todo el holograma. Y cuando la ciencia empieza a entrever el cosmos como un inmenso holograma, comienza a entender que cada parte es a su vez el todo. De modo que cada partícula contiene la información del todo. Desde este punto de vista, un ser humano es el universo entero. A su vez, cada uno de los cien billones de células del cuerpo humano porta toda la información genética de la persona.

SOBRE EL ORIGEN DE CUANTO ES

«Nada» y «algo»

Cuando se trata de indagar acerca del origen de cuanto es (la Creación, el cosmos, la vida...), ha aparecido con frecuencia, en la historia de la humanidad, un interrogante. Este interrogante ha surgido especialmente en la filosofía occidental de los últimos siglos y ha estremecido por ejemplo a Leibniz, Unamuno o Heidegger: ¿por qué hay que entender que existe «algo» de lo que todo procede y no más bien «nada»? Se abre así una disyuntiva que, como las nuevas tecnologías, es de base binaria (0/1): hubo un estadio o período previo en el que nada había ni existía (opción 0); o desde siempre y por siempre ha existido *algo* (opción 1), con el nombre que se le quiera dar (Dios, Consciencia, Energía...). Y esto desemboca, a su vez, en una pregunta crucial: ¿cuál de ambas opciones (0 o 1) es la cierta, ya que una, forzosamente, tiene que serlo y las dos a la vez no lo pueden ser? En torno a esta pregunta y sus posibles respuestas andan a la greña los creyentes y los no creyentes: los primeros están seguros (no por experiencia propia, sino como sistema de creencias) de que siempre ha existido algo, vinculado a lo divino, mientras que los segundos piensan que lo que existe es nada y que la nada, sin saber muy bien cómo, ha dado lugar a algo.

Sin embargo, la disyuntiva entre nada y algo, así planteada, es falsa a la luz de las aportaciones de la ciencia contemporánea, que ofrece una visión de la realidad en que las dos opciones (0 y 1) son ciertas y no hay que elegir u optar entre ellas, pues forman parte de lo mismo. Expresado de otro modo, *nada* (0) y *algo* (1) no son distintos, sino que constituyen una idéntica realidad que se sostiene ¡en el vacío!

¿Qué es el vacío? El *Diccionario de la lengua española* de la RAE lo define como: «Falto de contenido físico o mental». Y, en términos científicos, es la nada o la ausencia de todo: de elementos materiales, líquidos, gaseosos o de cualquier otra especie y en cualquiera de sus modalidades, incluso las más infinitesimales. Pero lo más trascendente no es la conceptualización teórica del vacío, sino el hecho de que la ciencia actual ha comprobado empíricamente que este existe, es decir, que el vacío, siendo *nada* (0) también es *algo* (1). Y esta existencia del vacío va ligada a un hecho crucial: ¡el vacío vibra! O (si se me permite la licencia) ¡el vacío vive!: el vacío, siendo nada, es algo, y además «vibra» (vive).

Para entenderlo mejor se puede acudir a un breve, intenso y ameno artículo, «El vacío y la nada», escrito por Álvaro de Rújula, uno de los físicos teóricos más importantes a escala mundial y miembro del equipo del Centro Europeo de Investigaciones Nucleares (CERN), cuyo contenido está disponible en Internet.

El texto arranca de forma tan sugerente como desconcertante:

> Saquemos los muebles de la habitación, apaguemos las luces y vayámonos. Sellemos el recinto, enfriemos las paredes al cero absoluto y extraigamos hasta la última molécula de aire, de modo que dentro no quede nada. ¿Nada? No: estrictamente hablando, lo que hemos preparado es un volumen lleno de vacío. Y digo lleno con propiedad. Quizás el segundo más sorprendente descubrimiento de la física es que el vacío no es la nada, sino una sustancia. Aunque no como las otras...

Álvaro de Rújula nos recuerda a continuación que Albert Einstein fue el primer científico en acercarse a esta percepción del vacío, al añadir a sus ecuaciones la llamada constante cosmológica, cuya interpretación moderna es que se trata de la *densidad de energía del vacío*. Einstein tuvo que postular la existencia del vacío y su densidad energética a partir de la observación de algunas anomalías. Pudo comprobar por ejemplo cómo un rayo de luz se comporta de una manera en una habitación dada mientras que en el universo se comporta de otra. Más recientemente, observaciones astrofísicas han mostrado que el universo se halla en expansión acelerada y que las galaxias actúan como cohetes a los que algo empujara. Ciertamente, las galaxias están estabilizadas por su propia gravedad y tienen un tamaño fijo, pero el espacio (o el vacío) que hay entre ellas se estira. ¿Por qué se comportan así las galaxias, si por tendencia gravitacional deberían tender a unirse? Este tipo de fenómenos son los que hacen que científicos como Einstein lleguen a la conclusión de que en lo que vemos hay algo subyacente que no vemos que está influyendo sobre ello. Porque si esta influencia no estuviera no se darían estos comportamientos «anómalos» (que no son anómalos; son los comportamientos del universo. Solamente son anómalos según la mecánica clásica). Pues bien, el algo que provoca estas «anomalías» es el vacío, la densidad de la energía del vacío. Por la misma razón, el vacío no es nada, sino algo: una excepcional y sorprendente sustancia activa (en el lenguaje de los físicos se la ha calificado como un *campo que permea el vacío*), capaz de ejercer una repulsión gravitacional, incluso sobre sí misma.

El vacío

El vacío desconcierta a la mente, pues esta computa lo que «es», pero no es capaz de procesar, pensar o imaginar lo que «no es».

De hecho, estamos siendo generosos con la mente al utilizar el término *vacío*, pues dicho término esconde la auténtica realidad. La realidad es la existencia de la nada. Pero si el término *vacío* nos descoloca, el término *nada* nos descoloca absolutamente. Así pues, la ciencia llama vacío a la nada. Ahora bien, la nada es algo. Y es que el vacío, para colmo, no se limita a «no ser», sino que, además, siendo *nada*, también es; es *algo*. De hecho, que el vacío sea *algo* permite dar respuesta a dos candentes cuestiones planteadas y examinadas por la física actual: una, en el extremo de lo más grande, la causa del cosmos y su expansión, y otra, en el extremo de lo más diminuto, la causa de las partículas elementales y su comportamiento.

Y el vacío, o *no-ser*, para evidenciar que también *es*, vibra, con lo que muestra su «vida». Se trata, desde luego, de una vibración muy peculiar. Cuando el vacío se va llenando de partículas, estas vibran en él. Pero al indicar que el vacío vibra se hace mención no a la vibración de algo en el vacío, sino a la vibración del propio vacío como tal: cuando el vacío es realmente vacío, cuando está absolutamente «limpio» de cualquier elemento o componente, el vacío, en sí y por sí, vibra. Y esta vibración es indicativa de su vida, de su existencia, de su presencia. Es la vibración del vacío; no en el vacío. Esto conduce al denominado *bosón de Higgs*.

Recordemos que Einstein había postulado la densidad de energía del vacío y la había incluido en su constante cosmológica. Mucho tiempo después llegó el británico Peter Ware Higgs, que decidió indagar sobre eso; y él y un equipo de científicos se dedicaron a ver si era posible demostrar la existencia del vacío. No fueron capaces de hacerlo pero dieron un paso adelante. Por sus observaciones científicas llegaron a la conclusión de que lo que afecta a lo real no es el vacío, sino la vibración del vacío. A esta vibración la llamaron bosón. Pero vayamos por partes.

Para comprender el contenido y significado de este bosón, llamado también *partícula de Dios*, hay que partir de una de las predicciones más famosas del llamado modelo estándar de la física de partículas. Se trata de una teoría cuántica de campos consistente en la existencia de un bosón encargado de proveer a las demás partículas elementales de la propiedad que llamamos *masa*. Hay que entender por masa no tanto el peso (que no es la manera más correcta de definirla) como la medida de la oposición que presenta un cuerpo a cambiar su movimiento cuando se le aplica una fuerza (por ejemplo, cuanto mayor es su masa, más cuesta empujarlo). A esto se le llama inercia. La masa es la medida de la inercia de un cuerpo. Cuando se habla del bosón de Higgs nos referimos a este concepto de masa. Este bosón genera un campo que afecta a todo el espacio (se lo conoce como *campo de Higgs*), de modo que las partículas fundamentales que se acoplan con él adquieren masa.

Esta propuesta fue hecha de forma teórica en 1964 por un grupo de físicos, entre ellos Higgs, a quien el bosón debe su nombre, aunque advirtieron que para poder ser efectivamente observado se requería usar energías muy altas. Y fue preciso el paso de varias décadas antes de disponer de la energía necesaria para detectarlo. Se tuvieron que construir colisionadores de partículas de última generación, como el Tevatron del FermiLab, en Estados Unidos, y (más recientemente) el Gran Colisionador de Hadrones del CERN, en Europa. Por fin, entre el 3 y el 4 de julio de 2012, científicos del FermiLab y el CERN hicieron el anuncio del hallazgo de una nueva partícula cuyas propiedades corresponden a las predichas para el bosón de Higgs, que es una vibración del vacío, no en el vacío. Y el 14 de marzo de 2013, el CERN, con el doble de datos de los que disponía el año anterior, confirmó tal anuncio. Gracias a ello, el 8 de octubre de 2013, casi medio siglo después de que hiciera sus primeras aportaciones al respecto, Higgs, con ochenta y cuatro años de edad, fue galardonado con el Premio Nobel de Física.

En definitiva, la masa que vemos con nuestros sentidos corpóreo-mentales es una propiedad que adquieren las partículas de lo que denominamos materia gracias a que existe la vibración del vacío. Si este vacío no estuviera por debajo de todo, la realidad que observaríamos sería muy distinta. Es decir, el vacío no solo está interfiriendo en el comportamiento de las partículas, de las moléculas, de la luz, de las galaxias, etc., sino que además ejerce una influencia tremenda porque es como una especie de lienzo que posibilita que lo que se está pintando en él tenga consistencia.

Por tanto y en resumen, atendiendo a lo aportado por la física y la astrofísica de vanguardia, la dualidad nada *versus* algo ha quedado rota y superada, como otras tantas dualidades y dicotomías: la *nada* es *algo*, el *algo* se sostiene en la *nada*, el vacío es el marco en el que todo ello acontece y el *algo*, que es vibración, se despliega como tal.

CUANDO LA INTROSPECCIÓN Y LA CIENCIA SE ENCUENTRAN

Me encanta la ciencia: va haciéndose preguntas a partir de la observación, va deduciendo cosas con su método científico y poco a poco acaba por poner sobre la mesa algo que es radicalmente novedoso y que tiene implicaciones de una enorme potencia para comprender nuestra vida, el cosmos y la realidad. Ahora bien, mi fuente principal de información son mis introspecciones en meditación. Y me llama la atención el hecho de que lo que puedo percibir en ellas la ciencia lo está afirmando. En introspección (en meditación), como otras personas antes que yo, había ya percibido la realidad del vacío y que este vibra; y los aceleradores de partículas (el de Estados Unidos y el europeo de Ginebra) lo pusieron de manifiesto en julio de 2012. Cuando se descubrió eso, me llené de entusiasmo, porque me parece fantástico que se estén dando la mano el mundo de la introspección y el mundo aparentemente exterior de la ciencia (que cada vez se mete más por dentro de las cosas).

Por ejemplo, Albert Einstein fue el primero (o uno de los primeros) en detectar la existencia del vacío, es decir, en detectar que además de lo que se ve en el cosmos está lo que no se ve. Eso que no se ve lo ligó al vacío. ¿Cómo lo supo? ¿Tuvo un éxtasis de tipo místico o fueron sus observaciones científicas las que lo llevaron a esa conclusión? No tengo ninguna duda de que Einstein tuvo también estados místicos, pero en el caso concreto de la formulación de sus teorías lo que lo llevó a esta conclusión fue su observación del universo, como hemos visto anteriormente.

Lo Inmanifestado y lo Manifestado

Curiosamente, esta nueva visión del vacío y de la realidad está muy asentada en antiquísimas culturas espirituales y místicas (sobre todo, orientales), que, a propósito de Dios (o como cada cual prefiera denominarlo), lo perciben y describen como lo Inmanifestado (Vacío, Nada, No-Ser) y su Manifestación (Plenitud, Todo, Ser). Y así como la vibración del vacío (*nada*) está en el origen de la existencia de *algo*, la vibración de lo Inmanifestado es lo que hace factible que surja lo Manifestado. Y como se señala en el Sutra del Corazón o Sutra de la Esencia de la Sabiduría (el más popular de todos los textos budistas, que cuenta con catorce *shlokas* o versos en sánscrito): «En el Vacío no hay forma; la forma es el Vacío y el Vacío es forma».

MEDITACIÓN Y VACÍO

Hay corrientes espirituales que nos han hablado del vacío desde la noche de los tiempos. Personas que han accedido a estados profundos de meditación nos hablan de una especie de nirvana en el que no se percibe nada, si bien lo que se siente en conexión con esa nada es algo; el nirvana precisamente. Es un estado de infinita paz. Por lo tanto, es como si esa nada estuviese aportando algo, como si estuviese «saliendo» algo de ella.

En la mística cristiana de siglos atrás, la meditación se denominaba contemplación, y fue practicada por los místicos cristianos. San Juan de la Cruz dedicó un poema a esa contemplación, que encabezó como «éxtasis de alta contemplación», haciendo referencia al nirvana o éxtasis que se alcanza en un estado de profunda contemplación. El poema empieza diciendo: «Entreme donde no supe / y quedeme no sabiendo, / toda ciencia trascendiendo», y sigue narrando lo que es un estado de contemplación, meditativo. En muchas de sus estrofas nos pone en contacto con algo que está más allá de lo que puede discernir la razón y lo que pueden ver los sentidos corpóreo-mentales. Y a la hora de describir qué es lo que se siente cuando se mete uno en un estado tan sublime, inexplicable, inenarrable, lo único que se atreve a decir finalmente en el poema es: «Y, si lo queréis oír, / consiste esta suma ciencia / en un subido sentir / de la divinal esencia».

Para la comprensión de lo divino es clave la comprensión de lo Inmanifestado y cómo de lo Inmanifestado surge lo Manifestado, siendo lo Manifestado aquello que podemos percibir y lo Inmanifestado aquello que no podemos percibir a través de los sentidos corpóreo-mentales. Del vacío emanan las formas y lo Manifestado deviene de lo Inmanifestado: el Ser del No-Ser, el Todo de la Nada. La respuesta se halla en la vibración del vacío y en su despliegue y desenvolvimiento. Como afirmó el místico sufí Ibn Arabi, el universo es la sombra de Alá.

Hoy, gracias a los avances científicos que he estado compartiendo, se está en condiciones de discernir mejor esta doble dimensión de cuanto es y existe, de la Creación y el cosmos: la subyacente, –lo Inmanifestado– y la superficial –la manifestación de lo Inmanifestado.

La dimensión subyacente podemos describirla analógicamente como Vacío: Nada, No-Ser. Esto enlaza con la percepción y la visión sostenida por corrientes espirituales muy antiguas que nos hablan del Vacío como origen y sostén del Todo y, por tanto, de un Vacío que, siendo tal, llena el Todo. Por ejemplo, gracias a las aportaciones de la ciencia contemporánea podemos entender mejor lo expresado por el filósofo y místico hindú Nagarjuna en torno al año 200 d. de C.: «No puede denominársele Vacío, ni tampoco No-Vacío». Pero se le llama de este modo para dejar claro que está más allá de todo lo Manifestado, del mundo de las formas (sea cual sea su masa aparente) y de los fenómenos (en cualquiera de sus manifestaciones).

En cuanto a lo Manifestado, la vibración que emana de manera natural del Vacío, de lo Inmanifestado, es una Vibración Primigenia y Pura (VPP). Su frecuencia vibratoria es incomparable con relación a la vibración de cualquier partícula que sea algo (materia, energía...). Y del despliegue de la VPP surge lo Manifestado.

Pero vayamos poco a poco. Ha llegado la hora de compartir sobre Dios.

PARA RESUMIR...

- La ciencia contemporánea está poniendo sobre la mesa nuevos paradigmas, nuevas percepciones y nuevas visiones que llevan directamente a la consciencia. Por vía de la exploración científica y de la interiorización en meditación profunda se llega a las mismas conclusiones.
- La realidad exterior depende de la realidad interior; lo observado, del observador. Y no hay ruptura: lo interior genera lo exterior, y lo que se vive en el exterior repercute en lo interior (lo alimenta, lo impulsa como estado de consciencia) y desde ahí se vuelve a amoldar lo exterior, y así sucesivamente. Este flujo continuo es tu vida y es la mía.
- Se nos invita a que pongamos un interrogante sobre aquello que hemos estado considerando «real», que empecemos a percibir que lo que denominamos «real» tiene las características que tiene porque nosotros lo observamos desde una ventana concreta, nuestros sentidos corpóreo-mentales, y desde un determinado estado de consciencia, el nuestro.
- Todo es una suma de partes y está integrado en una suma superior. A su vez, cada parte es el todo, pues todo lo que existe pertenece a una misma unidad o totalidad. Esto se relaciona con la concepción holográfica de la Creación, a distintas escalas (teoría del principio holográfico).
- La teoría de cuerdas ya afirmó que las partículas fundamentales no son «puntos», sino cuerdas (objetos extensos y vibratorios). Más recientemente se ha constatado que el vacío vibra (bosón de Higgs), con lo cual, siendo «nada», está a la vez muy lleno y es «algo».
- La plenitud del vacío y la unificación existente entre todas las partes de lo que existe avala la visión espiritual de que la Realidad cuenta con una dimensión Inmanifestada de la que surge todo lo Manifestado.

11

CONSCIENCIA Y DIOS

Física de la Deidad (II)

LA NATURALEZA DIVINA

Primera aproximación

Siguiendo el hilo de lo que fue el cierre del capítulo anterior, ¿y Dios? ¿Qué es, en qué consiste? ¿Existe? ¿Cuál es su lugar en el contexto de lo que se viene compartiendo?

La idea de Dios de la que mayoritariamente participan todavía los seres humanos es la de algo o alguien «exterior» a ellos, separado, lejano. Esto provoca, por ejemplo, que la gente se posicione mentalmente como creyente o no creyente. Los creyentes sí creen en la existencia de ese Dios externo, por lo que suelen profesar un determinado credo o religión; los no creyentes no creen en tal existencia y no hacen suya ninguna fe. Ambas posturas (creyente y no creyente) parecen rotundamente opuestas y sus agrias controversias son abundantes, tanto hoy día como en la historia de la humanidad. Sin embargo, las dos participan de idéntica base y tienen un mismo principio y fundamento: la visión de un Dios exterior, distante, ajeno a nosotros mismos.

Al concebir un Dios exterior (para afirmarlo –el creyente– o para negarlo –el no creyente–, da igual), las personas se desunen mentalmente de la divinidad y se contemplan a sí mismas como algo separado de ella. La consecuencia directa es la identificación con un yo material, mental y emocional: el cuerpo físico, los sentidos corpóreo-mentales, los pensamientos, las emociones, la personalidad y, por fin, el ego, al que se dedicó el capítulo «Consciencia y vida cotidiana».

Sin embargo, Dios no se corresponde con esta percepción que mucha gente aún hace mentalmente suya. Porque, como se deducirá de todo lo que se expone en las próximas páginas:

- Dios es lo Inmanifestado y la manifestación de lo Inmanifestado. Lo que es Inmanifestado es todo lo Manifestado. Lo Inmanifestado es Dios, y Dios es también su Manifestación.
- Dios no admite nombre y es todo lo nombrado. Lo que ni tiene ni puede tener nombre, el No-Nombre, es todo lo nombrado y todo lo nombrable. Podemos llamar Yo Soy a Dios, pero es más acertado y legítimo no darle ningún nombre; porque ningún nombre, ninguna idea, ningún esquema mental puede acceder a Ello.
- Dios es No-Ser, nada existente ni preexistente; y es Ser y Experiencia de Ser (que es Una, aunque se despliegue en infinidad de experiencias).
- Dios es «personal» desde su Inmanifestación e «impersonal» en su Manifestación. Todo es y en todo está, sin que quepa separación o fragmentación alguna de nada ni de nadie respecto de la divinidad.
- Dios es Nada y es Todo. Cuando solo hay Amor, no hay Nada; cuando hay Todo, no hay Nada. El Vacío Absoluto es el del Todo Absoluto.
- Dios es Vacío; y del Vacío, por su vibración, todo emana y se despliega: todas las formas, todos los fenómenos... La emanación vibratoria del Vacío es Amor. Y el Amor se desenvuelve en Vida (que es Una) y Consciencia (que es igualmente Una), que se manifiestan, a su vez, en todos los estados conscienciales y todas las modalidades de vida y existencia. Todas aparentan tener

nombre, aunque son manifestación de lo que carece de él: todas parecen ser algo, pero son proyección del No-Ser.

- **Dios es Increado.** Es lo engendrado desde lo Increado y todo lo creado desde lo engendrado (la Creación en su integridad).
- **Dios es Concentración.** Bajo la emanación de lo engendrado y la plasmación y expansión de lo creado, se halla la Concentración de lo Increado, que actúa cual «fuerza de gravedad» y lo atrae todo como Absorción, generando el eterno retorno: expansión-absorción-expansión.
- **Dios es Omnipotente,** pues nada necesita, desea, anhela, quiere, ansía, prefiere o pretende; y en todo vibra y vive Inmanente y Omnipresente, liberando a la vida de cualquier necesidad de hacer y colmándola de «Vivir Viviendo».
- **Dios es Transparencia,** sin atadura a reglas, sin ley alguna. Es el orden natural y el Tao, la Expansión y la Absorción, el *Ordo Amoris* y la geometría sagrada.
- **Dios es Inabarcabilidad.** Lo Inmanifestado ni siquiera es infinito; es inabarcable. El concepto de infinito no puede aplicarse a la nada. Ahora bien, la Inabarcabilidad del No-Nombre se corresponde con la Infinitud de lo nombrable.
- **Dios es Instantaneidad.** En lo Inmanifestado no hay tiempo; solo el aquí-ahora más absoluto, la instantaneidad más radical. Y la Instantaneidad de lo Inmanifestado es la Eternidad de lo Manifestado: el momento presente continuo (aquí-ahora) en el que lo eterno se desenvuelve. Observa que cuando hablamos de eternidad ya estamos en clave de tiempo.
- **Dios es Quietud.** Y la Quietud del Vacío es el Movimiento de Todo. Así, el Movimiento es el resplandor de la Quietud. Y su repiqueteo, vocerío.
- **Dios es Uno.** Y, por ello, todo, todos y cada uno. Bajo la diversidad se encuentra la unicidad. Bajo la complejidad, la simplicidad. Bajo la condensación vibratoria y la tensión de formas y fenómenos, el fluido y la distensión del Vacío Absoluto. Y Dios, siendo Nada y Todo, es Uno.

- Dios es Inmutabilidad. Y la Inmutabilidad de lo Inmanifestado es la evolución permanente y la inestabilidad intrínseca de lo Manifestado.
- Dios es lo que No-Es, y lo que es. Lo que No-Es, Real es; lo que es, irreal es. Es decir, lo Inmanifestado aparentemente no es, porque no lo vemos, pero es lo que realmente Es; es lo Real. Es lo Real porque siempre está ahí, sin depender de nada, y no muta. Mientras tanto, lo Manifestado, que aparentemente Es, es irreal, desde el punto de vista de que surge y depende de lo Inmanifestado, y además está cambiando. En el mundo de las formas todo es pasajero; en él todo está en permanente cambio, de modo que no tiene una tangibilidad que podamos denominar real. Es una especie de «realidad virtual». Su naturaleza es vibratoria y presenta infinidad de escalas y dimensiones en función de las infinitas frecuencias vibratorias en las que el Verbo (la reverberación de la vibración del Vacío que se examinará más adelante) se despliega y condensa.

De este modo, Dios, siendo Uno, presenta, por decirlo de algún modo, dos aspectos: lo Inmanifestado y su Manifestación, el No-Ser que se proyecta en Ser, el No-Nombre que configura todo lo nombrado y todo lo nombrable, es Personal e Impersonal... La naturaleza de Dios no puede ser abarcada con palabras ni esquemas conceptuales: ni cabe en ideas mentales lo Inmanifestado ni cabe en ellas su Manifestación. Pero estamos compartiendo en un aquí-ahora en el que usamos palabras y conceptos. Y cualquier concepción de la divinidad es igualmente respetable, pues Dios puede tener todas las formas, a la vez que, realmente, trasciende todas ellas.

Las dos dimensiones de la divinidad

Las enseñanzas espirituales nos dicen que estamos hechos a imagen y semejanza de lo divino. ¿Significa esto que lo divino tiene piernas, o que suda? No; es obvio que la semejanza tiene que hacer referencia a otra cosa. ¿Qué tenemos en común con la divinidad? La vida.

La semejanza es el hecho de que el vacío vive puesto que vibra, y todo lo que de él surge, que es lo Manifestado, es la vida misma. Todo lo que es la divinidad vive, y nosotros vivimos. Es en este sentido como estamos hechos «a imagen y semejanza» de Dios. Y tenemos algo más en común con la divinidad: el hecho de que presentamos una dimensión SUPERFICIAL y otra SUBYACENTE.

Ya decía, en el capítulo «Consciencia y aquí-ahora», que el aquí-ahora tiene dos dimensiones, la superficial y la subyacente, que la dimensión superficial está compuesta por todo lo que cambia de instante en instante y la subyacente por lo que no cambia, y que eso que nunca cambia es el hecho de que vivimos. Además, hay una íntima conexión entre la dimensión superficial y la subyacente del aquí-ahora y la dimensión superficial y la subyacente de nosotros mismos. Así como la dimensión superficial del momento presente es lo que está cambiando de instante en instante, tu dimensión superficial es tu yo físico, mental y emocional. Por otra parte, la dimensión subyacente del momento presente es la vida misma y tu dimensión subyacente es el hecho de que estás vivo. Tomar consciencia de esto es lo que las corrientes espirituales han llamado la experiencia del Yo Soy.

Puesto que como es arriba es abajo, cabe afirmar que en la Unicidad y Unidad de Dios conviven también las dos dimensiones que se acaban de exponer: una, subyacente e inmutable, que podemos identificar con lo Inmanifestado, y otra, superficial y evolutiva, que podemos identificar con lo Manifestado. Estas dos dimensiones son como las dos caras de una única moneda (la divinidad):

- En su dimensión subyacente e inmutable, Dios es No-Nombre, Inmanifestado, No-Ser, Nada, Vacío, lo Increado, Transparencia, Inabarcabilidad, Instantaneidad, Quietud, Concentración, Unicidad, Simplicidad, Fluido...
- En su dimensión superficial y variable, Dios es lo nombrado y lo nombrable, lo Manifestado, las formas y fenómenos, lo Engendrado y lo Creado, Omnipresencia, Tao y Evolución, Infinitud, Eternidad, Movimiento, Emanación y Expansión, Diversidad,

Complejidad, Condensación, sometimiento a ciclos de contracción y expansión, de creación, destrucción y recreación...

Por tanto, puede resumirse o compendiarse así la naturaleza de Dios y, por analogía y semejanza, la naturaleza de todo lo creado y del propio ser humano:

DIOS	
DIMENSIÓN SUBYACENTE	DIMENSIÓN SUPERFICIAL
Inmanifestado	Manifestado
No-Nombre	Todo lo nombrado y todo lo nombrable
No-Ser (nada existente)	Ser (Experiencia de Ser) = Amor (Vida y Consciencia)
Nada	Todo (Espíritu } Verbo/Alma)
Vacío	Vibración (Formas, Fenómenos...)
Increado	Engendrado } Creado
Concentración	Emanación y Expansión
Omnipotencia (no desear ni necesitar nada)	Inmanencia y Omnipresencia
Transparencia	Tao (*Ordo Amoris*)
Inabarcabilidad	Infinitud
Instantaneidad	Eternidad (momento presente continuo, aquí-ahora)
Reposo y Quietud	Silencio y Movimiento
Unicidad	Diversidad en la Unidad
Simplicidad	Complejidad
Inmutabilidad	Evolución y mutabilidad (inestabilidad)
Fluido (Distensión)	Condensación (Tensión)
Real (Lo que No-Es, Es)	Irreal (Lo que es, no es)
Realidad	Sueño, ilusión, *maya*, «realidad»

EL TAO, EL ORDEN NATURAL DEL AMOR

Aplicando a la tabla que se acaba de presentar lo que se ha venido exponiendo, se puede decir que desde la columna de la izquierda (dimensión subyacente) emana y se engendra, se crea y despliega lo que constituye la columna de la derecha (dimensión superficial). A su vez, la dimensión superficial tiende consciencial y evolutivamente a «volver» a la subyacente, al Principio Divino, al Hogar, al Padre/Madre que realmente nunca ha dejado de ser. Para ello, se despliega en CICLOS DE CONTRACCIÓN Y EXPANSIÓN situados más allá de lo que la humanidad llama tiempo.

Este es el Tao, el orden natural del Amor (el *Ordo Amoris* al que se refirió san Agustín), que es expansión-absorción-expansión. Y Todo es Dios: una columna y la otra, la dimensión subyacente y la superficial. El proceso que desde la columna de la izquierda (dimensión subyacente) genera la de la derecha (dimensión superficial). El proceso por el que desde la columna de la derecha se tiende a «regresar» a la de la izquierda. Todo es Dios, todo sin excepción ni exclusión; también el propio Tao u orden natural. Y todo acontece en la instantaneidad, fuera del tiempo y el espacio.

Visualízalo: la dimensión Inmanifestada, subyacente; cómo de ella surge la dimensión superficial, lo Manifestado, y cómo lo que se ha manifestado tiene tendencia a incorporarse a lo Inmanifestado, en un flujo continuo.

No expongo todo esto como algo teórico o «teológico», sino que se trata (como bastantes seres humanos podemos atestiguar) de una experiencia viva, íntima y Real. Una experiencia que se desarrolla en una vida cotidiana ubicada en la columna de la derecha (la dimensión superficial) mientras sentimos, cada vez con más fuerza, el impulso evolutivo y consciencial de ir hacia la columna de la izquierda (la dimensión subyacente).

Incluye lo cotidiano en la visualización que te indicaba. Porque si lo divino es Real, y lo es, ha de tener implicaciones reales en la vida diaria de cada uno. En la medida en que la dimensión subyacente está en el olvido, se vive de una manera, pero en la medida en que uno va tomando consciencia de su dimensión subyacente, su vida empieza a transformarse y a ser coherente con las características que tiene la divinidad en la dimensión subyacente. La dimensión subyacente va afectando a la dimensión superficial de la vida cotidiana, va adentrándose en ella, va interfiriendo con ella (todo ello, en el mejor sentido), y se van produciendo cambios en los hábitos de vida.

Por ejemplo, en la medida en que vas sintiendo lo que realmente eres, en que vas percibiendo tu auténtica identidad, eso a lo que dabas tanta importancia en tu vida relacionado con los bienes materiales la va perdiendo. Por otra parte, muchos seres humanos perciben hoy una inclinación creciente hacia el vaciamiento, desasimiento o desalojo interior. Esto es señal de que al empezar a sentir su verdadero ser (su dimensión subyacente) perciben su naturaleza como No-Nombre, No-Ser, Nada, Vacío... y, ante ello, de manera natural, emana del interior una potente y creciente vocación y tensión hacia dicho vaciamiento, desasimiento y desalojo interior.

Se pueden poner otros muchos ejemplos: la tendencia de bastantes personas a desarrollar una vida sencilla y consumir menos (que se sitúa en la columna de la derecha o dimensión superficial) es reflejo de la inclinación hacia la Simplicidad y la Transparencia (columna de la izquierda o dimensión subyacente), la práctica cada vez más extendida del aquí-ahora (derecha) es un reflejo de la Instantaneidad (izquierda), la búsqueda de la libertad y la ausencia de miedos (derecha) es un reflejo de la Omnipotencia (izquierda), la búsqueda de espacios de Silencio y de un ritmo de vida más relajado (derecha) es un reflejo del Reposo (izquierda), la meditación que cada vez más gente ejercita (derecha) es un reflejo de la Quietud (izquierda), etc.

Es decir, nuestra propia experiencia vital pone de manifiesto la realidad de esas dos columnas que de entrada podrían parecer un tanto teóricas. Tú mismo puedes percibir que, en la medida en que vas tomando consciencia de tu parte inmanifestada, tu vida empieza a transformarse, haciendo suyas las características de la inmanifestación. Es como si el olvido de tu divinidad implicara una determinada forma de vivir y el recuerdo de la divinidad que hay en ti te fuera impulsando de un modo natural y sencillo a vivir de otra manera. Y esta otra forma de vivir tiene las características analizadas que corresponden a la esencia más profunda de lo divino.

Hay toda una etapa existencial que vivimos en el olvido de lo que somos; es como si solamente viésemos la dimensión superficial de las cosas. Podemos denominar *recuerdo* al hecho de darnos cuenta de que existe también ese algo que no cambia. Ya lo sabíamos, porque siempre ha estado en nosotros; solamente teníamos que recordarlo (o tomar consciencia de ello).

Cuando tomas consciencia de tu dimensión subyacente, no desde el intelecto sino desde el corazón, naces de nuevo: sigues en este mundo, pero tu vida ya no tiene nada que ver con lo que era. Por ejemplo, pasas a relacionarte con la enfermedad de forma muy distinta. Te das cuenta de que la enfermedad pertenece al mundo de lo observado y afecta solamente a la dimensión superficial, de modo que la importancia que tiene es solamente relativa. Sabes que, aunque tu cuerpo muera, seguirás existiendo.

Con el fluir consciencial desde la dimensión superficial a la dimensión subyacente (lo que Pablo de Tarso llamó «imitar a Dios»), el Amor que somos se va liberando de todas las capas conscienciales que, en nuestro proceso evolutivo, venían tapando su Presencia e interferían en su Frecuencia.

Por esto, la afirmación completa de Pablo de Tarso es: «Háganse imitadores de Dios y sigan andando en Amor» (Carta a los Efesios, 5, 1-2). Y conviene seguir así hasta que la frecuencia del Amor llegue a impregnar e impulsar la totalidad de las actitudes y acciones con las que, de instante en instante, afrontamos todos los hechos, situaciones y circunstancias de la vida diaria.

ESPÍRITU, VERBO, ESPÍRITU SANTO, ALMA
Espíritu

A lo que ni tiene ni admite nombre (a lo que es No-Nombre) hace miles de años lo llamaron Brahmán y, después, Abba. Hoy muchos lo llaman todavía Padre, Padre/Madre, Alá... Hay quienes lo denominan

Fuente. Pero los nombres son lo de menos al tratar sobre Dios. Dios es No-Ser y Ser, Nada y Todo, Vacío y Plenitud. Y es Uno y Único, por más que, desde el discernimiento humano, se contemplen dos dimensiones: lo Inmanifestado (dimensión subyacente) y su Manifestación (dimensión superficial).

Podemos percibir ciertas características de la Nada-Vacío, pero en cuanto a su esencia, la mente no puede discernirla. Ahí hay un ámbito de misterio. De esa Nada, de ese Vacío, con todo su misterio, sabemos que está ahí, que existe, que no es una ilusión de la mente. Y sabemos que vibra.

En efecto, lo Inmanifestado Vibra (Vive). Y a partir de esta Vibración Primigenia y Pura (VPP) surge lo Manifestado. La VPP es Amor. Y el Amor se despliega en Vida (que es Una), Consciencia (que es Una) y Experiencia (Experiencia de Ser, que también es Una).

La VPP es el «Cántico del Vacío», expresado metafóricamente; en el sentir de escuelas espirituales orientales, es un «OM» original y puro. Un «OM» que emana como Vibración del Vacío: es su Emanación (como dicen los orientales), no su «creación». Y de esta Emanación surge lo Creado. Para que se entienda mejor el concepto de emanación (o de engendrado, en terminología cristiana) y su diferencia con creación (o creado): ahora mismo, tú estás vibrando, y esta vibración no la estás creando tú; emana de ti. Eres tú mismo, por decirlo de alguna forma.

Así pues, entre lo Increado y lo Creado hay un *eslabón no perdido*: la VPP. Es decir, la vibración del vacío es lo que hace posible que de lo Inmanifestado surja lo Manifestado. Las distintas corrientes espirituales utilizan denominaciones amorosas o «poéticas» para referirse a ello; contrariamente a la ciencia, que tiene el «inconveniente» de que todo lo expresa de forma demasiado fría. Por ejemplo, en el ámbito de la espiritualidad se utiliza el término *Padre* o *Madre* (o *Padre/Madre*). Y el cristianismo denomina Cristo o Hijo de Dios («engendrado», no «creado») a la Vibración de lo que Es (la VPP). Los nombres son lo de menos. Lo único significativo es lo que Es: que el Espíritu, Amor o Hijo de Dios emana del No-Nombre y tiene su misma «Esencia».

Verbo, Creación y dimensiones

Pero hay más, porque la Vibración Primigenia y Pura reverbera en el propio Vacío (la ciencia actual nos dice que el vacío ejerce una repulsión gravitacional sobre sí mismo). Y fruto de esta reverberación, genera el Verbo, el sostén de la Creación: la Creación acontece y se despliega a través del desenvolvimiento de la reverberación de la VPP en el propio Vacío. Más exactamente, la Vibración Primigenia y Pura (Amor, Espíritu, Cristo) hace eco en el propio Vacío (No-Nombre) y el «OM» original (la VPP) reverbera cual eco en una cadena de «oms»: om, om, om... La frecuencia de esta vibración es cada vez más débil o densa, y toda ella conforma el Verbo.

Empleemos una analogía para que pueda comprenderse mejor.

Imagina una habitación completamente aislada, dentro de la cual está el vacío más completo. Vamos a suponer que dentro de ese vacío apareces tú y dices: «¡AH!». ¿Qué sucederá en esa habitación? Se generará un eco, inevitablemente. AH es sonido, es vibración, y esa vibración retumbará, reverberará, hará eco en el vacío. De ese AH va a surgir una cadena de ecos: ah, ah, ah, ah... Ciertamente no es lo mismo tu AH que el hecho de que ahora, desde las esquinas, se oiga ah, ah, ah, ah... Ese eco lo has provocado tú, pero no eres tú. El primer AH que has lanzado sí eres tú, ha *emanado* de ti, pero el eco, aunque lo hayas generado tú, ya no eres tú. Ya no ha emanado de ti; ya es una *creación* tuya. Para diferenciar el AH que sale de ti, que sí eres tú, y el que es consecuencia de una reverberación física, he puesto en mayúscula el primero y en minúscula los siguientes.

De la misma forma, el OM, que es el sonido de la VPP (puede escucharse en meditación profunda, en estado de nirvana), hace eco en el propio vacío; es inevitable que esto sea así. Es inevitable que esa vibración emanada de la nada reverbere en la nada. A partir de reverberar en el vacío, el OM genera una cadena de ecos, que estamos reflejando como om, en minúscula.

Cada nuevo om que surge en esa cadena de ecos ¿cómo se diferencia de los demás? La diferencia es que la frecuencia vibratoria de cada nuevo om es más baja que la del om anterior. Volviendo al ejemplo del AH, es como que ese AH que has exclamado en la habitación vacía se escucha cada vez menos. O, utilizando otro símil, si lanzamos una piedra al agua va a generar círculos concéntricos, y cada nuevo círculo va a tener una frecuencia vibratoria menor que el anterior (va a ser menos sutil, más densa).

De este modo, la VPP, siendo emanación de lo Inmanifestado, es el factor desencadenante de todo lo Manifestado. En este contexto pueden entenderse las referencias a Cristo recogidas en la Carta a los Colosenses (1, 15-17): «Es la imagen [vibración] del Dios invisible [Inmanifestado] [...] Todo fue creado [lo Manifestado] por medio de él [...] Existe antes que todas las cosas y todo subsiste en él».

La VPP reverbera en el propio Vacío y desencadena el Verbo. El Verbo es la manera que tiene el cristianismo de referirse a la reverberación de la VPP en el vacío que la origina: «El Verbo se hizo carne y habitó entre nosotros» (Juan, 1, 14). El Verbo se hace carne en la medida en que se crea una cadena de oms que cada vez tienen menor frecuencia vibratoria.

Los oms que surgen inmediatamente a partir del primero ya no tienen una frecuencia infinita, sino finita, si bien presentan una vibración muy alta y dan lugar a planos dimensionales muy sutiles. Los siguientes tienen una frecuencia cada vez menos inefable, menos sutil, más densa; y eso va dando lugar a la carne, entendida como la materia. En los primeros oms hay energía, de una enorme pureza, y en la medida en que van surgiendo nuevos oms en la cadena de ecos, habida cuenta su menor frecuencia vibratoria dan lugar a lo que llamamos materia.

Volviendo a la analogía de las ondas en el estanque, es como si cada una de esas ondas en el agua fuesen «dimensiones», como si dentro de cada om hubiese zonas en el espacio en que fuese posible generar mundos y formas de vida coherentes con la frecuencia vibratoria de ese om concreto. Por ejemplo, la forma de vida que son los ángeles pertenece a otro plano, a otro om; se desenvuelve en otra dimensión, más sutil que la tercera. Las formas de vida que hay ahí son menos materiales, menos físicas que las de tercera dimensión.

La frecuencia vibratoria de los «oms-eco» siempre es finita, por más que, bajo el impulso del Vacío, tenga lugar un despliegue ondular y fractal del OM original en infinidad de gradaciones vibratorias, desde las frecuencias más elevadas hasta las más densas. Así «aparecen» y toman «forma» y «cuerpo» todas las dimensiones y planos de existencia, todos los multiomniversos, omniversos, multiversos, universos, galaxias, sistemas solares, planetas, especies y formas y modalidades de vida, partículas y subpartículas que llenan y configuran la Creación. Todo ello son plasmaciones de la misma Vida y Consciencia y, por tanto, del Amor. Y gracias al Amor el Verbo se despliega en Diversidad y Libre Albedrío dentro de la Unicidad y Unidad de cuanto Es. Volviendo al arranque del Evangelio de Juan (1, 1-14):

> En el principio fue el Verbo, y el Verbo estaba con Dios y el Verbo era Dios. Él estaba en el principio con Dios. Todas las cosas por él fueron hechas y, sin él, nada de lo que ha sido hecho lo habría sido. En él estaba la vida [...] Y el Verbo se hizo carne y habitó entre nosotros.

«El Verbo era Dios» porque el OM original emanó de Él. En la cadena que he descrito, la primera Vibración emanó de lo Inmanifestado, la cual, al reverberar en el vacío, dio lugar al mundo que conocemos.

Es así como la Vibración Primigenia y Pura o Espíritu se halla presente e inmanente en todas las modalidades, fenómenos y formas de vida y existencia que hay en lo Manifestado, en la Creación. La VPP reverbera como Verbo en infinidad de frecuencias vibratorias (desde las más sutiles y «descondensadas» hasta las más densas y «condensadas»), que se plasman en toda la Manifestación y, en ella, en el cosmos y las dimensiones.

Espíritu Santo

La presencia concreta de la VPP en cada modalidad específica de vida y existencia se corresponde con el Espíritu Santo del cristianismo. Aplicado al ser humano, el Espíritu Santo es la presencia efectiva y concreta de la VPP o Espíritu (que es Uno) en todos y cada uno.

Y tomar consciencia de lo que realmente se es pasa ineludiblemente por percibir tal presencia y «activar» el Espíritu Santo que hay en cada uno. Se trata de percibir, en palabras de Pablo de Tarso, lo siguiente: «No vivo yo; es Cristo [el "Hijo", el Espíritu y como "Espíritu Santo"] quien vive en mí» (Carta a los Gálatas, 2, 20); e íntimamente ligado a ello, como afirmó Cristo Jesús: «Yo [Hijo, Espíritu] y el Padre somos Uno» (Evangelio de Juan, 10, 30).

El Pentecostés de la Iglesia católica celebra el hecho de que un grupo de personas percibieron en sí mismas la presencia del Espíritu Santo. Los Hechos de los Apóstoles nos narran que los primeros cristianos, que constituían un grupo de ciento veinte personas (la mayoría mujeres, por cierto), un día, en un momento concreto, después de la muerte y resurrección de Jesús, se «dieron cuenta» de lo que eran. El Espíritu Santo está ya en nosotros pero se trata de activarlo, como ya he indicado, y la activación del Espíritu Santo es el recuerdo de lo que somos. Cuando uno recuerda lo que es, saca de dentro de sí el recuerdo de su auténtica divinidad y experimenta el Amor. Se puede hacer la equivalencia entre Espíritu y Amor porque cuando se activa el Espíritu en uno lo que siente es Amor, un amor que no tiene que ver con el amor-emoción, sino que es algo mucho más sublime.

Alma

Por último, esta «convivencia» entre la Vibración de frecuencia infinita (VPP) y la finita (el Verbo) genera una tercera gama vibratoria, cuya frecuencia oscila entre la infinita de la VPP y la finita del Verbo, en la modalidad de vida o existencia en la que este, por su densificación vibratoria, se encuentre plasmado («hecho carne»). La ciencia actual conoce este fenómeno como *efecto heterodinaje*.

El efecto heterodinaje nos dice que siempre que una onda de frecuencia vibratoria alta se encuentra (topa, convive) con una onda de frecuencia vibratoria baja, automáticamente, inevitablemente, surge una tercera frecuencia vibratoria, distinta. Imaginemos que la vibración alta tiene una frecuencia 100 y la baja una frecuencia 10. Cuando se encuentran la de 100 y la de 10, ¿qué frecuencia vibratoria tendrá la que resulte del encuentro? Una frecuencia variable. No se obtiene una frecuencia constante, sino que fluctúa entre la baja y la alta. Hay un grandísimo abanico de frecuencias por el que poder moverse.

Tengo entendido que las radios funcionan gracias al efecto heterodinaje. Una radio tiene un receptor con la capacidad de captar ondas que, en nuestro ejemplo, serían de frecuencia vibratoria alta. La explicación que sigue es muy coloquial; no es técnica: el receptor de la radio emite una frecuencia vibratoria baja, y de su encuentro con las ondas de frecuencia alta surge algo, que es lo que podemos escuchar por la radio. Ahora bien, lo que surge de ese encuentro entre ondas no tiene una frecuencia vibratoria constante; si la tuviese, oiríamos una sola emisora. Pero hay toda una gama de frecuencias posible (por ejemplo, el rango de la frecuencia modulada va del 87 al 108) y contamos con un dial para poder seleccionar la emisora deseada.

En resumidas cuentas, tenemos una tercera frecuencia vibratoria, de alcance variable, como fruto del encuentro entre la VPP y el Verbo. Esta tercera gama vibratoria es lo que los cristianos llaman alma o los hindúes *atman*. Con el impulso permanente de la Vibración Primigenia y Pura, se proyecta en el seno del propio Verbo y adquiere apariencia de diversidad dentro de la infinidad de plasmaciones vibratorias del Verbo. Contribuye así a ampliar constantemente la Creación. Esta proyección en el Verbo es también ondular y fractal. Y en dimensiones como la tercera, donde el ser humano despliega su experiencia, se produce a través de una colosal serie de *encarnaciones* (o cadena de *vidas*).

Coloquialmente expresado, el alma es un instrumento o vehículo que permite al Espíritu experienciar en consciencia, multidimensionalmente y sin límites de espacio o tiempo. Cuando el alma encarna en algún plano concreto, como el humano, utiliza, a su vez, otro vehículo, un segundo «coche», que le permite experienciar la vivencia correspondiente a ese plano. En el caso humano, el yo físico, mental y emocional es el coche que usa el alma; y el alma, el coche que utiliza el Espíritu, que es el verdadero Conductor.

> De instante en instante, el Padre/Madre, sin Edad ni Nombre (No-Nombre), sin Cuerpo ni Ser (No-Ser), eclosiona en su propia vibración y emana Amor, Consciencia y Vida, y comienza, fuera del tiempo y el espacio, la experimentación y exploración en el mundo de las formas y la materia a través de la Singularización y el Movimiento, resplandor y proyección de su Unicidad y Quietud.
>
> Fue salir del útero común del No-Ser y empezar a Ser, Manifestación de lo Inmanifestado, adquiriendo el principio de la singularidad y el de la forma. En ese parto cósmico, el Padre/Madre se da a luz a sí mismo y se hace luz donde no la hay; la luz como reflejo y emanación vibratoria de un Vacío que lo contiene Todo de modo inherente e inmanente.
>
> Se aporta al Padre/Madre la experiencia de Ser a través de cuerpos, en un comienzo solo energéticos, capaces de aproximarse lo suficiente a la materia viva en plena ebullición y, así, empaparse de su energía. Y en el marco de la eternidad y el no-tiempo, surgen los primeros cuerpos físicos en los que la aproximación a la materia es total, exponiendo a las consciencias a su máximo reto: partir desde singularidades totalmente inconscientes y primitivas hacia la suprema lucidez consciencial y fusión con el Todo, en un retorno al hogar impulsado por el Amor que rige la evolución.
>
> AESCAREFEROMJ (Az-San, 13-04.24)

Espíritu, alma y cuerpo constituyen al ser humano, tal como afirmó Pablo de Tarso en su Primera Carta a los Tesalonicenses (5, 23). Y toda modalidad o forma de vida existente en la Creación es un sublime campo «vibro-ener-genético» y de ADN en el que conviven e interactúan en armonía la Vibración Primigenia y Pura (Cristo), la vibración densa de la correspondiente plasmación del Verbo (en el caso humano, el cuerpo físico-mental) y la tercera gama vibratoria (alma), surgida de la convivencia de las dos anteriores.

En cada encarnación en el plano humano, el alma cuenta con el «apoyo» constante de la VPP, que la alienta como Espíritu Santo a aumentar su frecuencia vibratoria. En paralelo con el aumento de vibración del alma tiene lugar una elevación de la gradación vibratoria de la dimensión del Verbo en la que acontece la encarnación.

Todo lo precedente ocurre fuera del tiempo, en la más radical Instantaneidad. Adopta la forma del eterno retorno o circularidad y acontece de manera absolutamente natural, conformando una Gran Naturaleza, tan Viva como Divina. El estado natural de la Gran Naturaleza es la Felicidad y la Perfección de cuanto en ella acontece, pues todo fluye, refluye y confluye en el Amor.

UN SÍMIL CON COLORES
Azul (Vacío), verde (VPP), rojo (Verbo) y amarillo (alma)

Se pueden utilizar símiles que no se corresponden con la realidad pero que, desde nuestra percepción mental, son útiles para aproximarnos a lo real.

Imagina que la habitación en la que estás (suponiendo que estés en una; si no, sirve cualquiera) es el vacío (aunque el vacío sea inabarcable y una habitación tenga paredes). Esa habitación siempre ha estado ahí (pues la nada tiene la «ventaja» de que no ha de ser creada). Supón que ese vacío es azul (por supuesto, en realidad es incoloro. ¡No es «negro»!). Y, como sabemos, el vacío vibra. Imagina el color verde para la Vibración del Vacío, la VPP. Si tuvieses la capacidad de salir de la habitación y ver la nada desde fuera, verías una inmensidad azul de donde está emanando permanentemente una vibración de ondas verdes (OM). El verde reverberaría en el azul (la vibración del vacío haría eco en el vacío) y, como fruto de esa reverberación, surgiría la cadena de ecos.

Vamos a ponerle el color rojo a esa cadena de ecos, de oms, que se extenderían desde el centro como las ondas en el agua de un estanque cuando le hemos tirado una piedra. Es decir, sobre esa inmensidad inabarcable de azul y verde irían apareciendo círculos concéntricos de color rojo. Lo rojo ¿qué sería? El universo manifestado, con todas sus estrellas, planetas y formas de vida, en sus distintas dimensiones (cada círculo concéntrico correspondería a una dimensión). Al ver cómo se va extendiendo lo rojo, sabemos que debajo de lo rojo está siempre lo verde, y debajo de lo verde está siempre lo azul. Ahora bien, así como la extensión azul y verde es inabarcable, lo rojo se está extendiendo en ello, pero no llega a cubrirlo, ni mucho menos. Hay toda una parte de esa inmensidad que no ha alcanzado lo rojo, porque el eco todavía no ha llegado ahí.

Cuando en Éxodo 3, 14 la divinidad le dice a Moisés: «Yo soy El Que Soy», al ir bajando de la montaña se le olvida esta respuesta a Moisés y le pregunta a Dios de nuevo su nombre. En esta ocasión la divinidad no le dice lo mismo sino esto otro, según la traducción que se encuentra en muchas Biblias: «Yo soy lo que resultaré ser». Y es que la divinidad es lo Manifestado y lo Inmanifestado; es lo «azul», lo «verde» y también lo «rojo», porque todo está surgiendo de ella. Todo lo que vaya manifestándose (apareciendo como «rojo») también es la divinidad. Seguirán apareciendo nuevos mundos, nuevas dimensiones, de forma incesante. Lo «rojo» nunca agotará lo «azul», porque lo «azul» es inabarcable, con lo cual la Creación está en continua expansión.

Lo que vemos con nuestros ojos es lo «rojo», pero sabemos que lo «verde» y lo «azul» está subyacente. La Vibración-«verde» (primera expresión de lo Manifestado) es una, no está fragmentada en trozos, no tiene personalidades distintas. Pero siendo una está en cada uno, de la misma forma que el aire que respiran varias personas en una habitación es uno y se hace presente en cada una. Esto es lo que llamamos Espíritu Santo, la presencia del Espíritu Uno en cada uno. Ahora bien, nunca debemos olvidar que lo «verde» (= Espíritu, Amor, Cristo) es «hijo», es fruto, de lo «azul». Cristo lo percibió y lo dejó como legado para la humanidad cuando dijo: «Yo soy hijo de Dios». Todos nosotros somos el hijo de Dios.

¿Eres lo «rojo» o lo «verde»? Eres lo «rojo», pero fundamentalmente eres lo «verde». Porque tu vida como «rojo» tiene los días contados. Además, ubicado en la perspectiva de lo «verde», Jesús de Nazaret dijo: «Yo y el Padre somos uno». Porque lo «verde» es uno con lo «azul». El «verde», que podemos denominar aura, te rodea, pero realmente eres lo «azul». Por tanto, ya no es que seas hijo de Dios, que sí que lo eres desde la perspectiva «azul», sino que eres uno en Dios.

Hasta aquí ha aparecido el cuerpo («rojo»: el yo físico, mental y emocional al que me gusta denominar coche) y el Conductor («azul» manifestado como «verde»: lo que de verdad somos, siempre hemos sido y seremos), y falta un elemento: el alma.

El alma es otro coche. Puede verse como el vehículo que utiliza el Espíritu o Consciencia para experienciar la propia consciencia. De hecho, el alma es el primer «coche», que encarna en otros coches en función de las experiencias que quiera desarrollar en los distintos planos (por ejemplo, en tu caso y en el mío, nuestra alma ha encarnado en nuestros respectivos cuerpos, entendidos como el conglomerado de lo físico, mental y emocional que nos caracteriza). Por seguir con el símil de los colores, supongamos que las almas son de color amarillo.

El alma surge del encuentro entre la frecuencia «verde» y la «roja». Está fuera del tiempo y el espacio, es multidimensional, y va encarnando en las formas de vida «rojas» que van apareciendo. De hecho, lo «amarillo» se va extendiendo junto con lo «rojo», al unísono con lo «rojo», de manera ondular y fractal. Me explico.

Remontémonos a la primera manifestación de lo «rojo», lo que los científicos llaman el *Big Bang*. En cuanto aparece lo «rojo», tenemos una primera vibración «verde», de frecuencia vibratoria infinita, y el primer om, y se produce una convivencia entre lo que ya estaba, «verde», y lo que acaba de aparecer, «rojo», que es de frecuencia vibratoria muy alta, pero no infinita. Por lo tanto, no es una frecuencia tan alta como la de la VPP («verde»). Del encuentro entre ambas, por el efecto heterodinaje aparece una tercera gama vibratoria, de color «amarillo», que es lo que denominamos alma. Este efecto también se hace presente en cada ser humano, pues al estar en él lo «verde» (Espíritu) y lo «rojo» (el yo físico, mental y emocional), está igualmente lo «amarillo», por lo que el alma se halla en ti y se halla en mí.

Cada vez que se produce el encuentro entre lo «rojo» y lo «verde» surge una manifestación «amarilla». A medida que lo «rojo» se expande, se sigue produciendo el efecto heterodinaje. Cada om tiene una frecuencia vibratoria más baja que el anterior y entra en contacto con el «verde», que lo llena todo, y lo «amarillo» sigue apareciendo. Contemplado en perspectiva, esta aparición es ondular, pues también es vibración, y fractal: es como si la vibración amarilla se fuera abriendo tal como del tronco de un árbol surgen distintas ramas y, de cada una de ellas, otras ramas, y de estas ramitas, y así sucesivamente. (Esto lleva a distintas corrientes espirituales a hablar de grupos o familias de almas, que serían, siguiendo con el símil, ramitas que penden de una misma rama, u hojas que brotan de una misma ramita).

Y todo esto, simplemente, Acontece...

Toda esta dinámica de expansión no está teniendo lugar por el deseo de un Dios que lo dictamine sentado en algún lugar, ni es fruto de un acto de reflexión mental, ni obedece a ningún objetivo, sino que todo ello está fluyendo de forma natural. Sencillamente, «Acontece». Lo Inmanifestado («azul») siempre ha estado y estará, y vibra («verde») porque sí, porque es inevitable. Y la Creación («amarillo», «rojo») es el «resultado», la emanación de ello.

El «resultado» de toda esta emanación natural, lo que «Acontece», es maravilloso, ¡divino! Porque nos encontramos con que la experiencia de ser se despliega en multitud de experiencias de ser, que a su vez nutren la Consciencia Una. En la medida en que el Espíritu va estando presente en cada forma de vida, eso hace que la Consciencia que es Una se experimente a sí misma en la diversidad, y con ello se expande, porque no puede ser de otra manera. Hay una infinidad de formas álmicas y de formas físicas y energéticas que lo que hacen es permitir que la Consciencia se esté expandiendo permanentemente.

Tu experiencia humana y la Consciencia Una

La experiencia que tenemos en el plano humano también se integra en la Consciencia que es Una, que está permanentemente absorbiendo, haciendo suyas, todas las experiencias conscienciales de todas las formas de vida «amarillas» y «rojas» que hay en la Creación. De forma que la Consciencia se está recreando permanentemente a sí misma.

Cuando tú o yo vivimos cualquier tipo de experiencia, esa experiencia nos está aportando consciencia (el estado de consciencia de cada uno evoluciona como consecuencia de las experiencias). A la vez, estas experiencias se están viviendo dentro de la Consciencia que es Una. Nosotros lo percibimos desde la diversidad, porque nos estamos viendo como «rojo» o «amarillo», pero lo «rojo» y «amarillo» están integrados dentro de lo «verde» y lo «azul», con lo cual todo lo que experimenta lo «rojo» y lo «amarillo» (incluidas todas las experiencias humanas) lo está experimentando lo «verde» y lo «azul».

Volviendo al alma

Ahora, tengamos presente algo: la frecuencia «verde» es infinita, la «roja» es finita y mucho más baja y la «amarilla» tiene un campo de oscilación enorme. Cuando hablamos del estado de consciencia, estamos hablando de la frecuencia vibratoria del alma. Algunos seres humanos, por su estado de consciencia, aún están muy apegados a lo «rojo» (la frecuencia vibratoria de su alma está muy apegada a lo «rojo») y sus formas de vida se encuentran muy vinculadas a lo material. No sucede nada; esas personas van a tener unas experiencias que las harán ir hacia otros estados de consciencia, de frecuencia vibratoria cada vez más alta; se van a ir encaminando hacia el recuerdo de lo que son. La dinámica del alma en cualquier plano es tender a la frecuencia vibratoria del Espíritu, siempre.

Ahora bien, en cada plano en concreto el alma parte de una base, que es la frecuencia vibratoria propia de ese plano. Hay personas que necesitan mucho de lo material y otras que necesitan muy poco, y esto permite entrever sus estados de consciencia. Aquí no hay listos ni tontos; sencillamente, están teniendo lugar unos procesos conscienciales. No hay listos ni tontos, entre otras cosas, porque aquí hay almas que llevan mucho tiempo y han vivido más experiencias, y hay almas que llevan menos tiempo y han vivido menos experiencias. Lo único cierto es que en el aquí-ahora tú y yo tenemos la libertad de modular el alma como queramos. Podemos decir que en este momento, ante lo que nos está ocurriendo en la vida, lo que hagamos depende de lo que decidamos hacer en el espacio sagrado de libertad que es el aquí-ahora.

Hay que traer al aquí-ahora todo lo que se ha comentado respecto a la dinámica de la creación y las frecuencias vibratorias; no sirve de nada que todo ello quede en un mero conocimiento intelectual. Hacerlo es sencillísimo; se trata de ponerlo en práctica en el espacio sagrado de libertad que es el aquí-ahora. Hallaba en detalle de ello en el capítulo «Consciencia y aquí-ahora»: cuando algo ocurre en tu vida, la actitud que generas ante esa experiencia depende solo de ti; a su vez, esa actitud va a dar lugar a cierta acción. Si tomásemos plena consciencia de lo que somos, ante todos los acontecimientos que se despliegan en nuestra vida estaríamos generando actitudes, y por tanto acciones, llenas de consciencia, es decir, actitudes y acciones que estarían en conexión con la quietud, la armonía y la paz que realmente somos.

En la medida en que vas dejando de percibir desde lo Manifestado y empiezas a percibir lo Inmanifestado que hay en ti, esto te permite vivir de otra manera, que es próxima a la felicidad. Percibes que te has metido en el sota-caballo-rey del mundo físico, del mundo manifestado, pero que realmente lo que existe es mucho más potente y está como en un fluir continuo, y lo que tienes que hacer en definitiva es confiar en ese fluir continuo, dejarte llevar por el río de la vida. El análisis del cosmos no nos debería llevar, a los seres humanos, a desconfiar de la vida, sino a confiar en ella.

Cierre

Hasta aquí lo que quería compartir contigo sobre Dios.

Sigue a continuación un apartado más adusto por si deseas releer lo compartido en clave más técnica, atendiendo al concepto de *holograma*.

Si no, puedes saltar directamente al epílogo, donde me despido hablando de lo que es, en síntesis, realizar el recuerdo de uno mismo y vivir en Consciencia.

EL GRAN HOLOGRAMA DE LA CREACIÓN
La Matriz Holográfica

Como se viene insistiendo, lo Manifestado es la proyección vibratoria de lo Inmanifestado. Por esto cabe hablar de la Creación como una especie de gigantesca y descomunal matriz holográfica. Veamos...

Lo Inmanifestado está más allá de la razón y el intelecto y solo puede ser presentado e intuido desde una introspección interior que (guiada por el Corazón) nos adentre en nuestro verdadero ser y naturaleza esencial hasta la identificación con el Padre/Madre.

En cuanto a lo Manifestado, es un campo vibratorio sin principio ni fin que tiene cinco características fundamentales:

- La base esencial de lo Manifestado (la causa directa de su existencia) es la Vibración Primigenia y Pura (VPP o vibración del Vacío) que emana natural y espontáneamente de lo Inmanifestado.
- La VPP reverbera (Verbo) en el propio Vacío Inmanifestado. Y este Verbo o reverberación (cadena de ecos) constituye el «soporte existencial» de lo Manifestado: una Red infinita de ADN preexistente a la Vida misma, una especie de rejilla supercuántica, subcuántica, supersimétrica e interactiva de naturaleza vibratoria y envergadura infinita.
- Sobre esta Red se configura (vibratoria y holográficamente) la Creación y, en el seno de ella, el cosmos, con todos sus componentes: formas, fenómenos, modalidades de vida y existencia... Todos son Uno, aunque adquieran apariencia de diversidad al condensarse en su desenvolvimiento vibratorio en infinidad de frecuencias vibratorias (el ser humano intenta comprenderlas, agruparlas y catalogarlas a través de las llamadas dimensiones).
- Cada uno de los componentes de la Creación (a la escala «macro» o «micro» que sea) son «hologramas» dentro del gran holograma que es la Creación y lo Manifestado, como proyección vibratoria de lo Inmanifestado. No poseen sustancialidad. Por tanto, la Creación entera es una «realidad virtual» y carece de tangibilidad y de un «aspecto» concreto.
- Cada modalidad de vida existente en la Creación es pues, también, de naturaleza holográfica (el tipo de holograma que es está en función de su frecuencia vibratoria). Y cada una «ve» la Creación y sus componentes según sus atributos de percepción (que están en función del tipo de holograma que es dicha

forma de vida). Por ejemplo, las ventanas de percepción del ser humano son sus sentidos corpóreo-mentales, los cuales están en relación con cierto estado consciencial y le llevan a apreciar determinados aspectos, formas y características. Lo que puede apreciar del entorno un insecto a partir de sus sentidos corpóreo-mentales (vinculados con otro tipo de estado consciencial) puede ser muy distinto.

Al ser todo lo Manifestado una proyección de lo Inmanifestado, puede tildarse de estado de ilusión (*maya*). La teoría científica de cuerdas y la del principio holográfico nos están ayudando a comprender algo tan extraordinario, pues nos muestran lo siguiente:

- La única característica cierta de la materia es su inmaterialidad; y la de la energía, su insustancialidad.
- Esto es posible gracias a que, bajo las formas materiales y energéticas, se encuentra presente la vibración.

Se confirma así que *la forma es vacío*, ya que, en última instancia, la vibración presente bajo las formas se desencadena a partir del desenvolvimiento y la reverberación (Verbo) de la Vibración Pura y Primigenia del Vacío.

A la vez, *el vacío es forma*, dado que el Vacío, mediante la reverberación de su VPP, genera esa vibración que en todo subyace y que adquiere distintas «apariencias» o formas materiales y energéticas en función de la frecuencia que adopte en su despliegue por los diversos niveles, planos y dimensiones del cosmos y la Creación (una frecuencia más elevada corresponde a una menor densidad, y viceversa).

Por tanto, retomando lo compartido en los epígrafes precedentes, todas las modalidades y formas de vida y existencia (sean corporales, materiales o energéticas) en las que el Espíritu se encuentra presente se caracterizan por su inmaterialidad e insustancialidad: son hologramas en un universo holográfico. Y en todos estos hologramas habita el Espíritu Uno, que «es» y se desenvuelve en ellos. Cada uno de los hologramas o formas de vida/existencia tiene apariencia de singularidad, tangibilidad e incluso individualidad, pero cada uno de ellos constituye la plasmación, en muy diversas frecuencias vibratorias, de la misma vibración surgida por la reverberación (Verbo) de la Vibración Primigenia y Pura.

En síntesis: lo Manifestado surge de lo Inmanifestado. Y el Espíritu, emanado de lo Inmanifestado como VPP, «vive» («vibra») y «es», siendo Uno, en cada modalidad y forma de vida y existencia (son infinitas) en las que se plasma lo Manifestado.

Y todas estas formas de vida y existencia son hologramas..., hologramas de una «tecnología» tan excelsa que hace posible que todos interaccionen y se intersequen, configurando una gigantesca matriz holográfica. Por ejemplo, cada ser humano constituye un holograma. El holograma de cada uno está ajustado, en función de su proceso vibratorio, al estado de consciencia que en ese momento tenga la persona. A su vez, la suma de todos los hologramas humanos forma una matriz holográfica. Y a su vez también, la Tierra es una matriz holográfica configurada por todos los hologramas de todas las especies que vivimos en ella.

En el seno de cada holograma conviven dos esferas o capas holográficas de distinta funcionalidad: una, con capacidad para transcender el tiempo y el espacio y desplegarse por distintos niveles, dimensiones y planos vibratorios, conscienciales y experienciales, y otra, más efímera y pasajera, que es utilizada por la anterior para «aterrizar» («encarnar») en cada nivel o plano concreto de existencia (por ejemplo, la humana).

El ser humano

Aplicando todo lo precedente al ser humano, esta segunda capa holográfica o segundo coche conforma el yo físico, mental y emocional, cuya duración se limita a los años que dé de sí su vida física. Y la primera esfera holográfica citada es la comúnmente denominada *alma*, que cuenta con la capacidad de «encarnar» en otro cuerpo cuando cesan las funciones vitales del que «ocupaba». El alma vive así una cadena de vidas con infinidad de eslabones (cada una de las reencarnaciones). Atesora de ese modo en su «memoria trascendente» las experiencias vividas en cada encarnación y hace de cada nueva vida una extensión de lo experienciado en las precedentes.

Subyacente a todo ello se halla el Espíritu, que, siendo Uno con el Padre/Madre, se encuentra presente e inmanente en cada persona.

Eso sí, todo es divino en el ser humano (el Espíritu, el alma y el cuerpo), pues Dios es Uno y es Todo. Además, el cuerpo y el alma, siendo «vehículos» holográficos al servicio del Espíritu, surgen a partir del propio Espíritu: la vibración del cuerpo está integrada en el Verbo, que es la reverberación del Espíritu o Vibración Pura y Primigenia emanada de lo Inmanifestado, y el alma es fruto de la convivencia vibratoria y el efecto heterodinaje entre el Verbo y el mismo Espíritu.

Cuando tomamos consciencia de todo ello ya no nos aferramos a ningún tipo de identidad (sea física, álmica o espiritual; individual o colectiva) y cesamos de ser «yo» para (consciencialmente y en libre albedrío) retornar al Hogar y fundirnos en el Padre/Madre. En caso contrario, no nos percatamos de nuestro verdadero ser y de nuestra naturaleza esencial y divina. Entonces nos identificamos con el holograma (con la capa corpóreo-mental o con la esfera álmica) y consideramos realidad lo que es una proyección holográfica, una ilusión (*maya*), y vivimos en la ensoñación.

Al no haber efectuado esta toma de consciencia, muchísimos hombres y mujeres pasan sus días como sonámbulos inmersos en una especie de pesadilla, que adquiere apariencia de veracidad y sustantividad al desenvolverse en una colosal matriz holográfica que configura lo que llaman «realidad». En semejante estado de ensoñación, la gente vivencia como «Real» lo que son solo ilusiones mentales y ficciones egoicas. De hecho, en la Matriz Holográfica todo es verdad, pero nada es Real.

Entre todas las ficciones, destaca la percepción del «sufrimiento». Pero el sufrimiento no existe fuera de la Matriz; el sufrimiento no existe fuera del aferramiento al holograma y a la «naturaleza egocéntrica». Es más, fuera de la Matriz, no existe nada que pueda ser concebido, experienciado ni expresado en clave de «yo», «me», «mí», «mío» o «mi».

EVOLUCIÓN INTERIOR Y TRANSFORMACIÓN DE LA MATRIZ HOLOGRÁFICA

El estado de consciencia es la visión y percepción que cada uno tiene de sí mismo y de los demás y también, íntimamente unido a ello, el modo en el que contempla e interpreta las experiencias cotidianas, la vida, la muerte, la divinidad, el mundo, los objetos, los hechos, las situaciones, las circunstancias y todo lo que le rodea, así como la escala de valores, las pautas vitales y las prioridades con las que afronta el día a día. Y el estado de consciencia presenta tres características notables: cada uno tiene el suyo, va asociado a una determinada frecuencia vibratoria, y no es fijo ni permanente, sino que evoluciona al compás de las experiencias que se vivencian.

Con referencia a la primera de esta tríada de características, cada persona, en cada momento de su vida, tiene su propio estado de consciencia, que puede ser más o menos similar al de los que están a su alrededor, pero nunca exactamente el mismo. Si en la actualidad habitan la Tierra siete mil cuatrocientos millones de seres humanos, hay siete mil cuatrocientos millones de estados de consciencia. Y cada cual, desde su estado de consciencia, crea –y es responsable al cien por cien de ellas– su vida y su «realidad», siendo esta un holograma que interactúa con el generado por cada ser humano. Finalmente, todos los hologramas juntos configuran una colosal matriz holográfica. Esta Matriz es, por tanto, la suma de todos los hologramas creados por los seres humanos (cada uno el suyo: cada uno su realidad y su vida) y da forma a lo que se llama mundo exterior. Sobresalen en ella dos características: tiene un determinado nivel vibratorio y este nivel no es fijo, sino que va mutando.

En lo relativo a la primera característica, del mismo modo que el estado de consciencia de cada persona presenta una determinada frecuencia vibratoria, la Matriz Holográfica también cuenta con una gradación vibratoria específica, que no es otra que la media de las frecuencias vibratorias de los estados de consciencia de todos los seres humanos que habitan el planeta. Por tanto, la frecuencia vibratoria de la Matriz Holográfica es el resultado de sumar las gradaciones vibratorias de todos los seres humanos y dividir esa suma por el número de estos (actualmente, siete mil cuatrocientos millones).

Y así como el estado de consciencia de una persona (y la vibración a él asociada) no es constante, sino que va variando por la vía de las experiencias vividas, la frecuencia vibratoria de la Matriz Holográfica tampoco es permanente, sino que va mutando. Sin embargo, esta modificación no se lleva a cabo desde los deseos mentales de cambio, sino desde la evolución consciencial individual y, por agregación, colectiva. Así, la frecuencia vibratoria de la Matriz Holográfica va variando en la misma medida en que lo hacen los estados conscienciales de los seres humanos (de cada uno y de todos en su conjunto).

Recuerda que la gradación vibratoria de la Matriz es la media de las frecuencias vibratorias de los estados de consciencia de la totalidad de las personas. De hecho, basta con que un hombre o una mujer expandan su estado de consciencia, y que aumente consiguientemente su vibración, para que la gradación vibratoria de la Matriz se incremente. Ciertamente, si es un único ser humano el que expande su consciencia, la elevación de la frecuencia vibratoria de la Matriz Holográfica es muy pequeña, prácticamente imperceptible. Pero si son muchos los que lo hacen, el ascenso de su gradación vibratoria sí es relevante. Puede afirmarse por ello que el nivel vibratorio de la Matriz Holográfica, a cada momento y en su evolución, es muy «democrático», pues depende de todos los seres humanos y de cada uno de ellos por igual. Y en el supuesto de que unos pocos, desde su estado de consciencia, quisieran estancar o minorar el ritmo evolutivo de esa frecuencia vibratoria, nunca tendrían capacidad para incidir directa y significativamente en ello.

Ahora bien, esos pocos sí pueden hacerlo de manera indirecta si conocen el funcionamiento y las características de la Matriz y disponen de medios suficientes para lograrlo. ¿Cómo? En este punto hay que remitirse a lo compartido en el segundo capítulo de este libro («Consciencia y política»), tanto en lo relativo a las técnicas de manipulación masiva que permiten incidir en el estancamiento del estado de consciencia de la gente como en lo relativo a qué hacer ante todo ello.

El paradigma holográfico y el Megaholograma Omniversal

El núcleo central de este nuevo paradigma es el que ofrece la llamada *hipótesis holográfica*. El físico David Bohm, ya citado en el capítulo anterior, fue el primero en describir el paradigma holográfico. Su pensamiento estaba en entera oposición al reduccionismo y a la idea asociada de que el tiempo, el espacio y la materia son objetos independientes de su medición. Para él, el mundo es complejo y está interrelacionado: es un objeto holístico al estilo de la metafísica de los místicos. Bohm, además, colaboró con el cirujano Karl Pribram en la elaboración de una teoría de la memoria humana, la cual describe como una impresión holográfica. Y a finales del siglo XX surgió y se desarrolló la teoría del principio holográfico, de la que se habla en el capítulo precedente, que arranca de las teorías de la gravedad cuántica propuestas por Gerard 't Hooft y Leonard Susskind.

Sobre estas bases, lo primero es comprender que el universo actualmente conocido y reconocido por la humanidad se integra en un omniverso que es, en su totalidad y plenitud, un inconmensurable megaholograma, una matriz holográfica colosal.

El Megaholograma Omniversal está conformado por infinidad de hologramas multidimensionales de muy distinta envergadura. Unos devienen de otros en escalas y niveles fractales y todos se hallan interconectados e interrelacionados entre sí, a modo de una gigantesca red estructurada en una gran diversidad de dimensiones.

La Matriz Holográfica en su conjunto y todos y cada uno de los hologramas, con independencia de su tamaño y nivel y de la dimensión en la que se integren, son generados sobre una misma base de naturaleza vibratoria (la VPP) y mediante la proyección en ella, utilizando términos de la holografía, de un único haz de reverberación coherente (HRC). La VPP juega el papel de la Quietud, y la HRC, del Movimiento. La pauta Quietud-Movimiento se repite en todo el cosmos y en todas y cada una de sus dimensiones y escalas holográficas.

Como ya se ha compartido, la VPP emana, de manera natural y en la instantaneidad, del Vacío: del Todo Absoluto, que es la Nada Absoluta. El Todo Absoluto (Vacío) es Inmanifestado (inabordable por medio de ideas, pensamientos, conceptos, palabras o esquemas mentales). Y la VPP que fluye de él es su Manifestación primordial y exclusiva; se desenvuelve en su seno y «lo llena» completamente. De este modo, otorga aspecto de «espacio» a lo que carece de principio y fin, pues es inabarcable. La gradación o frecuencia de la VPP es infinita y constante.

En cuanto al haz de reverberación coherente, la VPP, en su desenvolvimiento en el Todo Absoluto, reverbera («hace eco») en el propio Vacío. Esta Reverberación de la VPP (R-VPP) es vibración de frecuencia finita y se despliega y expande en el «espacio» de vibración infinita configurado por la VPP al «llenar» el Vacío.

Lo hace partiendo de una Reverberación Primordial (el «primer eco»), que es de altísima frecuencia vibratoria (cuasi infinita). Y, a partir de ahí, en «ondas» sucesivas y concadenadas (cadena de «ecos») de gradación vibratoria decreciente a medida que se van «alejando» de la Reverberación Primordial que les dio origen. (Puede valer el símil de los círculos concéntricos que se crean a partir del impacto de una piedra en el agua de una laguna, aunque, en este caso, no son círculos, sino frentes de onda sin límite ni forma).

De este modo, la R-VPP se configura cual haz de reverberación coherente que se despliega («proyecta») en el «espacio» generado por el desenvolvimiento de la VPP en el Todo Absoluto (Vacío), actuando como una fuente de proyección holográfica. Su despliegue es fractal y tiene lugar como frentes de onda de frecuencia finita y escalarmente descendente: son franjas vibratorias de frecuencias múltiples, con una amplitud predeterminada y una cierta distribución de fase para cada nivel fractal y escalar.

El desenvolvimiento holográfico en el seno del Megahholograma

El desenvolvimiento y el despliegue en el seno del Megahholograma, hasta ir dando lugar a los universos y mundos holográficos, es «descendente» (desde los ámbitos holográficos mayores hasta los menores) y, como ya he resaltado, de perfil fractal. Con estas bases, tal desenvolvimiento puede resumirse de la siguiente forma:

1. El cosmos está conformado por infinidad de multiomniversos. En el seno de cada uno hay infinidad de omniversos, de gran diversidad en cuanto a su naturaleza y configuración, por más que en todos ellos se repitan una serie de pautas y patrones.
2. El plano de existencia donde se desenvuelve la experiencia humana se integra en un omniverso concreto dentro de tal infinidad. Por ello y desde la perspectiva humana, puede ser denominado Omniverso Local (OL). Y es una proyección holográfica,

vibratoria y fractal (PHVF de nivel 1 o PHVF-N1) del centro o punto de unificación del multiomniverso al que pertenece.

3. Por esto, el OL es un colosal megaholograma o matriz holográfica. Y tiene un centro (el centro omniversal) desde el que surgen, como proyección holográfica, vibratoria y fractal (PHVF de nivel 2 o PHVF-N2), una ingente cantidad de unidades multiversales y supersimétricas (UMS), que se agrupan en torno a él a modo de enorme red y son las estructuras de referencia (nudos holográficos de una red virtual) del OL.

4. Cada UMS es un multiverso dentro del omniverso local. Y en su seno se repite el modelo anterior, pues cada una cuenta con un centro (*cenums*) de cuya proyección holográfica, vibratoria y fractal (PHVF-N3) aparecen multitud de subunidades multiversales y supersimétricas (SUMS), que se agrupan como una red en torno al *cenums*. Igualmente, cada UMS tiene un límite exterior, como si se tratara de su «epidermis holográfica», aunque, dada su pureza vibratoria, es tremendamente sutil.

5. Cada SUMS, por su parte, es un universo. Y tiene tanto un centro (*cenums*) como un límite exterior, que se corresponde con lo que la ciencia humana llama, por ejemplo, *Gran Muralla Sloan*. Repitiendo la pauta descrita, del cenums surgen, como proyección holográfica, vibratoria y fractal (PHVF-N4), los complejos de supercúmulos o hipercúmulos, que se agrupan como red fractal en torno al centro de la SUMS.

6. Los complejos de supercúmulos o hipercúmulos se hallan conformados por supercúmulos, que son la proyección holográfica, vibratoria y fractal (PHVF-N5) del centro del hipercúmulo y se configuran cual red fractal a su alrededor. Cada hipercúmulo cuenta con un límite exterior, que la astrofísica denomina *Gran Muralla*.

7. Los supercúmulos están formados por cúmulos o grupos galácticos, que aparecen como proyección holográfica, vibratoria y fractal (PHVF-N6) del centro del supercúmulo y se estructuran como una red en torno a él.

8. Los cúmulos o grupos galácticos también tienen un límite exterior y un centro, desde el que surgen las galaxias como proyección holográfica, vibratoria y fractal (PHVF-N7).

9. Y cada galaxia cuenta con multitud de estrellas y sistemas planetarios, que se agrupan alrededor del centro galáctico y son su proyección holográfica, vibratoria y fractal (PHVF-N8).

Experiencia humana y Matriz Holográfica

Acabo de sintetizar el desenvolvimiento holográfico en consonancia con su sentido natural, que es «descendente» en escalas, niveles y dimensiones a partir del centro o punto de unificación del multiomniverso en que el Omniverso Local se integra.

No obstante, cuando la observación se realiza desde la perspectiva humana, la Matriz Holográfica se percibe desde «abajo» y, en coherencia con ello, en sentido «ascendente». Este es el esquema básico de lo que así se contempla:

1. La vida humana se desarrolla en el seno de la Tierra y dentro de un sistema planetario que cuenta con un centro (el Sol) y un límite exterior (la nube de Oort).

2. El sistema solar pertenece a Dunga, la galaxia que la humanidad llama Vía Láctea, de cuyo centro aparecen, como PHVF-N8, todas las estrellas y sistemas planetarios que la componen.

3. La Vía Láctea se integra en un cúmulo o grupo galáctico (cúmulo o grupo local) compuesto por medio centenar de galaxias. Su centro se encuentra en el centro de la galaxia Andrómeda y desde él surgen, como PHVF-N7, todas las galaxias que lo constituyen.

4. El Cúmulo o Grupo Galáctico Local se inserta en un supercúmulo que la ciencia humana llama Supercúmulo de Virgo o Supercúmulo Local. Su centro es el *Gran Atractor*, que la astrofísica considera una anomalía gravitatoria del espacio intergaláctico que arrastra las galaxias a lo largo de una región de millones de años luz. En realidad, es un gigantesco proyector holográfico

desde el que emana, como PHVF-N6, la parte del universo mejor conocida actualmente por la humanidad.

5. El Supercúmulo de Virgo pertenece a un hipercúmulo que la ciencia llama Complejo de Supercúmulos de Piscis-Cetus o Hipercúmulo Local, que cuenta, igualmente, con un centro, desde el que aparecen, como PHVF-N5, todos los supercúmulos que lo conforman. La ciencia llama Gran Muralla al límite exterior del Hipercúmulo Local y lo localiza a doscientos millones de años luz de la Tierra.

6. El Complejo de Supercúmulos de Piscis-Cetus pertenece a una subunidad multiversal y supersimétrica (SUMS) o universo local. De su centro (*cenums*) surgen, como PHVF-N4, la globalidad de complejos de supercúmulos o hipercúmulos que lo configuran. La astrofísica denomina Gran Muralla Sloam al límite exterior de esta SUMS o universo local y lo sitúa a mil millones de años luz de la Tierra.

7. El Universo Local se inserta en una unidad multiversal y supersimétrica (UMS) o multiverso local. De su centro (*cenums*) emanan, como PHVF-N3, la totalidad de las SUMS que lo conforman.

8. El Multiverso Local se integra en un omniverso, el Omniverso Local (OL), de cuyo centro (centro omniversal) surgen, como PHVF-N2, todas las UMS que lo componen.

9. El OL es una PHVF-N1 del centro del Multiomniverso Local, al que pertenece.

10. Y el Multiomniverso Local es uno entre la infinidad de multiomniversos que configuran el cosmos.

PARA RESUMIR...

- No sabemos nada sobre la esencia de Dios, que permanece en el ámbito del misterio. A partir de la vibración del vacío, se puede deducir que Vive.
- Dios, siendo Uno, presenta dos aspectos: lo Inmanifestado y su Manifestación; el No-Ser (dimensión subyacente) que se proyecta en Ser (dimensión superficial).
- La primera expresión de lo Manifestado es la vibración del vacío (la VPP), conocida de muchas maneras en el ámbito espiritual: Padre, Madre, Padre/Madre, Espíritu, Amor...
- La vibración del vacío puede identificarse con un OM primordial, que hace eco en el vacío dando lugar a los distintos planos de la Manifestación, cada vez más densos. Estos ecos constituyen el Verbo del que nos habla el cristianismo. Llegado a un determinado nivel de densidad, dicho Verbo «se hace carne» (aparece el plano material de la existencia).
- Cada uno de los componentes de la Creación (a la escala «macro» o «micro» que sea) son «hologramas» dentro del gran holograma que es la Creación y lo Manifestado, como proyección vibratoria de lo Inmanifestado. En este sentido, podemos decir que todo lo Manifestado es ilusión (*maya*).
- La presencia concreta de la VPP en cada modalidad específica de vida y existencia se corresponde con el Espíritu Santo del cristianismo. Todos tenemos el Espíritu Santo en nuestro interior, y nos corresponde «activarlo» por medio del recuerdo de lo que somos.
- Cada plano de lo Manifestado tiene su frecuencia vibratoria, de una determinada densidad, finita. Del encuentro entre la frecuencia vibratoria infinita del Espíritu y la frecuencia vibratoria finita de cada plano de manifestación surge el alma, que tiene un amplio abanico en el que desplegar su frecuencia vibratoria, por el efecto heterodinaje.
- A la vez que lo Manifestado se expande sin cesar, el alma tiende a regresar a la frecuencia vibratoria del Espíritu, pura. Esto da lugar al eterno retorno, caracterizado por una dinámica de expansión-absorción-expansión.
- El alma es el vehículo inmediato que utiliza el Espíritu para hacerse presente en la Manifestación. A su vez, el alma entra en un segundo vehículo en el plano en que se halle, para poder tener las experiencias

propias de ese plano. En el caso del ser humano, este vehículo es el yo físico, mental y emocional.

- El alma sigue una senda evolutiva de recuerdo de lo que Es; en el caso de un plano como el humano, a lo largo de sucesivas encarnaciones. En el punto de máximo olvido existe una gran identificación con lo material, y a medida que cunde el recuerdo van permeando las características propias de lo Inmanifestado. Esto constituye el proceso de evolución del estado consciencial. La vida acaba caracterizándose por el progresivo desasimiento de lo material, la práctica de la interiorización y una mayor felicidad; en definitiva, por un mayor Amor, que se refleja en los comportamientos de la vida diaria.

- En paralelo con el aumento de vibración del alma tiene lugar una elevación de la gradación vibratoria de la dimensión del Verbo en la que acontece la encarnación. Por ello, basta con que un hombre o una mujer expandan su estado de consciencia, y que aumente consiguientemente su vibración, para que se incremente la gradación vibratoria de la matriz holográfica correspondiente a todo el plano humano.

- La Consciencia Una absorbe todo lo vivenciado por el alma. Así, a la vez que nosotros evolucionamos consciencialmente, la Consciencia se está recreando permanentemente a sí misma.

- El proceso de recuerdo culmina cuando uno ya no se percibe como ninguna entidad separada. Cuando esto ocurre, el alma misma se disuelve, y queda solamente el Espíritu.

EPÍLOGO

Eres, no estás; vives, no estás

Estar aquí, en este planeta, es solamente un estado de ser entre los infinitos posibles que lo que eres vive instantánea y multidimensionalmente. No permitas que el estar te haga olvidar lo que eres... Eres fuera del espacio y el tiempo: vives infinita y eternamente; eres la Vida misma, en su totalidad e integridad. Y lo que aquí llamas «tú» y «realidad» constituyen sencillamente una experiencia de estar desde lo que eres.

Podrá variar donde estás, pero nunca lo que eres; podrá evolucionar la realidad, pero lo que eres, tu existencia misma, se mantendrá por siempre inmutable.

La ciencia contemporánea aporta pistas al respecto cuando muestra que en el continuo espacio-temporal se despliegan todos los eventos físicos de este escenario dimensional y que el tiempo como tal no existe, ya que no es nada separado de las tres dimensiones espaciales. Pues bien, de la misma manera, tampoco existe el estar como tal, ya que este no puede existir independiente del hecho de ser. Estar es solo una plasmación, entre las infinitas posibles, de lo que eres; en este caso, en el continuo espacio-temporal propio del plano dimensional donde desarrollas la experiencia humana.

Ser es lo Real; la Vida es lo Real. Estar es solamente una experiencia de lo que eres. Por tanto, céntrate en lo que eres, pon la consciencia en ser. La denominada realidad es fruto de una experiencia de ser en forma de estar. A partir de ahí, observa la realidad y observa lo que denominas *tú*: ambos son la forma de estar que la vida que eres adopta en esta vivencia humana. Observa la realidad y obsérvate sin pensamientos, mírala y mírate sin emociones y acéptala y acéptate sin más.

No te preguntes por qué la realidad es así y no de otra manera. Lo que eres no está aquí para hacer disquisiciones mentales, sino para vivir: ¡vivir! Simplemente, vive y saborea la experiencia...

No hay nada que cambiar. Este mundo es el marco absolutamente idóneo y perfecto para desplegar las experiencias conscienciales de ser que este plano posibilita. Hay infinitos planos donde lo que eres está. Pero aquí-ahora tienes consciencia de este. ¡Gózalo! Sin juicios, sin quejas... Ni pensando, ni sintiendo; solo siendo, solo viviendo...

¡Vive Viviendo!... Deja de gastar tu energía viajando con la mente a través del tiempo (del pasado al futuro, del futuro al pasado...) y permanece con la consciencia íntegra, total y completa en todas y cada una de tus acciones del día a día, sin excepción: cuando comas, come; cuando camines, camina; cuando hagas el amor, haz el amor; cuanto te cepilles los dientes, cepíllatelos; cuando medites, medita; cuando conduzcas, conduce... Desde la consciencia, tráete a ti mismo al aquí-ahora.

A causa del viejo hábito de viajar por el tiempo, la mente se irá una y otra vez. No te enfades con ella ni luches contra ella, y tráela conscientemente de regreso a este momento cuantas veces sea preciso. Así hasta que, sin prisas ni agobios, comiences a conectar con el aquí-ahora, a vivir realmente la vida...

No pienses, vive; no sientas, vive... Que vivir sea tu único pensamiento; que vivir sea tu única emoción; que vivir sea tu único sentimiento. Así te enamorarás de la vida y la vida se enamorará de ti, hasta que os fundiréis en uno, en no-dos. Y ese Enamoramiento vital y esencial llenará de gozo cada instante, cada experiencia, cada hecho cotidiano.

Cuando cesas de ser «yo», te transformas en lo
que siempre has sido, es decir, Dios

Tu existencia es la vida y la vida es tu existencia. Eres la vida en su totalidad e integridad, sin excepciones: la vida que en ti bulle y palpita y sobre la que ahora permaneces alerta («vivo, existo, soy») y la vida toda que se mueve y desenvuelve a tu alrededor y de la que eres el espacio que la hace posible. Y en esta toma de consciencia cesa todo lo que antes conjugabas como «yo», «me», «mí», «mío» o «mi»... Flotando en el río de la vida, percibes que no es que flotes en él, sino que eres el río, que eres la Vida: ¡la vida eterna!... Eres mucho más allá de lo que hasta ahora vienes considerando «tu» vida porque eres la propia vida (Unicidad) en todas sus manifestaciones y expresiones (diversidad). Eres todas las formas y modalidades de vida de la Creación y el cosmos y, a la vez, no tienes ninguna identidad concreta (ni física, ni espiritual; ni individual, ni colectiva). Eres Todo y, por lo mismo, eres Nada; eres Nada y, por lo mismo, eres Todo.

Nadeidad y talidad: *nataldeidad*... Ya no hay límites ni separación. No existe un punto, un lugar, una frontera donde termines tú y empiece todo lo demás. Ya no hay ruptura ni fragmentación alguna... La humanidad, la naturaleza, el mundo y el cosmos siguen ahí. Sin embargo, sus componentes ya no son objetos, sino que forman parte de ti: la roca ya no se sostiene en el exterior, sino dentro de ti; la flor ya no florece fuera, sino que brota en ti; los pájaros ya no vuelan en el cielo, sino en tu interior; el Sol ya no es una luz distante, sino que brilla en tu seno; las estrellas ya no son destellos en el espacio, sino que vibran en ti; el otro ya no es otro, sino que vive en ti y es tu propia vida. ¡Vives la totalidad! Ha saltado hecha añicos la barrera que te separaba de lo real. Esa barrera era la mente y ya no existe. Ella hacía que percibieras objetos a tu alrededor y a ti como sujeto distinto de ellos, pero ahora ves más allá de la mente y te percatas de que la división entre los objetos y el sujeto era solo un sueño.

Ciertamente, la roca, la flor, los pájaros, el Sol, la estrella o el otro no se evaporan. Continúan estando ahí. Sin embargo, ahora carecen de fronteras; no están limitados: la figura y el fondo se vuelven uno, sus identidades han desaparecido. Ya no son objetos y tú dejas de ser un sujeto. El observador se convierte en lo observado. Esto no significa que te hayas convertido en roca. Pero al no haber mente, no existe ninguna línea divisoria que te separe de ella; y la roca ya no tiene ningún límite que la separe de ti. Ambos os habéis encontrado y fundido. Tú sigues siendo tú, la roca sigue siendo la roca, pero existe una unión.

La visión acerca de tu existencia como sujeto se debía a la percepción que tenías de los objetos de tu entorno: tus límites existían a causa de los límites del resto de lo que te rodea; y al perder todo ello sus límites, tú pierdes los tuyos. Entonces estalla la unidad de la vida, de la existencia… Ya no está el yo. La consciencia egoica ha evolucionado hacia lo transpersonal y se ha expandido en la Unicidad. Ya no eres y aun así eres. Realmente, por primera vez existes. Eso sí, como el todo; no como el individuo, el sujeto, lo limitado, lo demarcado, lo sometido. Esta es la paradoja: te pierdes a ti, pero ganas el todo. Es la paradoja implícita a la vivencia y la experiencia del Yo Soy, que es, a la vez, la del no-ser: cuando te pierdes a ti mismo, te conviertes en el mundo entero; cuando cesas de ser yo, te transformas en lo que siempre has sido: es decir, Dios.

ÍNDICE